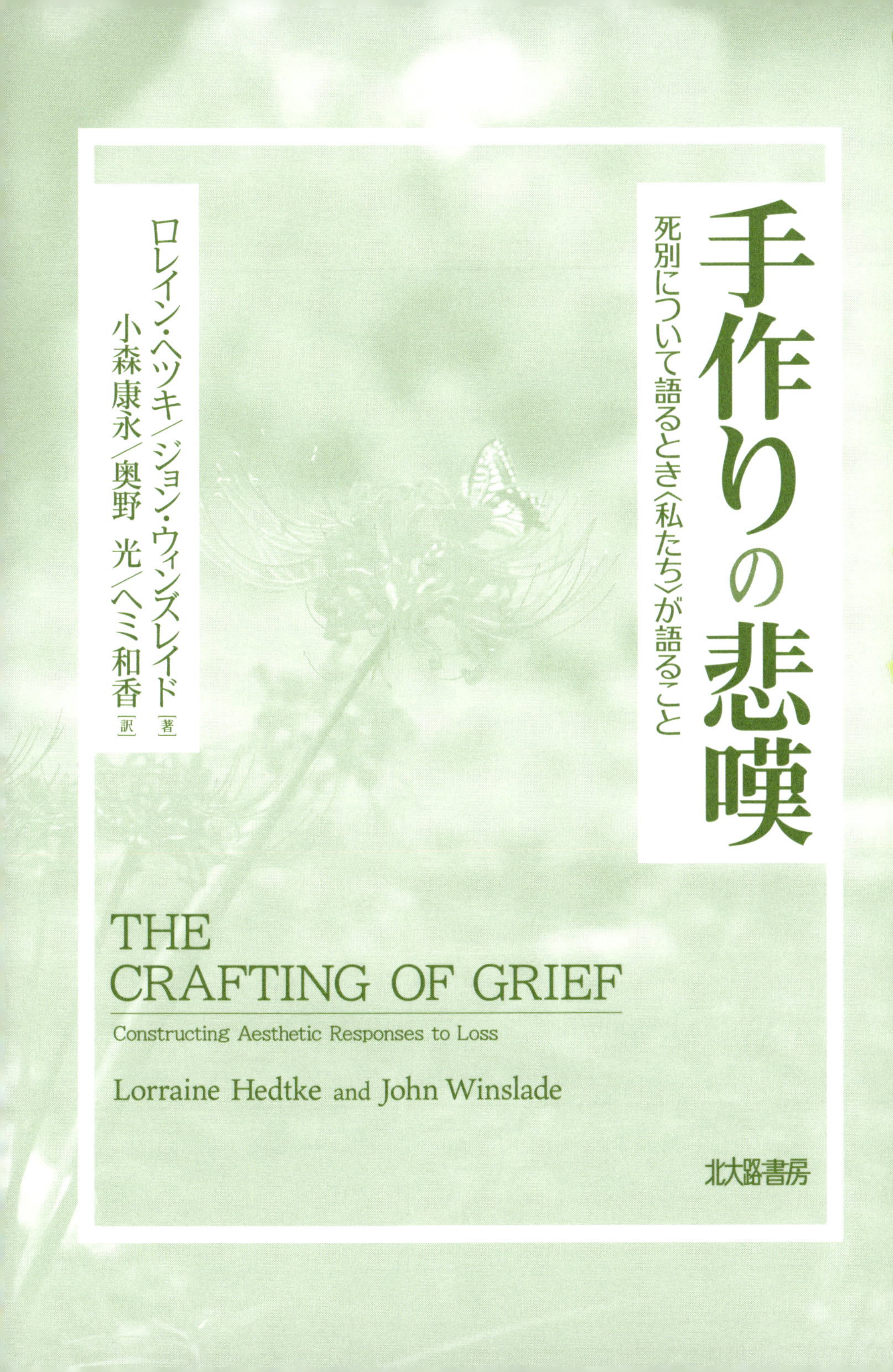

手作りの悲嘆

死別について語るとき〈私たち〉が語ること

ロレイン・ヘツキ／ジョン・ウィンズレイド［著］
小森康永／奥野 光／ヘミ和香［訳］

THE CRAFTING OF GRIEF

Constructing Aesthetic Responses to Loss

Lorraine Hedtke and John Winslade

北大路書房

手作りの悲嘆

——死別について語るとき〈私たち〉が語ること

The Series in Death, Dying, and Bereavement

THE CRAFTING OF GRIEF 1st edition :
Constructing Aesthetic Responses to Loss

(ISBN: 9781138916876)
by Lorraine Hedtke and John Winslade

Japanese translation published by arrangement
with Taylor & Francis Group LLC
through The English Agency (Japan) Ltd.

序文

グリーフサイコロジーは、解釈モデルであふれている。フロイトから始まり、キューブラー・ロス、より最近では、二重過程モデル（dual process model）や二路線モデル（two-track model）と、枚挙に暇がない。その仮説によれば、専門家はそのようなモデルを参照することで人々が悲嘆の経過をたどれるよう援助することができる。大切な人を亡くしたときの人々の経験についての善意の研究が、そのようなモデルの隆盛につながったわけである。

私たちは屋上屋を架すつもりはない。私たちが悲嘆モデルには危険が伴うと考えるには、理由がある。悲嘆に暮れる人々は傷つきやすく悪戦苦闘中で、植民地化を受けやすい人たちであり、悲嘆モデルが無理強いされかねないのである。指示的モデルが役立つときでさえ、それは狭い認識論的仮説と現実の単純主義的説明に基づいているので、故人はしばしば置き去りにされる。

私たちの目的は異なる。本書で探求していきたいのは、悲嘆を前にして人々が何をやすらぎとして、支えてくれるものとして、そして元気をくれるものとして感じるかということだ。仮説を提案するよりも、問いを投げかけることに焦点を当てることになるだろう。読者として想定するのは、医師、臨床心理士、牧師、カウンセラー、ないし葬儀管理者としてトレーニングされているか否かを問わず、遺族をカウンセリングしている人々である。悲嘆を研究している人々とは異なる質問を導入していきたいし、特定のモデルの真実の価値を見極めていきたい。

私たちは以前、リ・メンバリングする会話についての著作（Hedtke & Winslade, 2004, 2005）を記したが、そこでは、死後においても生き続ける関係のかけらを磨くことで喪失の痛みを和らげる努力が求められている。本書でもそれは引き続き強調される。しかし、私たちはさらに先に進むことにした。本書をまとめるのにジル・ドゥルーズの哲学を慎重に引用することにしたのである。例えば、第8章における時間についての考察において、そして、第4章においては、アイデンティティについて語りつつも「なること（becoming）」に強調が置かれている。また、第5章では、マイケル・ホワイトの潜-在（the absent but implicit）という概念をこれまでとは異なる形で使用している。死と悲嘆の政治学は前書でも扱ってはいたものの、今度は、第6章においてもっと明らかな形で言及した。

本書で一貫しているのは、悲嘆の痛みをやり過ごす最も良い方法は、既製のモデルに従うことではなく、その人自身の反応を手作りすることにあるという信念である。手作りという概念は、配慮の末、選択された。それは、スキルやエージェンシー、そして文化的文脈での学びを喚起するし、科学と芸術の中間にある。真剣に捉えるなら、それは私たちがどのようにカウンセリングをするかをも変えることになる。人々が手作りするのを助けるために、人々の経験にかろうじてたどり着く仮定的モデルよりも、質問法を考えるべきだ。好奇心が、権利擁護すべき知識よりももっと大切である。しかし、好奇心は目的を持っていなければならない。本書の目標は、人々が悲嘆するとき好奇心はどこに向けられるべきかを示唆し、それを行動に移すことであった。

本書をまとめる気になったのは、もしも私たちが人々にチャンスを与えることができ、十分に好奇心を維持できるなら、多くの人々が、死と死別が要請する試練にも打ち勝つことができるからだ。死があたり一面に散乱させた瓦礫の山にも、多くの人々が大切な一瞬を見つけることができる。痛みと喪失の瞬間に美の瞬間を見出すことができる。私見では、援助職の人々は、そのような美の瞬間が治療的であり、良いカウンセリングが達成を目指すべき事柄でもあることを発見している。それが、援助職実践を生き生きさせる倫理なのである。つらい仕事だが、実現可能なものであり、多くの会話においてそれは試験を耐え抜いている。そのうちのいくつかが本書にある。

私たちが提唱するアプローチを示すために、各章には少なくとも症例を一つ挿入した。大方逐語録の形で、実際のカウンセリングの会話を編集したものである。それは筆頭著者の面接であり、その多くはワークショップで録音されたものである。つまり、ロレインがこのアプローチに基づいて会話をどのように進めるかを教育した記録である。それはいくつかの異なる国々での、様々な文化的文脈にある人々とのものだ。逐語録掲載に当たっては、参加者はプライバシーの問題として自らの名前とプロフィールを変更する自由を与えられた。しかしながら、興味深いことに、おそらく実践の証として、何人かの人は実名を残すよう求めた。自分の発言を誇りに思い、名前を示されることを望んだのである。第8章では、ポーラとミーガンとの会話は母と娘の特徴を描いている。ポーラは、会話が逐語録にされる前に亡くなったが、逐語録で実名を挙げることを強く希望していた。彼女にとって、本書で自分のストーリーを提示するのは、遺産を残す一つの方法であったのだ。そのほかの参加者のアイデンティティは保護のため改変されている。私たちは彼らの願いを尊重した。

第1章は、京都在住の松下（現、ヘミ）和香によるストーリーを取り上げている。それは、第二著者との会話から生まれたものであるが、和香本人によって書かれた。ここでは、他のストーリー同様、本文中に挙げられた他の人々の名前やプロフィールは変更、ないし無名性維持のため省略されている。

第1章では、本書の主たる前提を提示し、悲嘆への美的アプローチが何を意味するかを示す。そこでは、悲嘆を自然経過として強調し、文化的差異の立ち入る余地を残さない仮説と対照させている。第2章は、グリーフサイコロジーの歴史をたどるわけだが、フロイトの1917年論考「喪とメランコリア」から始まり、彼に追従する人々、メラニー・クライン、ジョン・ボウルビィ、エーリッヒ・フロム、コリン・マレィ・パークス、エリザベス・キューブラー・ロスに至る。精神力動的仮説から社会構成主義的思想へのより近年の展開は、1996年の *Continuing Bonds*（Klass, Silverman, & Nickman, 1996）から始まるのだが、それも本章で紹介されている。第3章では、本書の残りの部分で提唱されているアプローチの基礎が提示される。主題はリ・メンバリング（re-membering）（ハイフンは意図的に使用している）であり、記憶の社会心理学が、文化人類学者のバーバラ・マイアーホッフの仕事を紹介する前に、検討される。第3章で探求するのは、マイアーホッフの文化人類学的研究と彼女の仕事のリ・メンバリングする会話実践への展開法の間の橋渡しである。つまり、最初の3章は、本書で紹介する仕事の理論的および歴史的基礎を提供することになる。

そのあとは、各論が示される。たとえ挑戦的であり、痛みを伴うものであっても、美的アプローチがいかに目的にかなった応答を手作りするのかを探求する。その一番手として、第4章は、アイデンティティのストーリーを中心に据えるが、それは、その人が誰かという固定的カテゴリーについてよりも、何者かになるというもっと流動的過程である。また、自殺のようなトラウマティックな死への対応をいかに手作りするかとか、虐待に特徴づけられる問題のある関係性についての会話も提示する。第5章は、悲嘆における意味の構成と再構成のための（しばしば、悲嘆の影に隠れた美を拾い上げるための）「潜-在（absent but implicit）」というマイケル・ホワイトの革新的概念の価値を強調する。第6章は、死と悲嘆の政治学に目を転じる。そこには、三つの領域がある。治療関係における専門家の権力、悲嘆心理学における知識コントロールの権力、そして人々の悲嘆に様々に影響を及ぼす社会的力である。第7章は、時間の概念に関連した新しい地平を開拓する。ジル・ドゥルーズによって記されたように、古代ストア派によるクロノスとアイオーンという区別を引用しつつ，美的会話のためのアイオーンという用語で考える価値を求めて，症例が示される。第8章は，死にゆく人とのカウンセリングに焦点を当て，切迫した状況でしばしば生まれる痛切さを探求する。最後に，第9章は，本書の主たるテーマをもう一度まとめ，希望を持つことについて新しい構成を示唆する。

本書を書くことは，行ったり来たりの多い長きにわたる過程であった。私たちは，何人かの人々にとても感謝している。まずは，Routledge の方々，特に私たちが書きたいことにずっと忠実でいてくれた Ms. Anna Moore に感謝したい。また，この仕事をいろいろな点で励ましてくれた Robert Neimeyer に。そして，第1章に収めた個人的なストーリーを書いてくれた松下和香と，各章のインタビューに登場する個人的ストーリーを提供してくれた人々に。何人かは匿名で，何人かは実名を出すことを好まれた。当たり前のことだが，どの人がどれとは書かない。大切な故人のストーリーの扱いにおいて私たちを信頼してくれた人々がたくさんいたのである。この信頼を軽々しく扱ってはならない。

今や，私たちの書いたものの意味は，読者の手に委ねられることになった。この旅を皆さんが安全に進むことを願う。私たちの希望は，この考えの大切さが，読者の思考だけでなく実践においても，そしてそれと同様，人々の人生，さらにはもはやこの世にはいない人々との会話に影響を及ぼすことである。

２０１５年12月　カリフォルニア州レッドランドにて

ロレイン・ヘツキ＆ジョン・ウィンズレイド

監修者　はしがき

近代における悲嘆についての支配的物語は、第一次世界大戦時にフロイトによって書かれ、何世代にもわたる理論家や人気のある書き手によって推敲されてきた。それは、喪に服する人たちに、大切な人抜きでも「前に進める」ように、喪失の厳しい現実と格闘してもらい、かき乱される感情に直面し、最終的に故人からの投資には手をつけなくなることが要求される。それにもまして、このアンビバレントな使命が生まれる場所は本質的に、サバイバー個人の心とか頭の中という内部に位置づけられている。首尾よくいけば、遺族は故人への自らの「とらわれ」を断ち、記憶という領域での安らぎによってたまさか代償されるならば生産的機能を取り戻す。そのような「グリーフワーク」の前提的ステージや課題を特定する様々な要件付きで、しかも大方医学的権威の抜け目のない監視のもと、このモデルは、20世紀末まで支配を続けてきたわけだが、驚くべき頑強さで、未だに私たち自身を牛耳っている。

この物語こそ、ロレイン・ヘツキとジョン・ウィンズレイドが『手作りの悲嘆：死別について語るとき〈私たち〉が語ること（*The Crafting of Grief: Constructing Aesthetic Responses to Loss*）』で論争を挑み、脱構築するものだ。文化人類学的、哲学的、そして批評理論を援用して、二人は、死別を社会過程として改訂する作業を始める。そこでは、私たちの人生「クラブ」における大切な人の「メンバーシップ」は、死の時点でキャンセルされることなく、保存され、事実、彼らの人生が重要であり続けるコミュニティをそのストーリーが流通する限り、さらに拡大するのである。このオルタナティヴな物語が含意するものは、限りがない。なぜなら、それこそが、現時点での残された資源を（故人との関係において耕し生者の世界で祝福する中で）最大限に利用する見込みによって、現代の悲嘆理論における喪失と禁欲的忍従に対する甚だしい強調を中和するからである。そのとき、絆がとらわれに代わり、再構成が断念に代わり、そしてコミュニティ参加が単なる精神内界対処という不自由さに代わる。

私にとって、本書の際立った特徴は、洗練された理論と直裁な実践の間のジグザグ進行にある。理論のレベルでは、フーコーの「真理の体制」の脱構築と、マイアーホッフの「リ・メンバリング」実践の公式化を、ドゥルーズのアイデンティティ哲学とホワイトのナラティヴ・セラピーのインスピレーションの中で、縫い目も目立たぬように結びつけた。そして、クロノスの前提化された権威を、アイオーンの強調により切り崩しもした。クロノスとは、時計とカレンダーの不可逆的で止められない進行であり、アイオーンとは、時間感覚のない測定不能なありかたで、そこでは人生の大切なものが行きつ戻りつし、過去と現在、そして未来が区別なく繋がる。実践練習のレベルでは、テクストは、死と差し向かいにある現実の人々の豊かな資源を巧みに特徴づける症例にあふれ、そこでは大切な他者の死に美と深い理解がたむけられている。特に役立つのは、カウンセリングでの会話が逐語録として数多く盛り込まれていることである。そこでは、故人が生者にとって引き続き大切であることを思い起こさせる仮定的声の解放的力が提示されると共に、死のつらい認識だけでなく後に残された者にとっての感動的な人生の遺産をも明らかにする「ダブル・リスニング」の感受性が描かれる。人間条件の過酷な側面から目をそらす極端な楽天主義の採用とは異なり、ヘツキとウィンズレイドは、自殺や他殺、周産期の喪失、そしてトラブル含みの関係においてさえも、死別を手作りすることの大切さを毅然とした態度で明らかにする。悲嘆についての多くの現代的専門書においてどちらかというとないがしろにされてきた内容により、リ・メンバリングする実践が単なる認知的リフレーミングとは根本的に異なることが鮮明になる。

要約すると、『手作りの悲嘆』は、悲嘆の支配的物語に抵抗する芸術的行為を提示しているわけだ。それは、希望、インスピレーション、そして意味に関わるオルタナティヴなストーリーのための空間を開く。論証における感受性と表現の簡潔さによって、カウンセラーは、喪失の影に立ち尽くす人々との会話に資源を提供されることになる。人々が、かつては人々の人生を豊かにしてくれた他者の人生に美と活力を求める、正にそのときに。

シリーズ監修者　PhD. ロバート・A・ニーマイアー

目次

第1章

悲嘆に美しさを求める

松下和香[◆1]とその家族は、日本で「幸せに暮らしていた」2009年のそんなある日、彼女の母ががんと診断され、家族は突然〈奈落の底に突き落とされた〉。以下に続く文章は、和香によって語られたストーリーである。

当初、医師は、母の虫垂がんは切除可能なので、それさえ終われば母は大丈夫だと話してくれていました。しかし、手術の際、多くのがん細胞が見つかり、医師は手術を続けることができなかったのです。母の診断は、虫垂がんから腹膜播種へと変更されました。それは、母のがんがステージⅣ、つまり考え得る最悪の状況であることを意味していました。手術はもはや選択肢ではなくなり、医師は抗がん剤治療を薦めました。

医師の口から次に出た言葉は、私たち家族を完全に打ちのめしました。彼はこう言ったのです。もし抗がん剤治療が効果を示さなければ、私たちの愛する母の余命はあと

2年だと。絶望的な表情をした医師が、希望を捨てないようにと私たちに言いました。

私たちは、不安に押しつぶされそうな中、諦めるまいと、答えとなるものを探し続けました。その結果、同じがんの治療において、大成功を収めている一人の医師を見つけたのです。日本では名の知れた医師で、「神の手」を持つ医師として、テレビ番組で特集を組まれるほどでした。いくら費用がかかっても母を診てほしいと、その医師に訴え、なんとか2か月先の予約を取り付けました。

診察の際、医師はある図表を私たちに示しました。それは、彼の手術を受けた5年後に患者の50%が生存していることを誇らしく示すものでした。愛する母が、これから50年先も私たちと共にいてくれることを望む家族にとっては、その確率は低すぎるものでした。8時間にも及ぶ手術で、医師は最善を尽くしてくれました。しかし、「神の手」を持つその医師でさえ、母のがん細胞の90%しか取り除くことはできなかったのです。

術後、医師は、母の膨れ上がった腹部に手を当てて、言いました。「あとは、残ったがん細胞に対して、抗がん剤でどこまで効果が出るかやってみましょう」

私たちは、その言葉が何を意味するのか全くわかりませんでした。医師はただ、私たちに抗がん剤治療室へ移動するように言い、診察は終わりました。

ここまでは、人や家族の人生へのがんの侵入物語として、様々な文脈でよく起こる典型的なものかもしれない。しかし、ここから先は、和香の母と家族が、彼女たちの人生に忍び寄った死の影に対して、どのようにゆっくり着実に反応したのかが語られる。

自身の状況にもかかわらず、母が死を恐れていないことは明らかでした。ある日、看護師が私にこっそり訊ねました。「あなたのお母さんは、ご自身の状況について一切ご存知ないんですよね？　お母さん、がんだということぐらいはご存知なんですか？」

私は答えました。「いえいえ！　お母さんは全部知っていますよ。本当に何もかも全部」

「本当に!?」看護師は答えました。「それなら、なぜお母さんはあんなに落ち着いて、幸せそうなんですか？　ご家族がお母さんのお見舞いに来られたとき、いつも大きな笑い声が聞こえてくるのは、どうして？」

私はただ微笑み、心の中でつぶやきました。「それが私のお母さん。それが私たち、私の家族なんです」

抗がん剤治療は過酷でした。母は、想像可能な副作用をすべて経験しました。どのようにすれば母を最善の形でケアできるのかわからず、私たちが途方に暮れていた頃、近所で開業している三島医師が、往診を提案してくださいました。彼はとても親切で、私たちが子どもの頃から知っている先生でした。母が食べられないときは、点滴をし、母が痛みに苦しむときには、それを和らげてくれました。母の病いが進行するにつれて、往診は週に1回から2回、そして3回へと増えていきました。

三島医師が私たちから遠く離れることは一度もなく、母が苦しんでいるときはいつでも、母のもとに駆けつけてくれました。夜遅くであることも、しばしばでした。ある夜、母は激しい痛みに苦しみました。私たちは、母を助けようとできる限りのことをしましたが、午前6時頃、遂に三島医師に電話をしました。

先生はすぐに駆けつけ、こうおっしゃったのです。「なぜもっと早く電話してくれなかったんだ？　いつでも電話したらいいと言ったでしょう」

先生の言葉に、私たちは感謝の気持ちでいっぱいでした。先生は母のそばに跪き、母の手を取って呟きました。「よくここまで頑張りましたね。今すぐ痛みを取りますよ」

初夏には、三島医師は、小枝の入ったペットボトルを携えて来られました。近づいてよく見ると、その枝には小さな蛍がとまっていました。初夏の美しさ。

もはや母には、蛍狩りなど望むべくもなかったので、三島医師は、母のところへ夏を運ぶ手立てをしてくれたのです。このペットボトルは、母に笑顔をもたらし、私たちの目には感謝の涙をもたらしました。母の呼吸のリズムに合わせて羽を動かす小さな蛍の光を見ている母の笑顔は、私にとっては、とても嬉しいものでした。

冬がやってきた頃には、三島医師の往診はさらに頻繁になっていました。ある日、彼は美しいクリスマスリースを持ってきました。母はとてもおしゃれな女性で、自宅を飾るのが大好きだったので、訪問客の誰もがそのリースの美しさを堪能できるよう玄関に飾ってほしいと言いました。

母は、執刀医のところへの通院をやめて、三島医師に主治医になってくれるよう頼みました。病いが悪化する中でも、母は病いに抵抗すべく最善を尽くしました。私は、母の苦しむ姿を毎日見ていましたが、母の口からはたった一度の不平も聞かれませんでした。自己憐憫の言葉も一切なし。母はただただ、自分の人生におけるすべての良きこと、そして思いやりのある愛する人々に囲まれている祝福に対して、感謝の気持ちを表していました。

主治医を変更したいという母の希望を聞いたとき、私は母が生きる希望をもらっているのは、「神の手」を持つ医師ではなく、三島医師であったと気づかされました。三島医師の毎日の往診は、薬以上のものを提供してくれていたのです。彼は、同時に、誠意と心からの配慮、そして希望を運んでくれていました。

ここで一旦立ち止まり、表や図表上で示しうるものを越えた専門家実践の重要な側面についていくつか言及しておきたい。三島医師は、「神の手」を持つなどとは一切言わず、和香の母や家族へのケアの中に、彼の素朴で個人的な思いやりの数々を取り入れている。彼は、現代の科学的知見を家族に強制するよりもむしろ、家族の希望を尊重する。そして、その地域の文化についての知識をリソースとして利用する。（先述の）蛍のとまった枝や（後述の）桜といった行事を通して、誰もが美しい瞬間を見出せるよう手助けするのが、その例である。こうした小さな働きかけを通して、彼は、この家族が置かれた状況に対してどう反応すべきか、家族自身で手作りするよう誘っている。

最も厳しい決断

冬も終わりに近づく頃、三島医師は、母抜きで家族と話す場を設けました。そこで彼は、前かがみになり、小声で言いました。「お母さんを、自宅で看取りたいか？」

そうやって、三島医師は私たちに心の準備をするよう伝えたのでした。母の最期の日は近いと。この瞬間がいつかやってくることは知っていましたが、受け入れたくはありませんでした。私たちは即答しました。「お母さんが天国に行くとき、絶対お母さんのそばにいたい！」

三島医師はおっしゃいました。「オッケー！　じゃ一緒にそれ叶えよう！」

桜が満開を迎えた頃、三島医師は、美しい桜の枝を一本、手折って来られました。友人や家族が集い、春の訪れを寿ぎ、日本人であることを味わい感謝するお花見。平和や健康、そして幸せを祝うべきときでした。

4月下旬、私の携帯が鳴りました。その日は、伯母が母の看病をするために我が家へ来てくれていました。電話の声はこう言いました。

「三島先生が、お母さん、あと一週間だって……」

私はすぐに、上司に1週間の休みをもらい、帰宅の途に就きました。そこからの1週間、私たちは片時も、母の傍を離れませんでした。親族もあちこちから駆けつけ、皆、母との時間を1秒たりとも無駄にしまいと、母の寝室で雑魚寝しました。

母は極度の痛みと激しい嘔吐に苦しんでいましたが、それでも決して、不平を口にしませんでした。母は弱り果て、ベッドの上で寝返りを打つ力さえ残っていませんでした。時々、せん妄も出て、話す力もなくなっていきました。母自身が自分の最期が近いことを察していることは、明らかでした。それでもなお、母は死を恐れていませんでした。

ある日、母が言いました。「家中のレースの端切れを持ってきて」

なぜ母がそんなものを欲しがるのか疑問に思い、私たちは母を見つめました。

「私のお葬式のためのレースを選びたいの。棺に入るとき、頭の上にそれを置いてほしいのよ。お葬式で、私がちゃんと綺麗に見えるようにリハーサルしよう！」

母は、いつもおしゃれをするのが大好きでした。私たちは、目に入ったレースをすべて持ってきて、次から次へと母の頭の上に置いていきました。母は鏡を見ながら、一番好きなレースを選んだ後、それをどのように自分の頭の上に置くべきか細かく指示しました。リハーサルまで執り行い、私たちは母も含めて皆で、大笑いしました。

それから母は、私たちきょうだいに、喪服は用意したのかと訊ねました。そろそろ準備をしなさいと言いました。実際、私は喪服を用意していませんでした。なぜなら、心の奥底で、喪服の準備は、母の死を受け入れることのように感じていたからです。しかし、私の望みや祈りに反して、その受け入れられない事実を受け入れなければならないときが来ていました。私はインターネットで、すぐに喪服を注文しました。喪服が届いたとき、私はそれを着て、母に見せに行きました。

「どう、似合ってる？」いつも外出やデートへ出かけるときにしてきたのと同じように、新調した喪服を着て、母の前でくるくる回って見せました。

母は微笑みました。

別の部屋からその様子を見ていた伯母が、怒った顔で、私にやめるように身振りで示しました。

母は言いました。「大好き！　すごく良いのを選んだじゃない！　あー和香がもう準備できたから安心したわ。いつお葬式になってもいいように、アクセサリーと一緒にまとめておきなさいね」

数日後、ウィリアム王子とケイト・ミドルトンの結婚式をテレビで見ているとき、母が突然言いました。「えー‼　私のレース、彼女に盗まれたんじゃない？　私、使うのに！」

あれは、せん妄だったのかもしれません。いや、ひょっとしたら、冗談だったのでしょう。どちらにせよ、私たちはただただ、笑い転げました。母も笑っていました。

私は母に言いました。「お母さん、天国に行った後も、ずっと私の傍にいるって約束して」

「いるよ、いるよ。私はずっと一緒にいるよ。心配しなくていいよ。私はずっと和香ちゃんの頭のすぐ上で飛んでるから」私の頭のすぐ上で母が飛んでいる姿を想像し、母と私は共に大笑いしました。

ある日、母は私たちきょうだい一人ひとりに話しかけてきました。「私は、本当に幸せだったよ。ママは本当に最高の人生だった。一人先に、もっと良い場所に行ってしまうけど許してね」

そして母は、兄、妹、そして私の手を順に取り、それぞれに励ましと祝福のメッセージを送ってくれました。

短い沈黙の後、母は、しばらく入院中の父に対して泣き叫ぶように語りかけました。「パパ、先に天国に行ってごめんね。本当にいつもパパのこと大好きだったよ。これからも永遠に愛してるからね」

そこに居合わせた全員が、泣き崩れました。そして、母は目を閉じ、眠りにつきました。母がいつ再び目覚めるか、そもそも再び目覚めるのかどうかさえ、私たちにはわかりませんでした。

何時間も過ぎた後、母は目覚めました。母はうつろな目で、私たちをしばらく見詰めました。そして突然大きく目を見開き、言いました。「え!? 私、まだ生きてるの?

またもう一回全部やり直さないといけないの？　私、もう皆に伝えたかったこと全部言ったよ」

一瞬の沈黙の後、私たちは大笑いしました。死に対する母の穏やかな姿勢が、私たちが完全に崩れてしまわないように守ってくれていました。

母が亡くなる日の前日、妹と私は、父の病院にお見舞いへ行ってくると母に告げました。母はこれまで、私たちが父の面会へ行くと言うといつも喜び、早く行ってあげてと送り出しました。しかし、この日だけは、母は私たちに行かないでほしいと言いました。「ごめんね。行かないで。ごめんね。今日だけ、私と一緒にいてほしい」

５月２日午前６時、近しい友人や牧師と共に、私たち家族は、母のそばに集まりました。私たちは、母の大好きな讃美歌を歌い、涙をこらえました。母は、かろうじて呼吸をしながら、そこに静かに横たわり目を閉じていました。私たちは互いに抱き合い、すすり泣きながら、母があえぐような呼吸をする度に、母の胸が上下するのを見ていました。

午前６時半ちょうど、母が最後に目を開けました。母は、兄と妹と私を探して、室内をぐるりと見回しました。母の視線が三人の子どもたちの上に留まると、一筋の涙が母の頬を伝いました。母は一言も発しませんでしたが、その瞬間、私は一生分の愛情を感じました。そして、母は目を閉じ、天国へ旅立っていきました。

母のお葬式では、私たちは母が望んだとおりに母の頭にレースを飾りました。とても安らかで美しい母でした。母が私に言っているのが目に浮かぶようでした。

「上手、上手！　ありがとう……。それにしても、リハーサル本当に面白かったよね！」


和香のストーリーには、多くの家族が認識する要素がある。しかしまた、和香の家族に大変特有の要素も含まれている。これらの瞬間は、ただ悲しく非常に過酷なだけではなく、愛や強さ、そしてユーモアにまで満たされている。和香の家族と彼女たちを助ける人々に特有のものが垣間見える。それは、和香の家族が死に対する反応を手作りしている瞬間であり、家族の人生における死の存在が、彼女たちがその出来事を自分のものとすることを求める瞬間である。こうした反応を手作りする上では、単に正しいとか一般的な方法に忠実であることよりも、何が適切で美しいのかという美的感覚が求められる。

また、和香と母が、エージェンシー[*1]を引き受ける極めて重要な瞬間がある。それは、この旅路に最も適する主治医を選択する中で起こる。それは、お葬式のリハーサル中、この家族だけに特別な関係性のやりとりの中に存在する。それは、笑いと涙の瞬間に充満し、レースの端切れを取り出す中や、イギリス王室の結婚のようなその時代のイベントと関連する中で起こる。それは、桜や蛍のとまった枝を携えてくる医師の文化的伝統への尊重の中にも、見ることができるし、和香の母が子どもたち一人ひとりに遺言として残したメッセージの中に、しみ込んでいる。

家族全員に、これをうまくやり切ったという感覚が残っているように見える。苦痛で悲しかったけれども、彼女たちは自分たちがそこを切り抜けられるよう助ける道を作り上げたのだ。死にゆく人々の多くはしばしばそうした会話から外されるにもかかわらず、死の美的感覚を重視することによって、和香の母はこの出来事の中で重要な役割を担うことができる。母は、臨終の場に娘たちを招待したが、母はまた、娘たちが自分の思い出と共にどのように生きていくのか、どうすれば人生の活気が死によって打ち負かされずに済むのか、そして悲嘆はどのようにこの人生観の中で経験されうるのかを考えるよう手助けした。笑いの瞬間は、今もなお影響力がある。家族との連帯感やつながりは依然強い。死の現実は、笑いや思い出、文化的共鳴や個人的関係ほど強力なものとしては扱われていない。これは現実的なのだろうか？　そうではないかもしれない。しかし、恐らく、困難な出来事を切り抜ける道を手作りするために想像力を使うことは、現実主義よりもより重要だろう。それは人々が、苦悩の中にあっても、美の瞬間を作り出すのを助ける。本書は、これを探求していく。

本書の焦点

私たちは、自分自身の人生ないし他者の人生における死の存在に、どのように反応するのだろう？　これが、本書の焦点である。この問いに答えることには、通常、悲嘆と呼ばれるものも含まれるが、それに限定されるわけではない。迫り来る死を迎える個人や愛する人の経験への着目も含まれる。私たちは、和香とその家族が直面していたことと同じ状況にいる人々とどのように治療的に関わるべきなのかについて、最も強い関心を抱いている。想像を絶するような状況にもかかわらず、エージェンシーを促進するために、過酷な瞬間だけではなく心地よい瞬間をも盛り込んだ会話をどのように作り出すべきなのかを私たちは探求していく。

しかしながら、治療的に関わるという概念は、自称・セラピー実践者だけに限られるべきではない。私たちは、人々がそうした会話をする相手がセラピスト、看護師、医師、ソーシャルワーカー、家族メンバー、ないし信頼できる友人であろうとなかろうと、その人々にとって有益であるか、慰めや励みとなるか、あるいは元気づけられるような会話を含めるために、その用語をより広義で用いている。

治療的活動は、人々が、状況を理解し、問題や困難を克服し、そして人生におけるこれから先の道を見つけられるよう援助すべきである。それは、古代ギリシャ人が「魂の病気」と呼んだものの治癒を含むかもしれない。それは、人が一歩踏み出し、困難な状況を乗り越えて生き続けるために必要な手段を見つけるのを援助するかもしれない。それはまた、死が訪れる際に付随して起こる居心地の悪い困難なときに、その人を支える慰めの場を見出すのを援助するかもしれない。

治療的と呼ばれるものすべてが、必ずしも通常セラピーと呼ばれるものの範囲内におさまるとは限らない。例えば、散歩に出かける、音楽を聴く、あるいは桜を鑑賞するといったことは、それぞれ治療的かもしれないが、それ自体はセラピーではない。同様に、私たちは悲嘆の中にいる人との有益な会話を、形式的なセラピーの時間だけに限定しない。時には、心を落ち着かせ、生きる新たな道を開くのは、訪問者からのたった一つの質問かもしれない。様々な種類の会話の中で、多くの人々が慰めを与えることができたり、悲嘆の中にいる人が「もうその先、知ってるよ」(Wittgenstein, 1953, p.151／邦訳 115-116 頁)と言ったりすることができるよう援助することができる。私たちの関心は、そのような有益な会話を規定する作業仮説、もしくはこの目的を達成しうるトピックの範囲にある。後続章では、カウンセリング以外の会話はもちろん、カウンセリング場面から引用した例も示すが、これらの概念の妥当性を正式なカウンセリングだけに限定する意図は一切ない。

本書は、和香とその家族がそうであったように、死がもたらす困難に対し積極的に反応するよう人々を誘うことができるという発想によって、突き動かされている。積極的に反応することは、自分自身の人生構成における変化因子（エージェント）となることである。私たちの仮説では、人生の重大な困難に対する反応においてそのような能動的な立場をとることは、先述した意味で治療的である。それは、運命の嵐やシェイクスピアが「暴虐な運命の矢弾」（*Hamlet*, III, I, 59／邦訳 110 頁）と呼んだものに翻弄されている感じを抱くのとは異なる。

それにもかかわらず、運命に翻弄されているこの感覚は、私たちが悲嘆の中にいるときには一般的なものなのである。私たちは、時に突然、自分たちよりも大きなものの真ん中に放り込まれる。しばしば私たちは、それに対し無防備の状態だと感じる。特に、亡くなった人が、和香の母のように、誰か近しい人であった場合、自分の人生をどのように動かすべきかという心得は、引き裂かれてしまう。だからこそ、私たちは自分が変化因子として反応できるという感覚を引き出すものに関心を抱く。語源を見ると、エージェンシーは、行為に出る能力と関係があるが、困難なときに優美な振る舞いを支える意味への入り口をも示している。それゆえ、私たちはそのような行為をもたらす原理に関心を抱いているのだ。

クリティカルエッジ（批判的側面）

本書にはまた、批判的な側面がある。私たちは、多くの人が有益だと感じ得た他のグリーフカウンセリングのアプローチを批判したいわけではない。グリーフカウンセリングの領域には、人々が悲しみで取り乱すときに慰めを与えてきた多くの実践がある。しかしながら、私たちは死にゆく人や遺族のエージェンシーを遠ざけかねないいくつかの専門的手法について憂慮している。これらの概念には、ことによると、気づかぬうちに状況を悪化させるリスクがある。私たちの目的は、死にゆく人と悲嘆にくれる人たちの経験や知識に特権を与え、並んで歩いてゆく新たな方法を見つけ出すことである。

本書はまた別の意味で批判的であろうとしている。それは、一般的に心理学の当然の真実とされていることに関する批判的な視点である。とりわけ私たちは、悲嘆心理学に取り入れられている広い文化的世界のドミナントな言説に反応する（その多くは困難だがやりがいのある）フーコーの影響下にある。そのような言説は、脱構築され、「固有の真理体制」（Foucault, 1980, p.131／邦訳 216 頁）としての働きが見えるものにならない限り、しばしば気づかれずに進んでしまう。好みの問題ということになるが、私たちはそのような視点を、科学的強みに基づいた不変の真実主張だからというよりは、文化的に普及しているが故に周知となったナラティヴとして扱うことにする。

すなわち、私たちが語る批判的視点は、社会構成主義者（Gergen, 1994; 2009a; 2009b; Burr, 2003）やポスト構造主義者（Foucault, 1980, 2000; Deleuze, 1990, 1994; Derrida, 1976）の考えから出てきた概念に基づいている。こうした思考の動きは、社会科学の多くの慣習的な前提について新たな解釈を提供する。これらは、社会的慣習の形態にはそれほど多く適用されず、悲嘆心理学の分野ではさらに少なかったが、適用されてきた領域においては、有用な実践を作り出す上で著しく有望であることを示してきた。私たちがそれらと協働するのは、死や悲嘆の経験を含む様々なトピックについて人々と会話する新たな方法を示してくれるからである。この可能性は、ナラティヴ実践の中で、こうした概念を明確に適用することを通して幾分か実証されてきた。したがって、私たちは、とりわけマイケル ホワイトやデイヴィッド・エプストンのナラティヴ・セラピー実践から幅広く取り入れている。

自然経過としての悲嘆

私たちの批判点の一つは、悲嘆は自然経過として扱われるべきであり、それは時間と共になんらかの癒しに向けた自然経過をたどるというあからさまな前提にある。この前提は多くの悲嘆心理学に見受けられるが、悲嘆を、発病・中間経過を経て、回復という終点がある疾患のように扱う医療モデルから生まれたようだ。それゆえ、治療目的は、ウイルス感染後に期待されるように、人々が通常の安定状態や恒常性へ戻れるよう助けることである。おそらく、悲嘆に関する影響力のある著者の多くが医師であることを考慮すると、そこに重点があることは、驚くにあたらない。

もちろん、死それ自体は、人間の命の自然な状態の一部分であるが、その一方で、私たちが自分自身や愛する誰かの死に直面する方法は、必ずしも自然とは限らないし、それを画一的な反応に無理にまとめることはできない。それは、あらゆる種類の文化的勢力や言説によって形作られるからだ（Valentine, 2006; Walter, 1999）。和香の家族は、彼女の家族に、家族の社会的文脈に、あるいは家族の文化的伝統に特有の多くのことを経験した。万が一、私たちがこうした瞬間に気づかなければ、私たちは、人々が死に対して個人的で親密な反応を手作りするためのリソースを見落としかねない。

自分たちや愛する人々がどのように亡くなるのかということは、食生活や経済システム、戦争、受けることができる医療の質、そして生きる意志に影響を及ぼす心理社会学的事象などに影響されている。これらの力はすべて、遺族の経験にも影響を与える。それにもかかわらず、悲嘆理論は、経験を構築する社会過程に対する十分な考慮なしに、あまりに安易に自然主義的記述に分類されている。私たちは文化的勢力から人間性という要素を抽出して、科学という大義のためにそれらを分離保存できると想定されているわけだ。

批判的思考を採用しなければ、存在するものは自然なものであり、人間性という要素が科学的研究によって文化的勢力から容易に抽出できると思い込むのも無理はない。結果として、（特定の理論が発展する文化世界を支配する）多くの言説が、死や悲嘆を自然の力で偽装する説明に取り入れられるようになる。しかし、私たちに必要なものは、社会的・文化的経験を私たちに理解させてくれる科学的アプローチなのであって、社会的・文化的経験をコントロールし、人間性を観察に晒す科学的アプローチではない。言い換えれば、私たちは、文化的言説の影響や人々が人生における死の経験を解釈する意味をもっと考慮に入れる死と悲嘆の科学を提示したいのである。そのような記述は、至る所に存在するが、私たちが望むほどには、治療的会話のひな形にはなっていない。私たちはこのギャップを埋めたいと願う。

私たちの批判は、死にゆく人の段階と悲嘆の課題を一連の自然な苦悩の時として類型化する死と悲嘆へのアプローチにまで及ぶ。私たちは、これらの段階がいつも不適切で不正確だと感じているわけではない。多くの人々にとって、段階理論の経験描写は大変共感できるものであり、安心感を与えたり助けになったりしている。問題なのは、普遍的に適用可能であるという仮定であり、それは、文脈を排除し、順守を求める。私たちは、それらが生み出された状況から分離され、真実の抽象的本質として扱われる様子に不安を覚える。その過程において、段階理論は、処方箋的オーラさえ帯び、描写以上のものになってしまったのである。

自然経過としての悲嘆という概念は、インフルエンザのように、それはある一定の経過をたどるものだという見解につながる。そこでできる最善のことは、問題をこじらせないために、妥協してその苦悩を受け入れることである。インフルエンザに腹を立てても、ウイルス感染の経過が変わるわけではない。

感情的反応により、病いの影響が増減することはない。もしも悲嘆を同じように扱うなら、人々は自分自身のために行動する能力を奪われ、自らを受け身的苦悩の道へ導きかねない。

しかし、悲嘆はウイルスのようなものではない。悲嘆がもたらす苦悩の経過によって、血中の悲嘆ウイルスを倒す抗体が私たちの免疫系において産生されるわけではない。私たちは、どのような悲嘆を経験しているのか判定するための血液検査を必要としない。ある自然な方法で悲嘆から回復するわけでもない。悲嘆抗体ができれば、次の悲嘆を予防できるわけでもない。悲嘆に対する予防接種はない。時に、私たちは愛する人の死を乗り越えられないこともあるが、上記のような仮定は、和香やその家族に対して失礼であり、彼女たちの人生における母の存在意義を過小評価することになるだろう。

もし自然な悲嘆というものを仮定するなら、否認[*2]の段階に留まることは、明らかに無駄骨だ。なぜなら、自然経過は、私たちの悲嘆の拒否などものともしないからである。それゆえ、従来の悲嘆心理学で奨励されてきたのは、苦悩は必要で不可避なものと受け入れることであった。手に負えない大損害を引き起こす地震やハリケーンに直面したとき、私たちが精神的に打ちのめされ、答えもみつからない状態で取り残されるように、遺族は、悲嘆に直面したとき、自分ではほとんどどうすることもできない状態になる。

私たちは、悲嘆に暮れる人々が苦しまないなどと偽ることはしない。しかしながら、そのような苦悩を前にして、治療実践で人々は、ただ黙従し、喪失感を味わい、それについて深く考えるよう集中させられることが必要なのかどうかと問いたい。人々はしばしば、セラピーという名の下、悲嘆の経過は感情の増大により加速されるという信念を受け入れ、いったん喪失感や悲しみを強化される。例えば、私たちは最近、ケアを受ける必須条件として、人の死について詳しく話すようクライエントに要求する南カリフォルニアのグリーフカウンセリングセンターがあると聞いた。その仮定は、感情、多くの場合悲しみの増大は、その解放、ゆえにその消失へと通じるというものである。つらい感情が減るよう人々を助けることは、立派な目標であり得る一方、喪失感を増大させることによりそれを達成することは最善とは限らない。人が今感じている感情により一層集中させることは、時に、グリーフカウンセリングが強調する目的であるかのように考えられた。この論理は、自然主義にあまりに依存している。

文化的視点

悲嘆を自然経過とする考え方のもう一つの問題は、遺族であれ死にゆく人であれ、悲嘆を個人の内部の出来事として考えるよう悲嘆心理学を仕向けたことである。この領域における多くの研究からは、個人は独りで悲嘆に暮れるか、その人の肌の下でのみ悲嘆が起こるという印象を受ける。

悲嘆に陥ることがしばしば「神の仕業」のように見える一方、それに対する私たちの反応が人間臭い文化的影響を免れるはずがない。悲嘆における自然の強調は、この文化的要素を覆い隠す。悲嘆は、単なる医学的現象ではない。死を取り囲む医学的経過も、社会的・文化的影響を免れない。どちらにも、大きな社会的要素があるからである。

人間が社会的動物であるということは、しばしば見落とされている。私たちは、肌の外側で世界と関わり合っているのである。私たちは、他者と絶え間なく会話している。そこには、私たちが参加する実際の会話と、頭の中で展開する仮想の会話がある。私たちは自らの経験に社会的意味を持たせるために儀式を作り上げるのだが、悲嘆はその好例である。これらの儀式は、何千もの会話や社会的関わりから生まれるのだが、一人ひとりはそのごく一部に参加したに過ぎない。例えば、和香の物語には、蛍や桜への感謝のように、日本特有の部分が見られる。

結局、私たちは独りで悲嘆に暮れるわけではない（Valentine, 2006）し、孤立して死についての意味を作り上げるわけでもない。私たちは、それらをコミュニティや他者とのつながりの中で行うのである。私たちが宗教思想や悲嘆実践における長年の教えに影響を受けているにもかかわらず、心理学文献には、悲嘆過程に関して関係性やコミュニティの視点に立つモデルはほとんどない。よく知られている過程モデルのほとんどは、個人の中で起こることに焦点を当てている。悲嘆という経験を完全に理解するためには、そんな狭い個人的視点に限定するのではなく、悲嘆が生まれる際に作用している文化的勢力に一層の焦点を当てる必要がある。例えば、和香と彼女の母親の間での葬儀の「リハーサル」についても、遺族一個人にとっての意味に焦点を当てるよりも、人々のつながりに焦点を当てることで、そのとき、何が起こったのか、より慎重に調査できるだろう。

文化的視点をより多く取り入れることは、多様な文化の違いを扱わなければならなくなるため、この領域をより複雑なものにする。その点、悲嘆は人間の「自然な」経験であるという一般的な強調は、簡潔で容易に理解されやすい。しかし、それがしばしば適用できないのであれば、簡潔であってもほどよいわけではない。自然という説明は、個人の経験を具体化する複数の文化的影響を前にすると機能しない。言い換えれば、あらゆる種類の文化的多様性は、世界中の人間性がそうであるように、個人の悲嘆経験にも寄与する。それゆえ、悲嘆は、従来、認識され評価されてきたよりももっと、人の経験を形作る文化的勢力の観点から考慮される必要があるのである。

さらに、色々な心理学的知識は、それ自体が文化の産物である。ミシェル・フーコー（Foucault, 1980）は、知識は言説の産物、すなわち「固有の真理体制」（p.131／邦訳 216 頁）であると明示した。知識は、特定の文脈の文化的状況から現れるだけでなく、かすかに、時にかすかにではなく、文脈を形作り影響を与え始める。死や悲嘆に関する知識も、その例外ではない。

例えば、悲嘆心理学において、エリザベス・キューブラー・ロスのジュネーブのがん病棟の患者の視点や世界観は、多くの全く異なる文脈の人々の死や悲嘆の体験に絶大な影響力を持った。キューブラー・ロス（Kübler-Ross, 1969）の死の段階は、大変よく知られているため、人々が自分自身の経験をキューブラー・ロスの研究から導き出された見通しと照らし合わせるのは、稀なことではない。彼女は、初期研究では悲嘆について具体的に記したわけではないが、彼女のモデルは、専門家や一般の人のために、あらゆる種類の悲嘆や喪失を含むものだと拡大解釈された。専門家はいつも決まって、「患者」が「否認の段階にある」と話す。一般の人々は、「怒り」の段階を脱出できないという不安、悲しみをまだ十分経験していない不安、あるいは10年を経てもなぜ「受容」にたどり着けないのか理解できず、カウンセラーを訪れる。

キューブラー・ロスの最初の記述的研究は、しばしば感情の進み具合を測る基準として扱われる。結果的に、それは今や、出来事の「自然な」経過を単に描写しているというより、あたかもそれが正しい悲嘆法についての倫理的説明書一式であるかのように、人々の人生に影響を及ぼしている。

ここで、課題は、苦悩と回復の過程に関する自然主義的な説明に頼らない死や悲嘆へのアプローチを明確化することとなる。私たちは、厳格な処方箋として受け取られかねないモデルを提供することは、回避したい。では、どうすれば、一般化することなしに悲嘆経験について話し、人を人たらしめる様々な文化勢力に留意することができるのだろうか？　それに加え、私たちはどうすれば、他者の文化的嗜好や人生におけるエージェンシー保護を尊重する形で、相手の悲嘆に反応できるのだろうか？　さらには、私たちはどうすれば、自身や他者の人生における死や悲嘆に対し、単に苦悩を生き延びることに焦点を当てるよりも、慰めとなり、元気づけ、支えとなり、（あえて言わせてもらえば）時には美しくさえある方法で反応することができるのだろうか？　以上が、本書が取り組む問いである。

ここ数十年間、この領域への挑戦が多くなされてきた。私たちはまずそれをここに記述し、それらの貢献に謝意を表する。私たちが支持し奨励したい原則をいくつか提示しておこう。おそらく、先述の三島医師は、私たちにいくつか助言を与えてくれるだろう。

ナラティヴの視点

私たちは、普遍的パターンに従ったり、一連の規定の課題を行ったりするより、芸術作品のように自分自身の経験をデザインする芸術的演習を行うような死の経験に対するアプローチを提案する。ナラティヴの概念（Nelson, 2001）は、死にゆくときや悲嘆に暮れるときの動きを描写するのに役立つ。ナラティヴは、テーマに沿ったプロットにまとめられるストーリーだと考えられる。死が訪れるとき、私たちは必然的に、一定期間内に、あるストーリーから反応物語（ナラティヴ）を手作りすることを委ねられる。

私たちはいくつかの意味でこれを行う。第一に、手作りされるストーリーは、私たちが演じるものである。私たちは行為に出て、決定し、他者の行為に反応し、そして人生の軌跡に従って前進する。私たちは、テーマに沿ってまとめられた出来事のプロットを実現し、そのプロットにおける登場人物の役割を自分自身や他者に割り振る。悲嘆は、内的情緒反応を通して進展するストーリーだが、文化的儀式への参加や法的問題の処理、人間関係、そして死者の存在や声を思い起こさせ続ける個人的な瞬間を通して進展するストーリーでもある。悲嘆の途中で、遺された人々は、墓地を訪れて感情の至高体験を得るだけでなく、日常生活の多くの瞬間を通して、故人との関係が変化したことを感じる。すなわち、食材の買い出しや銀行へ行ったとき、請求書の支払いや仕事を続けているとき、子どもや孫の世話をするときなどである。こうした活動のいずれかないしそれぞれが、主題のモチーフによる特権に応じて、悲嘆のナラティヴのプロットに織り込まれ得るのである。

同様に、死にゆくことはしばしば、各自の風景の異なる輪郭を描く特定のストーリーとして展開する。それは、長く続く病気の日課や、診断という劇的な出来事、医学的検査・介入の中断、複雑な法的・財政的事態、感情的疑念、そしてホスピスやエンドオブライフケアに関する様々な結末に至る決断といったことを含むかもしれない。あるいは、それは、人生の諸活動を中断させる突然で悲劇的な出来事として、何の予告もなく現れるかもしれない。ナラティヴを形作るテーマ的要素は、死にゆく人ないし周りの人々の行為や儀式に影響を与える法的・医学的及び宗教的言説によってもたらされる文化的勢力である。

第二に、私たちは、経験のストーリーを他者に話すことでその意味を作り出すため、死や死別の経験は、ナラティヴの言葉で考えられ得る。私たちは、経験をナラティヴの形で表現することで、それを有意義なものにする。アリストテレスは、ストーリーの未加工の要素をファーブラと称した。アリストテレスによれば、ナラティヴを構成する作業は、死や悲嘆の経験からファーブラを取り出し、それにまとまりのある説明を加えていくことである。そうすれば、体裁の良いナラティヴができ上がる。人間の経験の豊かさの多くは、表現を通した意味のある生の経験の積み重ねに由来する。私たちの文化的世界は私たちに、プロットの要素を入れるのが容易で主題の影響を実現する既成の表現枠組み（悲嘆の段階モデルを含む）を提供する。この表現枠組みは、私たちが採用を決めたことにさえ気づかない諸概念の中に、既に潜在している。本書の執筆動機は、未加工の要素をより大きなエージェンシーのテーマに縫い込む会話を生み出すことである。

私たちは、経験からナラティヴを構成するというこの課題をどのように果たすのだろう？　哲学者ジル・ドゥルーズ（Deleuze, 1993）は、著書『襞（*The Fold*）』の中で一つの答えを提示している。一連の襞を作ることによって、人生のプロットとなる出来事を、主観的経験に組み入れるのである。ドゥルーズはそれを、裾を縫う、つまり折って、曲げて、線に沿ってピンで留めるようだと描写している。その線が、ナラティヴのプロットである。私たちは、経験を折り重ねる。私たちは毎回それをする度に、行為の遂行に加えた語り直しによって、深みを重ねる。カウンセリング実践は、そうした語りや語り直し、あるいは折り重ねや折り重ね直しが生じる一つの文化的文脈である。

「ストーリーを語る」過程で、私たちは、他者の反応を予測し対応しなければならない社会的世界にも出くわす（１９８６年に私たちがバフチンから教わったように）。私たちは、自身のナラティヴのプロットを生きるだけでなく、他者にストーリーを語りもする。ストーリーを語るには、実際それを話す相手が必要であり、それは頭の中で想像上の聴衆（そこには、故人も含まれる）に「語る」ときでさえ同様である。それ故、悲嘆や死にゆくことの経験は、私たちの現況に関する他者の形作るナラティヴに入れられることになる。私たちは、彼らの反応によって、彼らのナラティヴの中に位置づけられる（Davies & Harré, 1990）ので、私たちは、その立ち位置を受け入れるか、拒否するか、あるいは修正するかしなければならない。この意味において、私たちは決して一人で悲嘆に暮れているわけではなく、故人や私たちの経験を形作る人々のコミュニティと共にそれを行っているのである。

最後に、死や死別の経験が、ナラティヴの言葉で考えられるのは、私たちが、死にゆくことや悲嘆に暮れるストーリーをゼロから作るわけではなく、全く独自に生きるわけでもないからである。そこには、既存のナラティヴからの借用がある。もし死や悲嘆を初めて体験するのであっても、私たちは、少なくとも他者のものを見たり、どのようにその道を進むのかを学んだりしたことがある。もし不確かさが伴っていても、私たちを導くテクスト、つまり聖書の言葉や、セルフヘルプ本、映画、学術的な心理学知識、病院のパンフレット、お悔やみ状、新聞の追悼記事欄、葬儀の儀式ないし告別式で繰り返される決まり文句などに不足はない。

これらは、私たちが自身の生きたストーリーを形作るために引き出す文化の宝庫である。私たちの個人的ストーリーの上演がコミュニティの中で意味をなす慣習的範囲とみなされるものには、特徴的なパターンがある。私たちは、自身の個人的ストーリーを手作りしなければならないわけだが、それは、関係の影響に応じて、そしてストーリーのジャンル、言説、意味という文化的概念によって統制された形で行われるのである。それでも、これは人間性の普遍的側面と誤解されやすいことである。

悲嘆経験を手作りする

死や悲嘆のストーリーを手作りするという課題は、迷路を抜ける進路の考案を伴う。私たちは、反応の仕方、他者の反応に見合う重み、そしてどの文化的勢力を採用しどれは採用しないかなどについて選択を行う。この選択こそが、治療的会話の中で手作りされ得るものだ。選択においては、いつも複数の道がある。それ故、悲嘆経験を理論化するためには、ストーリーをある真実のバージョンにまで縮小することなく多様性を調整する上で十分柔軟性のある説明を展開させることが、重要である。

私たちは、意図的に「手作り」という概念を選んだ。それは、科学的モデルほどご立派なものではなく、（手を出すには相当なトレーニングを要する）芸術的試みよりありふれたものだ。つまり、手作りとは、誰にでも容易にできるものなのである。それは、苦悩を受け身で受容することよりも、熟考した上での行為に絡んでいる。それは、美的資質も備え、芸術と科学の間を進むのである。「手作り」という言葉は、以前にも使用されている。ジュディス・バトラーが、アテナ・アタナシウーとの会話の中でそれを用い（Butler & Athanasiou, 2013）、（社会規範に直面して絶えず苦戦する破目になる）自己の統治に関するフーコーの研究に言及しているのである。ジュディス・バトラーは、そのような手作りのことを「ポイエーシス様式」（p.69）と呼んでいる。その様式において、人は、他者との関連で何かを作り出すために、身体と規律・訓練規範に同時に取り組んでいるのだが、それは、アテナ・アタナシウーが、私たちに向けて手作りされたものと私たち自身のプロジェクトのために手作りする自身の努力の間の「間隙」（p.71）と呼ぶところにおいてである。

もしこの説明が手作りということを少し理解しにくいものにしたのなら、それは私たちがそう意図しているからである。重要な意味において、私たちが、そして他者が満足のいく芸術作品を手作りすることとは、私たちが関わる美的プロジェクトである。それは、ストーリーや意味や行為、そして儀式によって形作られる創造的過程である。選択は、私たちが何を適切とみなすかという感覚によって左右されている（たとえ、その感覚がどんなに疑わしいものであったとしても）。私たちは、とても普通なのに高貴な何かを手作りするとき、自分たちの人生に何がフィットするのか教えてくれる、直観と呼んでもよい感性（それは知識に基づいていて、安らぐもの）でもって、自分自身のナラティヴを構成する。

しかしながら、この直観的感性は個人に特有のものではなく、私たちが経験した言説や文化実践によってもたらされる。私たちは、描きかけの絵に筆を加える芸術家のようなものであり、自分たちの文化的世界によって、キャンバスや細筆や太筆、そして時には絵具も提供される。言うまでもなく、私たちが従うよう期待されている芸術上のしきたりもそうである。絵具を塗るとき、私たちは細部を整え、異なる色を混ぜ合わせ、そしてそれを各自の好みに合わせて、キャンバスに塗っていく。

どんな自画像でも、私たちは、主体であり客体である。その作品が再帰的（reflexive）となるのは、私たちが常に自身の「なる（becoming）」過程の証人だからである。私たちは自身のプレゼンテーションを創造する際、自分自身を自身と他者に同時に提示する。そのような再帰性は人間ならではのものであり、悲嘆心理学も、私たちの再帰的知性によって果たされる役割に焦点を当てるものとして理解する必要がある。ちなみに、その役割は、私たちの言語、つまり言説の使用において主に具体化される。自然な順序を均一化するために経験を簡素化する理論的説明は、いつでも不適当となる。

倫理的課題

経験を通して道をデザインする仕事は、倫理にもかなっている。私たちのナラティヴは、私たちが価値を置くもの、愛おしいと思うもの、支持するもの、そして時にはそのためになら命を落とす覚悟のできているものによって影響を受ける。したがって、もし価値体系が私たちの悲嘆経験に関連しているなら、私たちは暗黙のうちに、自らの現況を評価する過程に携わっているに違いない。ウィリアム・ラボフ（Labov, 1997）は、ナラティヴについて、この点を強調する。彼は、いかなるナラティヴもその中に評価ポイントを含むと主張する。例えば、和香の家族のストーリーにおける笑いの価値について考えてみよう。それは、死への反応を構成するのみならず、彼女たちが出来事の語りにおいて何を強調することが好みなのかを自分たちに知らせている。

そこで、私たちは、死にゆく方法や悲嘆方法に自らの好みを反映させていく。それは、程度の差こそあれ、尊厳があり、偽りがなく、死者を尊重し、慰めとなり、社会的責任があり、機能的であり、現代の生活と相性のよいものとなる。それ故、私たちの経験する悲嘆のストーリーは、美学的観点から心地よいだけでなく、道徳的ないし倫理的原則に従うストーリーである。

先述のすべてはまた、死にゆく人々や悲嘆する人々と有益な会話を行う技術に関連している。セラピールームや死にゆく人の寝室などでの良い会話によって、価値観の好みは強調され、大切なことに近く、忌み嫌うものからは離れて生きる機会が創造されるよう手助けできる。ここでも、私たちは、意味を与えるものを折りつつ、迷路を縫うように進む。私たちはナラティヴの構成に携わるが、今回は、主に他者の生きられた経験を含める。カウンセリングは、科学であると同時に芸術形態である。それはまた、倫理的価値観と同様、美的感性によってもたらされる倫理的プロジェクトである。

私たちは、人生をどのように送るべきかについて専門知識を押しつけないようにすることは、この過程を統制すべき重要な倫理であると提案したい。私たちは、革新よりも探求心によって支配される過程を支持する（Anderson, 1997）。特定の状況において何が役立つかに関する好奇心が、科学的根拠に基づく確信よりも有用かもしれない。その人の感性や困難な状況に直面したときの自己やコミュニティの好みのストーリーについて詳しく調べることは、研究の証拠によって認められた美的ないし倫理的価値観に取り組むよりも大切である。

こうした理由のために、私たちは、悲嘆に関するいかなる普遍的な意味も、悲嘆する人や死にゆく人が越える必須段階といういかなる概念も、上手な悲嘆に必要な課題の遂行条件といったものも押し付けないようにする（Hedtke & Winslade, 2004）。私たちは、規範に正しく適合するために（自分自身の死であれ愛する人の死であれ）人は死に特有の現実を受け入れなければならないという考え方を拒否する。

一方、私たちが強調するグリーフカウンセリング実践は、故人と遺族の関係性を尊重し、遺族が自身の人生におけるエージェンシーを発揮することを可能にし、フォークノレッジの世界（Bruner, 1990; White,

2001）の中で意味をなす。フォークノレッジとは、専門家の心理学的ないし医学的知識に従うよう要求するのではなく、普通の人々の手に入るものである。

ブルーナー（Bruner, 1990）によれば、フォークサイコロジーは、どのように「人々が暮らしているか」に関する規範的記述に言及するものであり、「そのシステムによって、人びとは社会における経験、社会についての知識、また社会との関係のもち方を統合しているのである」（p.35／邦訳50頁）。それは、他者がどのようであるか、彼らはどのように行動すべきか、彼らの行動や概念はどのように解釈されるか、世界での在り方としてどのような可能性が存在するのか、そしてそのような在り方にどのように取り組めるかを決めるときに人々が頼りにする、普通の日常的知識である。

自己への関心

私たちが概要を述べるアプローチの哲学的基盤は、ミシェル・フーコー（Foucault, 1986）が、「自己への関心」という研究課題を唱道した後期の業績にある。彼はこの課題のことを、「自己への配慮」とも語った。フーコーが言及していた自己への配慮は、人間性心理学で頻繁に「セルフケア」と言われるものとは何の関係もない。それは、自分自身を甘やかしたり自分にやさしくしたりすることでも、個人の「エンパワメント」に関することでもない。それはもっと、プロジェクトないし一連のプロジェクトとして、意図的に自分の人生を創作することである。フーコーにとって、それは真実の自分を実現したり現実化したりするというよりも、もっと常に新たになる、すなわちこれまでとは違う人になるという課題である。それは、古代のストア派哲学者たちによって実践された自分自身を訓練するという課題である。それは、自分自身を価値ある考え方に没頭させたり、経験について積極的に回顧し瞑想したり、そして人生の進路の慎重な選択を通して実践される（Hadot, 1995）。

現代世界では、古代人が瞑想実践の方法で実行したことが、しばしば治療的会話の中で具体化される。私たちは、経験を省察し、その意味を理解するためにカウンセラーを訪れる。良いカウンセリングは、人生の活動の流れの中で立ち止まり、省察したり意味を理解したり、そしてこれらの意味や省察を新たな活力でもって私たちの暮らしに折り込む機会を提供する。私たちは、個人的経験（人生の生きられた経験）を関係性（カウンセリングの会話）に持ち込み、言説（これらが生じた文化的背景）に入れる。カウンセラーがどんな言説によって下支えされているかということは、カウンセリング過程にとって大変重要である。油断していると、私たちはうっかり、自分の世界に適さない、自分の人生の絵と対照的な意味作成の言説的影響に折り込まれてしまう。

「なる」こと

もし悲嘆が単なる自然経過でないならば、一体どのような過程なのか？　一つの答えは、それは「なる」過程であるというものだ。死が「なる」プロジェクトだと考えられるのなら、悲嘆において、私たちは、「なる」関係性の文脈を調整することになる。先述のストーリーでは、和香やその家族は、いくつかの異なる「なる」道筋に関わっている。つまり、患者になる、家族になる、日本人になる、レジリエントになる、などである。

「なる」という概念は、人間の主体性について、多くの様々な著者から注目を集めてきた。この件については、とりわけミシェル・フーコー、ジル・ドゥルーズ、ジャック・デリダという「ポスト構造主義者」の業績に着目すべきである。フーコーは、人が人生で直面する最も重要な課題は、誰かになるという課題だと主張する。彼にとって、これは、既に私たちのDNAに刻み込まれているものになることや、私たちの人格構造にとどまることや、私たちの精神に既に存在するものを意味しない。それは、既に存在する「真実の」自己を現実化するプロジェクトではない（しばしば人間性心理学の焦点がそうであるように）。達成する目標となる発達段階でもない。それはもっと、今までに一度もなかった自分になることである。生きることは、単に開いていくというよりはむしろ、継続的な「なる」プロセスである。その結果、「なる」には終点はなく、むしろ私たちが常に進化に向かう方向なのである。

ドゥルーズ（Deleuze, 1994）は、もっと詳細に述べる。彼にとって、「なる」は、異なるものになる、生まれた自分以外のものになる進歩的な分化である。なることは、「在る（being）」と「する（doing）」の両方、すなわち存在と行為の両方を示唆する。もし私たちがこれを悲嘆の概念に適用するならば、私たちは悲嘆に暮れつつ、少なくとも少しずつ、別の人になっていくと言える。私たちは、愛する人との関係性の中で起きた死という出来事に影響されると、元の自分には戻れない。これは、死が目前に迫っている人々にとっては、確かに真実である。私たちは、がん患者から、その診断は悲劇的で恐ろしかったが、人生に心を開かせてくれたとどのくらいの頻度で聞くだろうか？

人が亡くなるときも、「なる」過程は終わらない。人が死にゆくとき、矛盾したことに、彼らは生きるという新しい挑戦に向き合っている。すなわち、「なる」という挑戦である。死後、死者はしばしば、生きている人々の人生に伝え続ける新しい「声」を与えられる。この意味で、彼らは、亡くなった後でさえも、依然「なる」の過程の中にいるわけである。

ひいては、治療的会話において決定的に重要なのは、私たちのクライエントがどのような人になっていくかに焦点を当てることである。彼らは、死という出来事によって、自身を作り直すよう、それまでの彼ら以外のものになるよう招かれたのである。少なくとも、彼らのいくつかの部分は、今死にゆく人か故人との関係性の中で構成されたのである。死が引き合わせた状況変化の結果として、この「在り」方が、今変わらなければならない。故人との関係性も、「なる」過程の中にあり、その関係者が亡くなるとき､それも何か違うものになり始める。一連の「なる」は、死では終わらない。生きている者にとっても、死者にとっても。

伝統的な悲嘆アプローチでは、故人にお別れを言うことや、その関係性を手放すこと、そしてこの人が感じている感覚から脱却することに、しばしば重点が置かれる。死は、肉体的にも情緒的にも、関係を終わらせると考えられることが多い。悲嘆する人は、故人との関係が始まる前のような健康状態に戻るべきだということが含意されている。遺族はしばしば、死者について考えたり話したりしないよう勧められ、良いメンタルヘルスの指標として、効率的に「前へ進む」よう促されるのである。

このアプローチの背景にある前提は、許されない。亡くなった人々に十分な敬意が表現されていない。それは、彼らが愛した人々から彼らを切り離し、彼らの声や影響を継続させる方法をないがしろにしている。また、多くの心理学実践に無批判に組み込まれた個人主義、もっと言えば、資本主義の新自由主義形態の中で寵愛を受ける、いわゆる「自分の腕一本でたたき上げた人」の「徹底した個人主義」の前提に基づき過ぎている。関係を忘れるには、しばしば胸の痛みを感じる苦悩を伴う努力が必要になる。私たちがまるでこれが正しい悲嘆法であるかのように振る舞えば、遺族は、可能な限り早く、個人の状態に戻り、故人との関係によって説明されるいかなる感覚も捨て去るよう促される。彼らは、自分自身に対する責任を、たった一人で孤独に背負う場に戻されるのである。私たちは、もっとましな方法があると信じる。

この個人主義的前提は現実的であると言われ、人々の順調さを評価する一般的基準となっている。もし彼らが、愛する人の死を受け入れていたら、彼らは順調であるが、もし受け入れていなければ、彼らは「否認」していると言われかねない。しかしながら、忘れることやさようならを言うことは、「なる」ための多くの可能な手段のたった一つにすぎない。他のもっと魅力的な「なる」道があるというのが、私たちの信念である。ナラティヴ・グリーフカウンセリングでは、こうした別の道が研究されており、私たちは、人々が他者との関係性を弱めて、孤独な個人主義に無理やり戻ることなく、従来の自分とは違う自分になる創造的努力をいくつか説明する。私たちは、ストレングスの源や愛の表現としての故人との継続する関係の可能性（もしそれが望まれるなら）についても、ここに盛り込みたい。

エージェンシー

「なる」の道を明確に示すためには、人はエージェンシーの感覚を保持、すなわち手作りしなければならない。彼らには、ストーリーがどのように話されるべきかについての発言の機会が必要である。和香の母が、自身の医療ケアや葬儀について意見を述べたかったことを考えてみよう。先入観に合わせた死を迎えようとしない母をたしなめることは、彼女や家族にとって美しく意味があるものを作るエージェンシーを本人たちから取り上げることになる。エージェンシーを概念化する様々な方法が、心理学や哲学の文献から入手できる。それ故、本書を活気づけるエージェンシーへの接近の概要を説明することが必要である。

第一に、私たちは、エージェンシーを人間性に本来備わっているもの、言うならば自己実現のための自動的な出発点（人間主義の思い込み）とは考えない。私たちにとって、個人はエージェンシーを持って生まれてくるわけではない。もっと洗練された概念である。

ポスト構造主義の視点から考えると、エージェンシーは、私たちが周りの力によって、なるよう要求されるものに応じて、権力関係の中で形成される。私たちがこれらの力にすんなり従うと、私たちがエージェンシーを担うことはない。私たちは権力関係の力の流れによって構築された、ないし決定されたと言われよう。私たちが、権力関係の中で与えられた立場を拒むとき、あるいはそれを修正しようとするとき、それと交渉しようと試みたり、「うまく回避しよう」（Foucault, 2000, p.162）と試みたりするとき、そのとき私たちは、エージェンシーの感覚に足を踏み入れているのである。和香の母ががんを患っていることを知りながらも、「穏やかで幸せで」あり続けたとき、それは明白である。彼女は、自分にとって大切なものや、がんへの彼女自身の反応を、自分の好みの生き方に一致する方法で、定義している。これが、エージェンシーの表現である。

権力連関

ミシェル・フーコー（Foucault, 1982）は、権力の行使を「他者の行動に対する行動の様式」として規定している（p.220／邦訳 301 頁）。権力連関は、人間が、故意であってもなくても、互いに影響を与えようと苦戦する場所である。私たちは、他者と口論するとき、時にこの影響力に痛いほど気づかされる。しかし、別のときには、私たちの反応への影響力のパターンを熟知しているため、こんなものだと流すことができる。もし私たちが、笑いをもって死に直面するように、当たり前とされている仮定を拒み、異なる何かをすることを決意するなら、そのような状況を必ず権力連関として認識するだろう。規則破りは、権力の働き方を私たちに素早く教えてくれる。

しかしながら、現代世界では、権力は必ずしも、物理的力の作用や脅威に基づいていない。フーコーは、近代化によって、人生の状況に対する私たちの頭の中での反応を作り出し、規定された社会規範に一致するよう自身の管理を求めるもっと洗練された手法がどのように発展したか示している。それ故、人々の人生の統治は、社会の構成員が正常とされた物の考え方を生産する過程となった。フーコー（Foucault, 2010）は、これを統治の過程と呼んだ。

ところで、私たちは、死や悲嘆の経験が役割を割り振られるような権力連関として、何を思いつくのだろう？ 死や悲嘆の個人的経験は、どのように統治されるのだろう？ 確認すべき明らかな方向は、医学言説にある。それは、治療法を管理し、患者にアイデンティティを与え、苦悩を個人のものとして扱い、悲嘆を病理として指定し（*Diagnostic and statistical manual for mental disorders, fifth edition* より）、投薬し、そして死の瞬間を法的に宣告する。他には、経済的言説がある。これは、遺族が職業人として、どれくらいの期間職務を免除されるのかを規定するとても具体的で普遍的ヒエラルキーを備えた規定を持つ（例えば、最愛のおばが亡くなっても、休みはほとんどもらえない）。また、法的言説があり、個人の財産の分配について誰が決定権を持つかを管理する。この言説は、権力のヒエラルキーを確立する（例えば、新しい配偶者が、死にゆく人の成人した子どもよりも、大きな権限を有するなど）。さらに、宗教的指針があって、遺体の扱い方に関する儀式や慣行を決定し、告別式等を取り計らう。

これらすべての言説を通して、反応はパターン化されるか、条理空間となる（Deleuze, 1994 に根拠あり）。しかし、例えば、家族間には、社会的やりとりのための平滑空間（条理空間の反対の意味を示すドゥルーズの用語）もある。誰が葬儀で話すかについての意見調整、形見分け、個人についての語りの許容範囲、そしてタブーとされる話題などである。これらの決定は，また権力連関によって統制されるが，これらはしばしばその場の目前の問題から現れる。それらは，ジェンダー政治学ないし宗教的言説によってしっかり規定されているかもしれないが，同時にもっと大まかに規定されており，より自由な影響や解釈に開かれているかもしれない。

質問をすること

本書では，人々が平滑空間と条理空間の両方の領域において，自身の道をマッピングするのを援助する上で役立つ一連の質問を紹介していきたい。私たちは，一連の命題によって成文化された悲嘆モデルを明確に述べる誘惑に抵抗する。その代わり，人々が文化的好みにあわせて採用するであろう広範囲の反応モデルに余地を与える質問モデルを明確化するよう努力したい。

私たちが，人々の経験に関する命題よりも，多くの人々が役立つと感じた広範囲の質問を取り上げることは，偶然ではない。私たちがここで推奨する治療的ないし役に立つアプローチは，ギルバート・ライル（Ryle, 1949）の言う「事実知（knowing that）」によって統制されている知識を生み出す通例の社会科学的アプローチよりも，彼が「方法知（knowing how）」と評する遂行的知識の類によってより統制されている。

質問とは，私たちがどのナラティヴが最も元気や強さをくれるかを探索する上で，人々が生きるナラティヴを探索できるようにする言語的ないし言説的道具である。そのような質問は，新しく時に美しい可能性が浮上するように，ドミナントな仮説の絶対的権威を引き離すという意味では，脱構築と考えられるかもしれない。このアプローチによって、遺族が彼ら自身の悲嘆のデザインに関してエージェンシーの立場を担うよう、すなわち「なる」を継続できるよう、彼らを誘う最大の機会が与えられる。これは、人が耐えなければならない避けられない苦悩の過程というよりも、悲嘆の美学を探求したり、人が参加するプロジェクトとして受け止めたりする場所である。

本書が進むにつれ、最も役立つ質問についてはもっと語ることになるが、ここでは、和香の母の死についてのストーリーを振り返りたい。母の死から数か月後に、和香や他の家族メンバーに会うことを想像してほしい。有益な治療的会話は、ストーリーの中で言及された「なる」の流れを理解し、それらがさらに発展するよう誘おうと努める。そこで問うことのできる何百もの問いが考えられるが、私たちは、以下のような質問に興味を持つだろう。

- あの〈リハーサル〉は、あなたの母の死から数か月の間、あなたや家族にとってどのように価値のあるものでしたか？　あれをしたことによって、何かが容易になったり、逆に、より困難になったりしましたか？
- 看護師があなたの母が自らのがんについてどこまで知っているのかと訊ね、あなたが心の中で「それが私のお母さん。私の家族なんです」と思ったとき、あなたが自分自身について、また当時の母について知っていたのはどんなことですか？　またそれは、この悲嘆の間、あなたをどのように支えましたか？
- あなたは、なぜ家族で共に笑い続けたのですか？　また、そうする中で、どのようにしてあなたと母が同じ気持ちでいると考えることができたのですか？
- 蛍や桜に気づいて、それを母の目を通して見たことは、ありますか？　それは、あなたにどのような影響を与えましたか？

- もし母があなたの頭の上を飛んでいたら、彼女の死後のあなたの人生の展開について、彼女はあなたに何と言うでしょう？

これらの質問が、決してすべてを網羅しているわけではないが、私たちが推奨しているカウンセリングへのアプローチを示唆している。それは、人々が、「なる」のプロセスにおいて携わっている具体的な行為の探求に基づいている。それは、エージェンシーの可能性を前提としている。それは、悲嘆心理学における従来の知識に対する批判的な視点の上に、成り立っている。それは、普遍の真理を裏づけるよりは、その場面特有の知識を作り出すことを目指している。人々は、受け入れられた実践に従わなければならないというよりは、自分自身の悲嘆の道を手作りする能力があると評価する。そのような手作りをすることで、死のより厳しい側面に直面しているときでさえも、美の瞬間を実現するかもしれない。

◆原注

◆1　〔松下和香〕松下は本章に含めるべくこの話を書いた。彼女の許可を得て、彼女以外の登場人物の名前は変更している。和香は京都で臨床心理士をしており、精神保健問題を抱える多くの患者やその家族を援助している。

＊訳註

＊1　〔エージェンシー〕行為体。社会における支配的なディスコースにも挑戦し、自ら選択し、自分にとって望ましいもの・人生を見出していく力。本文34-35頁に著者らの説明あり。ナラティヴ・セラピーでは、「私的行為体（personal agency）」とされることが多い。ホワイトによれば、

「私的行為体」感覚とは、「人が自身の人生の形成に何がしかの影響を及ぼすことができるという知覚に関連した自己感覚である。つまり、自身の人生に対して、価値を置くものに関するエージェントとして、そして自身の意図に関するエージェントとして介入できるという感覚であるし、世界が少なくとも最小限のところであれ人の存在という事実に応答するという感覚のことである」（『子ども、トラウマ、そして従属的ストーリー展開』邦訳166頁より）。

ここで前提とされているのは、言説及び権力の人々を位置づける影響力から逃げる手段はいつでもいくらか存在するということだけではなく、人はそのような逃走に意図的に影響を与えたりそれを引き起こしたりすることができるということである。

しかし、それがどの程度可能かということは議論が残るところである。これに関連して、ホワイトは、「内的状態」と「志向的状態」理解という区別を推奨している。前者では、人の振る舞いを形作る中心的ないし本質的概念をほのめかす（無意識、気質、ないし個人的属性のような）概念を頼りにするので、治療的有効性はどうしても限定されてしまう。そのため、私的行為体は後者と関連づけられ、人は自らの意図や価値観に沿って人生を生きると考えられる。意図は行為体の一因子とされ、それは根本的な仕方で行為へとたどることができるとされる。

Guilfoyle, M (2012). Towards a grounding of the agentive subject in narrative therapy. *Theory & Psychology*, 22 (5), 626-642. では、このあたりのことが問題とされているが、バトラーによる「ポイエーシス様式」（本文27頁）においても同様の問題提起がなされていると思われる。

藤高和輝（2015）「バトラーのマテリアリズム」大阪大学大学院人間科学研究科紀要 41, 193-212. も参照。

＊2 〔否認の段階〕キューブラー・ロスの段階理論の第一段階。順に、怒り、取引、抑うつ、そして受容が続くとされる。

第2章

現実の勝利[*1]

死や悲嘆への反応の中に美を味わう力を発掘するには、それまでにあったことを理解する必要がある。新たな地域への旅はすべて、既存の地図に従うか、新たな道が枝分かれしそうな所から然るべき方向を見つけ出すことになる。死や死別を理解し、カウンセリング会話のための新たな地形図を作るためには、私たちの足元の地面が以前どのように描かれたのかから始めるのが有益である。私たちは、最終的には、死や死に対する自分たちの反応に関する新しい言語に踏み込みたいと願っているが、中立な立場からは始めない。

本章の目的は、悲嘆心理学がどこまで進んだかを描くことである。本書のテーマに沿って、調査を導く質問をいくつか投げかけたい。各モデルの描写において、私たちは下記の質問を念頭に置く。

- 生者と死者との関係に、何が起こるのか?
- 自らの反応を手作りするには、どのような機会があるのか?
- このモデルにおいて、死にゆく人と遺族が意味を作る上で、どのくらいの創造性が許されるのか?

- 語られるストーリーは誰の責任か、カウンセラーか遺族か？
- 文化的反応や自然な反応は、どのくらいの価値があるのか？

悲嘆心理学のテーマを歴史的にたどると、個人の内的経験が、いかなる関係性の感覚よりも重視されていることは、容易に見て取れる。調査されたあらゆるモデルを通して（最近まで）一貫してみられた全般的パターンは、親密さや関係性よりも、自立と分離を評価していることである（Hagman, 2001; Neimeyer, 2001; Valentine, 2006）。焦点を当てられているのが死にゆく人であろうと（Kübler-Ross, 1969に見られるように）、遺族であろうと（Worden, 1991, 2009にあるように）、傾向は同じである。これらのモデルのすべてが、（未完の仕事を）終結させ、（関係性を）手放し、そして（故人なしで）前進するよう促している。（生前と死後の）生者と死にゆく人の間のつながっている感覚は、通常、悲嘆の感情と共に（Freud, 1917の用語を用いれば）脱備給されてしまう。カウンセリングモデルは、これに倣って、受容、終結、そして最後のサヨウナラを言うことを提案してきた。ごく最近になってやっと、もっと関係の継続性の感覚に、より共鳴する異なる意見が提出されだした。

時として、伝統的な戦略が有用であろう一方、それらは普遍的に役立つわけではなく、場合によっては悪影響を与えかねない。私たちが提起する質問は、死に直面した際に、関係性を保持できるよう支えるもっと有効で、もっと愛情にあふれ、もっと包括的な実践があるかどうかということである。関係からの分離の終局性や必然性が前提とされてきたすべての作業において、この可能性は潜んでいた。同様に、遺族の創造性やエージェンシー以上に、カウンセラーの知識に特権を与えることが、重視されてきた。悲嘆反応のひな形が前もって遺族のために作られている状況では、遺族がそれを手作りすることは、難しい。さらに、現代科学は、悲嘆が文化によって変化する経験というよりは、人間の本質を表すものであるとの前提に立っているので、西洋のグリーフモデルを普遍的に有効なものとして特権化する傾向にあり、文化差には配慮を示してこなかった。

私たちの意図は、こうした可能性に関心を向けるアプローチの提供にある。私たちは、これが非現実的だとは思わない。逆に、かなりの恩恵があるだろう。なぜなら、そこで与えられる命の継続性の感覚に、人々は慰めを見出すことができるからである。それによって、遺族は、以前に亡くなった人々のストーリーを取り上げ、新たな関係性の可能性にいつでもアクセスできるようになる。

後続の章では、私たちは、そのような可能性がどのように会話の中で構成されうるのかを示す。この新たな地図は、関係性が祝福され称賛される機会を促進し、ただ単に死が生じたからといって、その関係性がもはや排除されることのないよう推進する。苦悩を強めるよりむしろ経験を活気づけるのは、複雑な意味が求められるつながりを手作りすることである。それは、死を超越する感覚を具体化する美の儀式が執り行われるのさえも可能にする。これらの瞬間こそが本書の主題である。これまであったものは、特定の歴史的文脈に深くしみ込み、おそらくその全盛期には文化にぴったりフィットした実践へと導かれている。この章では、この歴史のいくつかを展望し、汎用的な悲嘆のテンプレートを作ったメタ・ナラティヴを探り出す。宗教教義、社会学、哲学の痕跡や経済学や法学からの影響をたどる。これらの影響のすべてが融合して、現代の悲嘆心理学のドミナントな言説を作ってきたのであり、それが実践に影響を与え、時には決定づけてきた。まず実例から始めよう。

サンドラは、退職者のための施設に暮らしており、第一著者よりそこでインタビューを受けた。彼女は、特に夫のフィリップが17年前にどのように自殺したのか話したかったのである。

ロレイン　ご主人について少し話してくれませんか？　お名前は？

サンドラ　フィリップ。彼は優秀でしたが、重いうつ病を抱えていました。生涯それに苦しみました。私たちがウィーンでフロイトの弟子の何人かと一緒に10年間暮らしていたとき、彼は精神分析を試しましたが、問題はこじれました。うつ病を解決しようと飲酒さえ試したものの、それもうまくいきませんでした。最終的に、彼は自殺したのです。

ロレイン　それはおつらかったでしょうね。

サンドラ　悲惨でした。言うまでもなく、自殺には、罪悪感の問題があります。「私は自殺のサインを見落とすべきだったのかしら？」と自問しました。付き合い始めた頃から、「僕はいつか自殺する」って、いつも言っていたんですよ。

ロレイン　そんなことを言われて、不安だったことでしょう。

サンドラ　ええ、それで、カウンセラーを探しました。状態が悪くなると、彼は私の以前のセラピストと2～3回会いました。彼女が彼のことを知っていて、彼のうつ病について十分に認識していることが、後で私にとって、大きな助けとなりました。彼女は私が痛みを乗り越えるのを助けてくれ、最終的には、結果として極度の罪悪感を乗り越えるのを助けてくれました。

ロレイン　どのように彼女は助けてくれたのですか？

サンドラ　彼女なしでは、切り抜けられなかったと思います。彼女は、彼が死んだのだということを客観視によって受け入れられるよう助けてくれました。彼女は、彼は死にたかったのであり、もう戻ってこないという現実を私が直視するよう助けてくれました。私たちが結婚したとき、つまり結婚してすぐ後に、彼は実際に、私にそう言っていたのですから。彼が死んだとき、メモがなかったことに私は怒りを感じました。私のセラピストは、そんなにも長い間、彼を生かし続けた私に彼は腹を立てていたのだと説明しました。それにも助けられました。

ロレイン　そして、それはあなたにとって慰めとなる考えだった？

サンドラ　彼女はよく私に言いました。「あなたは正しかったのよ。あなたは何も間違ったことなどしていない」と。それで私は、前に進んでよいこと、罪悪感を感じなくてよいことを理解できました。彼女は正直に言いました。「彼が遅かれ早かれ自殺することを、私たちは知っていましたよね」と。彼女が同僚と症例検討をしたところ、夫が絶望的だったということで参加者の意見は一致したそうです。

ロレイン　それを聞いてどのような感じでしたか？

サンドラ　安心しました。私たちは、彼が絶望的だと知っていたのです。彼女は、私が気持ちの整理をつけ、自分にもいきいきとした生活があるという事実を享受するよう助けてくれました。彼女は、私が仕事に戻り、人と付き合うよう促してくれました。悲しみは悲惨でしたが、罪悪感はもっとひどいものでした。カウンセラーに会い、もうこれ以上、彼の死について自分自身を罰する必要はないと知ったことは、大きな違いとなりました。

私たちは、サンドラが安心感を与えられ、もう罪悪感によって苦しまずに済むことが気に入らないなどというわけではないが、彼女のカウンセラーが、サンドラの罪悪感を和らげるために、どのように彼女をこの特定の方向へ向かわせたのかという疑問が残る。サンドラは、夫との関係性の中で救済されたであろう何かを犠牲にして、個人的な安心感を与えられたように見えるのだ。そのセラピストは、サンドラの夫に対してほとんど敬意を表しえない解釈を与え（恐らくそれでもって彼女を植民地化し）、夫との関係を手放すよう促した。私見では、これは支払うべき代償が大きく、カウンセラーの意見がサンドラの経験以上に真実として特権を与えられている点で、議論の余地のある現実解釈である。前章に記したように、悲嘆経験は、様々な権力の流れによって形作られている。それらは、サンドラの経験やセラピストのトレーニングや思考の背景で作動している。こうした影響はしばしば、医学界（だけには限らないが）から生まれ、カウンセリングオフィスでの死や悲嘆についての会話を形作る。

変化する会話

過去100年間の悲嘆心理学には比較的、一貫性があるものの、それまでいつもそうだったわけではない。近代より前は、死は主に宗教用語として表現され、病いは邪悪なもの、または悪行に対する罰だとさえ思われていた（Foucault, 1973）。しかしながら、以下に見ていくように、死や悲嘆は次第に、ますます科学的手法の統制を受けるようになった。

フィリップ・アリエス（Ariés, 1974, 1981）によれば、死に対する私たちの考え方は、とても公で、時に混乱し、社会的で且つ普通の経験であるというものから、科学体制の下、私的で、秘密にすべき情報は排除され、孤立した出来事へと変化した。死が生じる場所も変わり、それによって、死がどのように記念され、私たちがどのように悲嘆に暮れるかということも影響を受けている。20世紀に入る前、人々はほぼ自宅で息を引き取った。死に至るまでは、コミュニティが人々を取り囲んで世話をし、その人が亡くなった後は、家族の世話をした。明らかな服喪のサインが示された。遺族の服装や家の窓が閉まっていることが、家族が死を悼んでいるサインであった（Ariés, 1981）。死は公に記念された。儀式は、故人と遺族の関係性の文脈を述べるという方法で、愛する人が死にゆくとき人はどのように振る舞うべきかを定義した。

世界大戦や抗生物質の出現によって、負傷者や病人を治療する場所としての現代の病院には、無菌保証がもたらされた。1918年から1919年にかけて大流行したインフルエンザによって世界中で2千万から4千万人の人々が亡くなり、病院に新たな目的が与えられるまでは（Hockey, 1990）、病院は、しばしば貧困層のための休息や出産の場所であった（Ariés, 1973）。

人が病院で死ぬと、死体は消毒され、人目につかないところで処理されていたが、第二次世界大戦が終わるまでには、死は規定通りに医学的に管理されるようになった。つまり、人々は「患者」となり、彼らの体は一連の身体症状に還元されるようになったのである。患者は、回復への希望を維持するために、しばしば自分自身の診断名を伝えられなかった。そして死は、医療関係者にとって目に見えない敵となった。悲嘆心理学が誕生したのは、医学知識を医学的スケジュールにまとめる医療化された世界観の誕生と軌を一にしている。

医療化された死の経験が示唆するものは、個人のストーリーは、指示ではないにしても、ドミナントな機関を構成する権力の流れによって形作られるということである。例えば、死について、それを取り巻く感情について率直に話さないことは、不平や恐れの表出なしで死にゆくことが褒められるきっかけとなった。ストーリーは、患者の最期までの冷静さについて語られるかもしれない。

人類学者ジェフリー・ゴーラー（Gorer, 1965）は、イギリスで、1628人の人に、彼らの死や死別の経験についてインタビューした。彼は、医療に管理された死は、死にゆく人々にその事実を伝えることを拒み、彼らの心をかき乱し、彼らの心配を無視することによって、いかに彼らを断絶したり、または積極的にだましさえもするのかを捉えた。

死や悲嘆のストーリーは、今もなおストレングスのメタファーを用いて取り扱われている。死にゆく人は、幸運ならば、ヒーローになるかもしれない。がんのストーリーはしばしば、軍隊用語で描かれる。私たちは、（軍事行動であるかのように）がんと闘う人とかそれを生き延びた人という言い方をする。がんで亡くなった人はしばしば、長い闘いの後に（しばしば勇敢に）亡くなったと言われる。ストーリーは、それらを生み出すシステム――この場合、（死は恐るべき相手だと認めるものの）病いや死や悲嘆に価値を置かない医療機械（medical machine）である（Deleuze & Guattari, 1977）――によって作られる。私たちが死についてどのように考えるかは、悲嘆との共生に影響を与える。宗教的慰めに頼る人がいる一方、過去１００年間、遺族が苦しみを和らげる方法は医療関係者が独占してきた。悲嘆は、密接に肉体とつながっている。この題材の初期の貢献者の多くが、医師であることから、このつながりは、理解可能である。

特に、ジグムント・フロイト、メラニー・クライン、ジョン・ボウルビィ、エーリック・リンデマン、コリン・マレィ・パークスやエリザベス・キューブラー・ロスの著書は、悲嘆の意味を、個別なものであり、症状となり、個人的で、内的体験であると構成する上で、重要であった。この立場は、医学界では理にかなったものであり、私たちの例の中にも見受けられる。サンドラは、ある善意のカウンセラーによって、この現実の見方を採用するよう導かれている。初期の理論家はセラピーの段階を設定し、グリーフカウンセリングは、病的なものへの個別のフォーカスを支持し続けている。第一世代の理論家たちは、ガーゲンが示すように、「欠損の通訳者（the translator of deficit）」でもあった（Gergen, 1994, p.155／邦訳 206 頁を一部改変）。欠損志向性は、当然のこととみなされるようになった。ガーゲンが記すように、「欠損についての言葉が社会に理解されるようになると、それらは日常語の中に取り入れられるようになる。すなわち、欠損とは、人間行動について〈誰でも知っていること〉の一部になる」（Gergen, 1994, p.158／邦訳 209 頁）。

どのようにグリーフカウンセリングが発展してきたかを紹介するために、これらの初期の著者の業績にみられる共通の特徴をいくつか選びたい。

フロイトと病いとしての悲嘆

フロイトの業績が現代心理学にどれほど影響を与えたかについては、たくさんの記述がある。しかし、フロイトの著書で悲嘆と関連しているのは、ほんの一部である。1917年に出版された論文だけが「喪とメランコリー」と題され、そこで彼は、その二つを区別しようとしている。フロイトの伝記作家アーネスト・ジョーンズ（Jones, 1955）によれば〈フロイトのすべての業績の中で最も深く重要なものの一つ〉（p.185）である本論文は、他の3本の論文と共に、11日間で書き上げられた。

この論文の中で喪が扱われている事実は、さほど重要でない。喪にある人々は、あたかも異常なメランコリーを患う人々の対照群のようである。タイトルの中でさえフロイトは、喪とメランコリーという二つの経験を関連づけ、そうすることで、悲嘆に介入する実践の世紀を開始した。

フロイトは、喪を、人の喪失への反応、ないしアイデアへの固着として確立している。悲嘆においては、メランコリーとは対照的に、終点があり、人々はこの状態に勝利できると彼は信じた。陳腐な格言〈時はすべての傷を癒す〉に要約されるように。フロイト自身が、「わたしたちは、喪は一定の時間がたてば克服されると信じて」（Freud, 1957/1917, p.153／邦訳274頁）いると記している。

そのような実践を生み出したフロイトの業績における言葉に注目することは、重要である。次の引用の中で、フロイトは喪の作業について詳しく記述している。

ところで喪が実行する作業はどのようなことから成り立っているのだろうか。現実吟味が愛された対象はもはや現存しないことを示し、今やこの対象との結びつきから全てのリビードを回収せよ、という催告を公布する。これに対して当然の反逆が起きる。というのも、あまねく見受けられることだが、人は一つのリビード態勢から進んで立ち去ろうとはしないからだ。……通常は、現実に対する尊重が勝利を保つ。だが、現実による指図は即座に実現することができない。この指図は時間と備給エネルギーとの多大な消費をともなって一つ一つ遂行される。そしてその間、失われた対象の存在は心的に維持される。リビードがその中で対象と結ばれていた想起や期待のすべてについて、その一つ一つに的が絞られ、過剰備給がなされ、リビードの引き離しが執行される。

(Freud, 1957/1917, p.244-245／邦訳 275 頁)

「あまねく見受けられることだが」という表現の中に、ある人の経験から次の人の経験を推定させる普遍的な人間性という前提が存在する。それは、人の死や悲嘆に対する無数の文化的反応を一気に排除している。普遍性は、創造的な反応の手作りを制限し、遺族のエージェンシーを縮小させる。ヨーロッパ人の患者が耐え抜いた悲嘆が、他のすべての文化的文脈や歴史的時間において患者が通った悲嘆と同じものと考えられている。

注目すべきは、喪の作業が完了するとき、〈エゴは解放され、再び制約がなくなる〉とあることだ。それ故、制約されたエゴを解放する未来への介入の道が開かれ、しばしば故人と遺族の分離が促される。生者と死者のつながりを妨げるのは、このエネルギーの除去である。

制約を解く治癒は、脱備給行為（デカセクシス）の過程を通して生み出される。すなわち、「対象」へのリビドーの固着感情の発散を通してである。そのような検査や（ハイパーカセクシスされた）思い出の解放は、リビドーの解放ないし全体性への回帰をもたらす。さもなければ、喪の作業は、メランコリーと絡みつき、不吉な未来に屈してしまう。

このパラグラフが、今日に至るまで、悲嘆に関する心理学言説に跡を残している。多くの人は、フロイトが使用した実際の用語では話さないが、フロイトの仮説は、彼の後に出てきた人々によって何度も繰り返し唱えられてきた。彼らは、カウンセラーや医師に対し、状況の意味を作り上げ、遺族を犠牲にして彼らの知識を主張する権威を与えてきたのである。

サンドラは亡夫の病理を示されこうした仮説を提示されて、それによって、彼女の創造力や彼のことを違った方法で語る能力は、制限されている。フロイトの主張では、喪の作業は、その人が実際に医学的に死んでいることの受容を含まなければならない。もちろん、それは、死亡証明書や視覚確認といった客観的な医学的判定によって実証されるものである。この課題が不快であっても、リビドーのエネルギーを動かせるのは、この現実受容である。現実の命令には従わなければならない。その根拠は、フロイトが娘ゾフィのインフルエンザによる死を伝える母に宛てた個人的な手紙の中に伺える。１９２０年1月26日付けのその手紙は、後に、彼の息子エルンストによって出版された。

愛する母上

今日は悲しい報せをお伝えしなければなりません。まだ若い盛りのあのゾフィが昨日朝、急性の感冒から肺炎を併発して亡くなったのです。……母上がこのことを落着いてお受取りになるよう希望いたします。不幸というものは甘受しなければならないものだからです。しかし夫と子供たちとともにあんなに仕合わせだった、素晴らしかった、世才にたけていた娘を悼む気持は許されるでしょう。

御機嫌よろしう。

ジークムント拝（Freud, 1960, pp.185-186／邦訳 335 頁）

このように、フロイトは、娘を悼む好ましい方法として、彼の１９１７年の論文に固執した。３年後、フロイトが彼の最愛の孫息子、ハイネレの死に向き合っているとき、彼はさらに繊細な描写を示す。[*2]

実際この子は魅力的な子供で、私自身もこれまで一人の人間を、おそらく一人の子供も、この子ほど愛らしく思ったことはありませんでした。彼は実に素敵な少年だった。私は、自分自身が人を、特に子どもをこんなにも愛することができるとは知らなかった……この喪失に私はとても堪えられません。これ以上につらいことを体験したことはないように思います。

（Freud, 1960, p.344／邦訳 351-362 頁）

これらの例から、悲嘆の複雑な経験を垣間見ることができる。悲嘆や喪に関するフロイトの著作が、彼の医師としての専門性の産物であり、彼の時代の文脈に基づくストーリーの産物であることは、容易に推測できる。彼の死や悲嘆に関する概念は、その一般的パーソナリティ理論と同様、自律した個人や内省過程の理解に使われているが、解釈する者を、経験の心理学的意味について意見を述べる専門家に制限してもいる。

フロイトによる悲嘆構成は、個人モデルであり、人々は人生において互いに分離しており、それは死まで、死後は特に、続くと想定している。関係性の分離は、故人への気持ちを減弱させるよう意図されており、故人の思い出や故人との会話へのいかなる積極的な関与をも促進しない。関係性を手放し、葬り去るという同じテーマが、サンドラと彼女のセラピストの間の会話の要約にも流れている。

フロイトの業績は、悲嘆心理学におけるベンチマークとなっている一方、関係性や文化を土台とする死や悲嘆に対する美的アプローチの対極にある。美的アプローチは、故人を意図的に想起することや、生前も死後も関係性のつながりをはぐくむことを支持する。また、関係性の理解を評価し強化することを通して、罪悪感を和らげようとする。

フロイトの心理学理論にみられないのは、愛する故人を内包し直す可能性である。その代わりに、彼は、関係性が次第に忘れ去られるよう脱備給行為（デカセクシス）という概念を使用している。これらの影響についてさらに取り上げる前に、第一世代の他の理論家数名にしばし注目したい。

メラニー・クラインと対象関係論

クラインは、対象関係論への主たる貢献者であり、それを悲嘆心理学の領域にまで拡大した。現代悲嘆心理学において彼女の著書はあまり顧みられることはないが、彼女はフロイトからジョン・ボウルビィのような著者への重要な結びつきをもたらした。クライン（Klein, 1940）は、大人の喪の経験と人生の最初の1年間とを関連づけている。彼女は、カール・アブラハムやサルヴァドール・フェレンツィというフロイトの同僚らの下で勉強した後、赤ん坊は成人に匹敵する心理状態を通り、後の人生において悲嘆を経験するときにはいつも、早期の喪の体験が蘇ると強く主張した。彼女によれば、幼児は離乳期に苦労し、母親の乳房に対するその喪の体験が、後の人生で悲嘆の基礎となる。母乳の喪失は子どもの最初の喪失体験であり、さらなる喪失を経験する度に、それは繰り返される。人は最初の喪失から完全に自由になることなど決してできないので、この概念はクライエントからエージェンシーを取り去ってしまう。クラインの研究は、喪失を体験するたびに、再評価と再調整の機会になるとする、現代の悲嘆心理学の見解の一因となった。この概念は、グリーフカウンセラーらによって、二次的喪失を早期の喪失に帰することとして取り入れられた。

クラインはまた、無意識下の喪失を人に受け入れさせる悲嘆心理学の〈防衛〉というものに貢献した。彼女は、故人の外的表象と内的表象の比較の結果として、否認を特別重視した。クラインによると、愛する者の死は、外的現実と内的イメージの両方を揺さぶる。

ここで簡潔に補足しておきたい。クラインの理論は、クライエントが意味のつながりを発見できるかは疑わしいという理由で、セラピストの解釈を頼りにしている。人の気分を楽にさせる力がセラピストの解釈だけにあるということは、クライエントにはほとんど、または全くエージェンシーが残らないということである。それは、遺族にはいかなる抜け道もなさそうだという点で、悲観的な理論でもある。人は、引き離され、特定の状況に対する自分自身の反応を手作りする機会がほとんどない人生を送る運命にあるため、避けられない苦悩に追いやられる。遺族と故人の関係性は、子どもの乳離れを促した母親との関係性ほどには、重要視されない。さらに、1歳になる前に離乳するという前提は、喪失の心理学の前提と同様、まったく普遍的ではない文化的慣習を象徴している。

悲嘆のトラウマ

エーリック・リンデマンは、グリーフカウンセリングの書籍においてはあまり注目されないが、実は、彼の概念は悲嘆心理学のストーリーにおいて然るべき価値がある。リンデマン（Lindemann, 1944）は、悲嘆を異常な状態として定義した。彼は、現在の悲嘆の語られ方に大きな影響を与えた二つの用語によって、高い評価を得ている。一つは、「予期悲嘆（anticipation grief）」という概念であり、もう一つは、「グリーフワーク（grief work）」への言及である（Rando, 1988）。フロイトも悲嘆を作業だと述べたが、これを一般的な語彙に持ち込んだのはリンデマンであり、彼の業績はフロイトの悲嘆に関する病理概念を拡大した（Worden, 2015）。

「グリーフワーク」は、経済メタファーに由来することで、賃金労働の観点で感情的経験を描写することになった。そこでの行為や活動は、故人との絆を断つという望ましい目的の達成に取り組まれているものの、以下の事柄は疑問視されることもなかった。そのような活動が役立つのかどうか、悲嘆は時には作業ではないのではないか、あるいは経済メタファーで感情を考えること自体、適切なのかどうか。これは、悲嘆への創造的反応を確実に制限する。リンデマン（Lindemann, 1944）は以下のように述べている。

> 悲嘆反応の長さは、グリーフワークの成功、すなわち死者の束縛からの解放を達成すること、死者がいなくなった環境への再調整、そして新しい人間関係の形成にかかっているようである。（p.156／邦訳 222 頁を一部変更）

リンデマンの関係性の解放に対する偏向は、フロイトの、遺された人は故人とのつながりを放棄する必要があるという考え方を共有している。解放とは、まるで故人との関係は病理の一つの形であるかのように、その関係性から自由になることに価値を置く解放の過程を示している。大切な故人は、解かれるべき重荷のように言われている。リンデマンは、死者との関係の絆を「束縛（bondage）」という用語で言及する。彼は、悲嘆という感情的経験による束縛ではなく、死者による束縛に言及している。遺された人は、つながりを断つ以外に、チャンスを与えられる方法はほとんどない。

この見解は、リンデマンの研究の文脈に関連している。彼は、悲劇的な状況の結果として悲嘆に暮れている人々にインタビューをした。彼らの愛する人は、1942年の悲惨な事件（492人もの死者が出た、ボストンのナイトクラブ、ココナッツグローブ・レストランでのひどい火事）で亡くなった。リンデマンは、発病前の関係を問題とみなさない。（家族メンバーである犠牲者や最近の結婚や記念日をお祝いしている若者らを含めて）生者と死者の間のこうしたつながりは、肯定的な言葉で表現される。また、その関係性の文脈にかかわらず、遺族は感情的苦痛からの休息が必要であり、それを徹底操作しなければならないとされている。

リンデマンは、インタビューを通して確認された悲嘆症状の分類や反応カテゴリーを明記した。彼の記述は、おそらく彼の医師としての視点に由来しており、ため息、全般的疲労、食思不振といった身体症状が強調されている。彼の症状学は、悲嘆症状や予期悲嘆について書かれている現在の一般書籍に広く見られるものであり、悲嘆が個別で身体の病気であることを強調している。

リンデマンの研究は、予期悲嘆や外傷性悲嘆についてのその後のさらなる研究への道を開いた。衝撃的な状況の直後に苦しんでいる人々には専門的な注意が向けられなければならないかもしれないが、彼のモデルには、痛ましい出来事に際してさらに仕事をするという圧倒的で消耗させられる感覚が示唆されている。「グリーフワーク」というメタファーは、既に大変なところへ持ってきて、さらに厳しさを上乗せする。遺族にカウンセリングをする人々は、悲嘆をワーク（仕事）の観点から話す。仕事には、一定の労働期間、課題志向性、疎外されやすい労働内容、そして多くの人々にとってはタイムカードに記される労働時間が想定される。私たちが問わなければならないのは、どんな仕事があるのか、そしてその仕事が完了した暁には終点があるのかということである。

悲嘆とアタッチメント

現代の悲嘆心理学のもう一人の立役者は、ジョン・ボウルビィである。フロイトやリンデマンと同様、ボウルビィも医師であり精神分析家である。イギリスのタビストック研究所において、第二次世界大戦直後の分離不安に関する研究で広く評価された。彼は、生後1年目の子どもと両親の愛着、特に子どもと「母性的人物（mother figure）」との間の絆について語った。「母性的人物」とは、実母、乳母、子どもたちの世話に関わった医療関係者を含む用語である。ボウルビィは、彼の研究結果から一般集団を推定したことで批判されている（Burman, 2008, p.131）。

ボウルビィは、喪について４本の論文を書き（Bowlby, 1960, 1961a, 1961b, 1963）、そのうちの三つは病的な喪（すなわち、不適応、長期化した喪、あるいは死者を恋い焦がれること）に重点を置いている。彼によれば、アタッチメントと喪は、それが妨げられない限り、自然に内部で生じる本質的で本能的な過程である。彼は、人間の喪の行動を動物の行動様式と比較し、アナロジーによって、人間の喪の経験は、自然で生物学的な過程であると主張した。彼は、〈根源の本質から生じる〉とか〈本能的反応システム〉といった言葉で、通常の喪および病的な喪の両方に言及した（1961a, p.320）。

ボウルビィの理論は物理科学に大きく影響されており、彼は、自分自身の概念を裏づけるために、しばしばダーウィンに言及した。彼は、体の傷と心の傷をほとんど区別せず、喪失とは身体的疾患のようなものであり、客観的に研究でき、ほぼ同じやり方で理解可能だと示唆した。遺族は、〈環境の突然の変化〉

による〈生物学的不均衡〉の状態にあると考えられている（1961a, p.322）。彼は、この状態は、まるで〈傷ややけどや感染症〉であるかのように研究し治療できるものだと提言した（1961a, p.323）。

ボウルビィによると、自然な生物学的過程、ないし生来の病いであることの強調（それが人間の反応を動物の知識と関連づけた）は、あらゆる年齢、あらゆる種類の喪失による人々の苦悩を説明するために、用いられうる。したがって、喪とは、ウイルス感染を患うようなものであり、母性的人物の喪失に端を発する自動的な生物学的反応となった。適切に対処されなければ、遺された人は病的状態へとそれる。前述の理論家らと同様に、ボウルビィのモデルは、個人に重点を置き、病理がしみ込んでいる。彼は、遺族が進まなければならない三段階を提言した。簡単に言うと、これらは、不均衡、混乱、そして再編成である（1961a）。これらの概念は、フロイトが、愛の対象がもうそこにはいないことに気づく現実検討、そして現実黙認として話すことと似ている。ボウルビィによると、遺族は死者を探し続けるが、彼らを見つけることはない。この失望が高まり、再会の望みがしぼむにつれ、たいてい、探索行動は〈喪失対象〉に関心を向け直すことを止める（1961a, p.334）。

ボウルビィは、フロイトやクラインの研究には不備があると提言することで、自分を彼らから切り離した。ボウルビィの評価によると、フロイトは、遺族の喪失対象に対する嫌悪を誤解していた。フロイトが怒りや蔑視は病理だとした一方、ボウルビィは、それらは正常で適応的だと示唆した。いずれにせよ、文化やローカルノレッジは考察から外されている。ボウルビィはまた、クラインの人生の最初の1年の重要視は、成人期の心理学に関する彼女の理論を制限していると述べた。

ボウルビィの研究は、心理機能に関する精神力動的かつ本質的視点とは一線を画したいという本人の希望があったものの、そういった考え方の影響を受け、かつ支持されることになった。彼の悲嘆の説明は、個人的反応に焦点を合わせており、精神内界的理解を支持した。彼は、悲嘆は身体疾患と同類であり、我々はそこから回復できるという概念を加えた。彼は、人間の悲嘆経験を、進化的なものだと考えた。ダーウィン的反応である。後でわかるように、ボウルビィの概念は、遺族が、亡くなった人のストーリーや思い出から距離をとるために、グリーフカウンセリングにおいて頻繁に使用されてきた。

正常の病理

イギリスの精神科医コリン・マレィ・パークスは、精神疾患に関する文献では治療に関することが疎かにされていると感じたこともあって、治療について研究し、書き記した。彼は1972年に、「悲嘆は精神科医に最近まで無視されてきたので、ほとんどの精神医学の代表的な教科書の索引には掲載されていなかった」（Parkes, 1972, p.6／邦訳 11 頁）と指摘した。実際、パークスは、悲嘆は特徴的な異常だという自らの意見を裏づけるために研究をし、とりわけフロイトやリンデマン、そしてボウルビィ（パークスもまたロンドンのタビストック研究所で働いていた）からのメタファーを使用した。彼は、悲嘆が知識を吸収可能な医師にとっては想定内の驚くに値しない異常であることを示唆して、科学的専門家の見解らしい言及を残した。しかし､この視点は､自分自身のために話すエージェンシーを人から奪っている。

パークス（Parkes, 1972）は、未亡人の小グループにインタビューし、死別の危険因子分類を開発する研究をハーバードで続けた。パークスは、主に女性にインタビューしたのに、特定のストーリーについて言及するとき以外は、男性の代名詞や記述語を用いた。彼は、フロイトのように悲嘆の〈段階〉について述べる際、反応の文化的多様性を説明することなしに、普遍的な対象者を想定した。「人はひとつの生活様式を断念する必要に直面し、新しい生活様式を受け入れる。……変化に対する抵抗、所有、人々、地位、期待――これらは、悲嘆の根拠であると思われる」(Parkes, 1972, p.11／邦訳20頁)。

他の理論家らと同様に、パークスは、悲嘆の精神内界的経験において、死者が演じる役割はないと感じた。シルバーマンとクラスによると、〈パークスは、悲嘆が解決した後は死者との交流する有用な場所はないと考えている〉(Silverman & Klass, 1996, p.11) にもかかわらず、彼の考えは、際立っていた。パークスはしばしば愛着理論を悲嘆の引き合いに出し、死に際して愛する喜びが痛みになるとき、悲嘆は愛と織り合わされると考えたからである (Blythe, 2010; Parkes, 2002)。この概念は、悲嘆心理学において「私たちは愛した分だけ、悲嘆に暮れる」といった表現で普及し、遺された人々を不安定な場所に置いた。パークスは、つながりを手放すことで解決される段階を提唱した。初期の悲嘆理論家の多くのように、彼は、現実的悲嘆と想像的悲嘆とを区別した。

最初の段階では、遺された人は、日常生活で目にする人々と故人を比較するために、故人のイメージを内在化する必要がある。このイメージによって、最近遺族となった人々は、大切な故人がそばにいると思っても、それが見間違いだったと修正することができる。故人の鮮明な視覚記憶がなければ、遺族は、愛する者がまだ生きていると信じかねない。パークスによると、誤認を重ねることによって、心は、喪失の現実に適応していく。探索行動は、〈食べ物を探す動物の行動のように〉生物学的欲動であり、死の直後は、落ち着きのない切望として経験される。フロイト同様、パークスは、これを死別における正常でつかの間の意味ある要素だと考えた。彼によれば、〈悲嘆の苦痛発作は、死別体験のあと、数時間から数日後に始まり、通常は、その苦痛のピークに5日から2週間までに到達する〉(Parkes, 1972, p.39／邦訳78頁)。

彼の理論的先任者のように、パークスは、死んだ人々とつながり続けたいという望みを、現実を受け入れることの病的拒否として非難した。つながりを望む気持ちは問題であり、その原因がパーソナリティ障害にあるかもしれないと示唆した。さらに、〈ヒステリー様〉という軽蔑的な言葉を使用し、彼は、この反応が女性に多いと示唆した。パークスの概念は、女性の知識を過小評価する仮説を含み、ジェンダー化された悲嘆モデルを導いた。彼は、女性について、夫とのつながりを通して描写される弱くて依存的な妻のような欠損指向的説明を行い、その悲嘆経験は、彼女たちの社会的立場に基づく症状だとみなされた。

こうした家父長的仮説にもかかわらず、パークスは、私たちの研究と関連性のある面をいくつか含む死別報告を行った。中でも彼は、関係性のストーリーや故人とのつながりが慰めとなり助けとなると報告されるときは、悲嘆の「緩和」があると示唆した。この緩和概念は、病的前提や家父長的レンズがなければ、パークスの想像を越えて、治療的な可能性に寄与するかもしれない。つまり、死者が生き続けるための創造的な場所を含む治療可能性が生まれるかもしれないのだ。美的感覚の目的の一つは、治療実践のために、痛みを和らげているものの有用性を構築することである。

悲嘆心理学への貢献として特筆に値する影響力の大きい理論家は、エリザベス・キューブラー・ロスである。彼女の研究は、前述の理論家たちと今日のグリーフカウンセリング実践家たちの橋渡しをした。死、死にゆくこと、そして悲嘆に関する彼女のモデルは、悲嘆心理学における基準を確立した。

五段階モデル

エリザベス・キューブラー・ロスは、おそらく今日の悲嘆心理学の中で、最もよく知られた名だろう。彼女の革新的な概念は、悲嘆に関する凝り固まった理論を、メインストリームの会話に押し出した。彼女の功績は、一つには、死について患者とオープンに話さない医療従事者への反応であった。それとは対照的に、彼女は大胆に話し、死に関する会話を沈黙させるものに対して挑戦した。彼女は、専門家や一般人の言説における死や悲嘆に対する関心を新しくした。しかし、彼女の研究には残念ながら、悲嘆に暮れる人々を軽んじるのに使われる仮説も含まれていた。

キューブラー・ロスは、死や悲嘆に関する会話を抑圧する社会的影響に激しい不満を感じていた。スイスの小さな農村で育ったため、彼女は、死についての自らの経験とアメリカの大都市シカゴで医師として遭遇した死の経験を対比させた。その著しい相違によって、彼女は、実は医療こそが、死の恐怖を患者や医療関係者の中に増大させているのだと信じようになった。「科学が発達すればするほど、私たちはますます死の現実を恐れ、認めようとしなくなる……今日、死の過程がいろいろな意味で以前よりつらいものになったということである。死の過程はより孤独に、より機械的に、より非人間的になった」(Kübler-Ross, 1969, p.21／邦訳 22-23 頁)。

死にゆく人は医学心理学的会話から取り残されていたので、それを変えるべく、彼女の1969年の著作は、世界に躍り出た。彼女は、末期患者の避けられない死について当人と話さないことは失礼だと感じ、医療専門家の間に見られる恐怖や回避と闘うことを望んだ。死にゆく人の知識を使い、死にゆく人を会話の中に入れることが、彼女の望みであった。率直さの尊重によって、死にゆく人はより大きなエージェンシーを得たり、声を上げたりする準備が整い、時にはその通りになった。しかし、興味深いことに、彼女は、遺された人々について詳細に書くことはなく、末期疾患の人々に着目した。

キューブラー・ロスは、人が死にゆくときに感情的に経験する過程を提唱した。彼女は、医療が支配的で死を否認する文化においては、死にゆくことを受け入れる過程は容易ではないと信じた。私たちは、不死という幻想に対抗し、死後の時間さえも必死で手に入れようとしているというわけだ。そして、この仮説により、死は悪いものだという迷信が生まれたと言う。この信念は、精神の防衛機制の賦活化に基づいており、関係モデルではなく、精神内界モデルへ導かれた。彼女は医師として、精神分析の共通認識を採用し、フロイトに大きく影響を受けていたのである。

彼女の言う五段階のそれぞれは、迫り来る死の知らせに対する反応である。それは、個人の反応と不死に対する共通認識の間に一致を生んだ。心は、この新しく生じた死ぬ運命にあるという状況に適応するために時間を必要とする。キューブラー・ロスの段階説の全体的な構造は、順次的な段階を通しての変化である。――否認、怒り、取り引き、抑うつ、そして受容である。彼女自身の注意にもかかわらず（Valentine, 2006）、彼女の業績は、彼女の最初の執筆とは異なる他の用途へと変化してきており、とりわけ、遺族への適応が有名である。

彼女のモデルの最初の段階は、否認であり、「一時的なショック状態だが、患者はそこからしだいに回復していく」と定義される（Kübler-Ross, 1969, p.54／邦訳 74 頁）。彼女は、そのニュースに適応するための時間を患者に与える理解できる反応だと表現した。怒ったり、とげとげしかったり、無視したり、不機嫌な人々に対し、専門家らは、寛容な態度で行動するよう、彼女は求めた。彼女は、否認について、悪い知らせを受け取る普通の方法であると語り、さらに、告知する人々に対しいくらかの責任を課した。これは、今日の実践での「否認」の扱われ方と大きく異なる。専門家らに対する彼女の提案は、尊重を促している。

否認のすぐ後に続いて、死にゆく人は、彼らがまさに失おうとしているものを理解し始める。そのとき、怒りが出現する。自分の計画を変更しなければならないことや自分の人生に対するコントロールを失っていることに対する怒りである。否認と同様に、彼女は病的なものとする用語では記述せず、怒りを通常の反応と見た。彼女は、怒りは、単に死にゆく人によって失われるものに対する理解が深まっていることに対する反応であるため、専門家らに思いやりを持つよう求めた。未完の仕事や中断された楽しい活動などがそれである。ある人たちにとっては、怒りは一時的なものであるが、怒りが長く残る人もいると彼女は説明し、これが生前に解決されることを期待していなかった。これらの反応は個別に示され、精神力動的な病因を持つものの、死にゆく人の尊重は注目に値する。

取り引きは、五段階の真ん中である。それは、もっと生きる時間があるよう望み、医療関係者か神のどちらかとできるだけの取り引きを交渉することを含む。この段階は、ある程度の病気への服従を想定している。死をうすうす感じていないなら、取り引きを成立させたり、先延ばしの恩恵を受ける必要はないだろう。子どもの誕生といった特定の機会を越えて生きると、患者は死を厭わない気持ちを表すかもしれない。便宜をかなえてもらうために、その人も何か提供しなければならない。恐らく、神にした特別で個人的な約束を果たさなければならない。死にゆく人が関係性を重視する出来事に立ち会いたいかを尋ねられる関係性のやりとりへの入り口が聞こえてきそうである。これはパークスが示唆した緩和概念のように、新たな領域への逃走線（Deleuze, 1988）を提供できたかもしれないが、それは受容という最終目標に向けての一歩としてしか解釈されなかった。

差し迫る死の知らせに対する四つ目の反応は、抑うつの開始である。抑うつは、繰り返される手術や体を衰弱させる倦怠感、抗しがたい喪失感、財政的コスト、外観の損失などに起因するかもしれない。避けられず逃げられない死を目前にした抑うつである。精神力動的オリエンテーションに従って、キューブラー・ロスは、この抑うつを、死にゆく人が、感情的に離れ、自分を見詰め直し、別れを告げて立ち去るために必要なものと定義した。関係のつながりや文化コミュニティへの所属よりもむしろ、個人の自律性を重要視するモダニストの文化的前提は、全く損なわれずここに残った。

受容は、そこまでのすべてを無事完了したということである。死を客観的に甘受する地点に到達したということである。キューブラー・ロスによると、死にゆく人がこの目的地に到達するためには、支えになってくれる医療関係者、一人になるための場所、そして理解のある家族というすぐれた組み合わせが整うことが、極めて重要である。彼女は、受容を諦めや回避とは区別し、大きな旅を成し遂げた後にある死との真の平和な関係と表現した。それは、極めて重要な課題の達成として崇敬されるべきである。受容は、フロイト派用語では、分離と関係性への関心の消失と表現された。

キューブラー・ロスは、遺族が通る感情の過程と、患者のそれは似ていると推測したが、彼女の記述は非常に簡潔であった。彼女は家族の経験として、病いや予後そして病院職員に対する否認があり、それは怒りに移行し、続いて罪悪感があり、最終的に受容があるという大まかな概要を示した。家族員は、取り引きや抑うつの段階は経験しないようだ。これらの提示された三段階――否認、怒り、受容――は、死にゆく人が平安な気持ちで死ぬことができるよう情緒的に家族から離れることを家族が許せるよう、家族に準備をさせたものである。死に臨んだときの関係性における患者側と家族側の両方にとって、目的は同じであった。――離別し、切り離し、そして平安を見つけることである。

さらに近年になって、こうした概念に対する異議が唱えられるようになったが、先述のものを含んだ概念が、過去１００年間にわたるグリーフ理論の発展における多数意見であった。概して、カウンセリング実践では、手放し、受け入れ、別れ、そして情緒的に前進する必要があるという前提が採用されてきた。

現代のグリーフ実践

これらの理論がどのようにカウンセリング実践となったかについて考えていきたい。これは、包括的な説明ではないが、前述の理論家らによって発展したカウンセリング実践の見本である。私たちは、ウィリアム・ウォーデンとテレーズ・ランドの研究を取り上げ、悲嘆心理学の個人モデルの前提がどのようにサンドラの経験に影響を及ぼし、事実上、彼女の人生に対する夫の貢献を考慮から切り離したかについて再び考えたい。

悲嘆作業の課題

グリーフカウンセリングに関するウィリアム・ウォーデンの最初の著作は、１９８２年に出版された。後に第３版まで増版され、最新のものは２００９年に出版された。彼の原本は無類の評判を得ていた。一つには、それが、遺された者との治療的会話の持ち方について示した最初の、そして長年の間唯一の文献であったからである。ウォーデンは、遺された人が達成すべき「課題」の作業テンプレートと、カウンセラーのためのレシピを作るために、ボウルビィやパークス、リンデマンの要素を大きく取り入れた。ウォーデンは、長年にかけて４つの特定の課題の言い回しを若干変更した一方で、彼は自分自身をフェーズや段階といった用語を用いたモデルから切り離すことを願って課題を明確にすると注釈をつけた。彼は、フェーズの同定やボウルビィやパークスに明確には反対しなかった一方、彼らの用語は受動的すぎると述べ、もっと能動的な死別プロセスの提案を望んだ（Worden, 2009, p.38）。

しかしながら、ウォーデンは、そのプロセスの中で選択権を持ち、もっとエージェンシーを持った悲嘆に暮れる人を思い描いているわけではなかった。彼は、グリーフカウンセラーに、現実を重視するよう促すことで苦痛を和らげるよう勧め、未完の仕事を完了させることを支持した。ウォーデンは、遺された人が、カウンセリングの援助を受けて、下記の課題を行うよう求めた。

課題Ⅰ　喪失の事実を受容する
課題Ⅱ　悲嘆の苦痛を乗り越える
課題Ⅲ　故人のいない世界に適応する
課題Ⅳ　新たな人生へと踏み出しながら、故人との永続的なつながりを見出す　（Worden, 2009, pp.38-50）

１９８２年にウォーデンが用いた用語は、後版のものよりもずっと辛辣であった。以前は、三つ目の課題は、故人のいない環境への適応であり、四つ目は、故人のいない人生において先へ進むというものであった。後版では、彼は、「継続する絆」という概念を評価し、この概念のために調整をした。私たちはこの方向への変化を心底から支持する一方で、これらの課題の軌道が依然気になっている。課題Ⅰ・Ⅱ・Ⅲは、遺された人に諦め、別れ、前進するよう指示しているが、一方課題Ⅳでは、関係性は継続すると提示している。私たちは、その本質的な矛盾に疑問を感じる。それは、カウンセリングの会話に混乱を生じさせるかもしれない。ウォーデンはまた、彼のカウンセリング手法において、つながりの断絶と悲嘆を個人的な病いと考えることを引き続き重要視している。彼は、効果的なグリーフカウンセリングの10の「原則」を提示した（Worden, 2009）。

遺された人が喪失についての現実感を強めるよう援助する（p.90）
遺された人が感情を認識し感じることができるよう援助する（p.91）
遺された人が故人なしに生きることを助ける（p.97）
喪失の意味を見出すことを援助する（p.98）
故人を情緒的に再配置するよう促す（p.99）
悲嘆に暮れる時間を与える（p.100）
「通常の行動」を説明する（p.101）
個人差を認める（p.102）
防衛機制およびコーピングスタイルを検討する（p.102）
病理的な状況を識別しリファーする（p.104）

このように、意味や継続する絆に対する関心が示されている一方で、その原則は圧倒的に喪失における個人の内的経過に焦点が当てられている。カウンセラーらは、２００９年の教科書の中でも依然、故人について過去形で話し、遺族には別れの手紙を書くよう勧めるようにと指導されている（Worden, p.105）。そのような行動は故人を置き去りにすることから、私たちは、生者と死者の間の関係性の価値について疑問に思うのである。

目標や原則、推奨されている行動についてのフロイトの仮説への反響もまた続いていた。遺された人は、その人は死んでいなくなり戻ってこないのだという「現実」に直面するよう求められ、カウンセラーは死や死んだというような「現実」の言葉を用いてこれを強化するよう期待された（Worden, 2009, p.90）。この課題は、ウォーデンが否認と呼び、フロイトが「現実吟味」と言ったものに直面することを目的としていた。サンドラと彼女のカウンセラーとの間の会話の中に、これを見ることができる。サンドラのカウンセラーは、生者と死者の間の境界線を強化することによって、サンドラが否認の犠牲にならないようサポートした。「彼女は、彼が死んだのだということを客観視によって受け入れられるよう、助けてくれました。彼女は、彼は死にたかったのであり、もう戻ってこないという現実を私が直視するよう助けてくれました」。

ウォーデンは、私たちに想起と回想、その関係性を手放し新たな人生に転ずるという最終的な目標の保持という混乱を残した。成功は、死者とのつながりを楽しませることとは考えられなかった。というのは、一つ目の課題を完了できないことへの恐れからである。ウォーデンのグリーフカウンセリングの方法においては、最近加えられた若干の修正においても、死後に関係性の感覚を持ち続けることは許されていない。それは、どのようにいつなぜそれが行われるかについて暗黙のルールのあるつながりの剥奪についてであった。このモデルが、遺された人にとってどれほど役立ったり慰めとなるのだろうかと疑問に思う。すべてのバージョンで、遺族は彼らのストーリーを任されず、整然とした完了のために、誰か他の人の好む現実の受け止め方を指示される現代の悲嘆心理学の言説を包含するように見える。

悲嘆の作業

テレーズ・ランドとウォーデンの理論は思想的原点を同じとするため、彼女は彼と同じものを探求した。ランドは、ボウルビィの愛着理論を利用し、また悲嘆をつながりを断ち切る経験として捉えた。ウォーデンと同様に、彼女は、グリーフを「作業」や完了すべき課題として理解した。ランド（Rando, 1988）は、「悲嘆者として、悲嘆は作業であるという事実を十分理解する必要がある」（p.16）と述べた。楽しいことであるべきではない。ランドの悲嘆の概念化は、喪失と困難に焦点を合わせていた。私たちは、人の死を嘆き悲しむだけではなく、フロイトの「祖国」や概念の喪失の記述に見られるように事柄の喪失においても悲嘆に暮れる（Freud, 1917/1959）。それが死であろうと、加齢に伴う視力の低下であろうと、新しい仕事や転勤であろうと、喪失は剥奪の一つの形であり、悲嘆は変化への反応である（Rando, 1988）。

喪失を心理的経験の一種として理解した上で、ランドは、メラニー・クラインの二次的喪失の概念を復活させることによって、グリーフの意味を拡大した。ランドによると、二次的喪失は一次的喪失に起因する非身体的喪失であった。例えば、配偶者を亡くした人が、その人の喪失に反応し、その存在や声を恋しく思った。これは一次的喪失と考えられる。その遺された者はまた、収入も失い、家賃を無理なく払える場所に引っ越すことを余儀なくされた。収入や住まいの喪失は、二次的喪失と表現される。

ランドは、私たちは生来悲嘆に暮れる傾向があると仮定した。悲嘆は、生物学的なもので、出来事に対するおよそ循環的な反応であり、コンテクストや悲嘆者の発達年齢によって形作られる。しかし、悲嘆を作り出すメカニズムは同じである。彼女は、こう説明した。

> あなたは、人生において何度も何度も喪失を経験する。程度の差はあれ、それぞれの喪失に対し、同様の悲嘆のプロセスが生じる……一緒に遊ぶことを親友に拒まれた9歳の少年の一時的な失望を引き起こす悲嘆や、妻を飲酒運転者に殺された男性の本格的な悲嘆反応を引き起こした悲嘆も全く同じ悲嘆のプロセスである。（Rando, 1988, p.16）

喪失の種類にかかわらず、喪失への適応の直線的で治癒的なプロセスを彼女は提示した。ランドは、他のモデルを三つのフェーズに再編したが、彼女のモデルもまた、分離によって回復するというものである。彼女が明記したフェーズは、①回避、②対立、そして、③適応であった。喪失はこれらの各フェーズにおける共通点であるから、喪失に適応または順応するために、皆三つのことを述べなければならないと彼女は提案した。私たちは、このモデルの型にはまったやり方や、遺された人を限定的な変化因子としてしか位置づけない仕方を疑問に思う。ランドのモデルは、悲嘆者が以下のことに取り組むよう要求した。

① 喪失に関する彼らの感情
② 喪失における彼らの異議や元に戻してほしい、または真実でないようにといった願望
③ 喪失によって引き起こされたその人への攻撃の効果

(Rando, 1988, p.18)

ランドのモデルは、「否認」は衝撃的な知らせに対する通常の反応であると言及したことで、悲嘆者に「否認」への寛容さを提供した。サンドラはこのモデルで、彼女の夫の失踪やそれに続く自殺というニュースに順応し適応するほどにはうまくやれただろう。しかしながら、ランドは、「適応フェーズ」に到達する前に、遺族が喪失を受け入れることができたとき進歩が生じると主張した。もし、遺族が適切に前のフェーズに取り組んだら、適応フェーズでは、遺族が新しい人生を送り始めることができる。しかしながら、これは痛みが決して再び存在することはないという絶対的な状態ではない。彼女は、現実的な前進としてそれを表現した。ほとんどの現代の悲嘆心理学のモデルと同様に、彼女は順応について話すとき、生者と死者との関係性を認め、死者を渋々受け入れた。

ランドは、新しい関係性を提案する代わりに、古い精神力動的な故人とのつながりの剥奪という見方に頑なにしがみついた。ランドがわずかに関係モデルの可能性に言及したこともあったが、それを採用するには至らなかった。実際の悲嘆の「作業」が含むものに関する彼女のガイドラインにおいても、この対立が見える。ランドは、起こら「なければならない」四つの事柄のリストを作った。

1 愛する者との関係を変えること
2 愛する者を失ったときに生じた多くの変化を熟考するため、新しいあなた自身の感覚を発展させること
3 愛する者のいない世界での新しい健康的な生き方を受け入れること
4 故人との関係性にかつて注ぎ込んでいた感情を投資する人や物、または趣味を見つけること

(Rando, 1988, p.19)

ストーリーの所在として個人を極めて重視するランドの考え方は、故人のストーリーにとって多くの関係性の機会を締め出した。場所の近さは、故人があまり想像しなかった新たな人生や、遺族がどれほど上手にこの新しい世界に適応しているかによって「健康」が測られる新たな人生を見つける傾向にある。この世界への入場に到達するために、遺族は、「積極的作業」と考えられる必要量のグリーフワークを行い (Rando, 1995, p.219)、適切な感情表現をすることを求められる。この作業を「しなければならない」ということは、暗に、このタスクを失敗した人々に原因を帰する欠損状態が存在「するに違いない」。おそらくフロイトが言ったように、その作業は脱充当行為 (デカセクシス) への通り道であり、生者と死者の間を結びつける心理社会的つながりをほどく作業 (同書) に遺された者が従事する新たな個人の

（関係というよりも）アイデンティティを作り上げる手法である。

ランドやウォーデンのようなモデルを通して、私たちには、伝統的な精神力動的思考と悲嘆心理学の間に強いつながりがあることが見える。同じ前提が現在の用語で粉飾されていた一方で、それらは依然、死者と生者の間の関係性からエネルギーを取り去るという同じ基本的原則に基づいていた。これに至らないものは、異常とみなされた。

その結末が、カウンセリングでの会話のためのアドバイスであり、人が亡くなったときに期待されることとして、関係性を手放すことを採用した。これは、サンドラが主張したように、ある人々にとっては有益かもしれない一方で、彼女はこのモデルの言いなりになっているとみることも可能である。もし、夫の死に関わらず、彼女がしっかりと持ち続けることができる彼との関係性を確認するよう誘われるなら、何が起こるのだろうかと思う。もし彼女のカウンセラーが、彼女に真実を宣告することよりもむしろ、何が彼女に慰めを与えるのかを追及することにもっと興味を持ったらどうなるだろうか？　もし彼女が、既存のモデルではなく、自分自身を導くために彼女自身の創造力を用いて悲嘆を通る道を切り開くよう誘われたならどうなるだろうか？

我々の懸念は、現代の悲嘆心理学のモデルは、ある人々には有益かもしれないが、それ以外の、愛する故人との継続的なつながりを手放すのに苦労しているあまりに多くの人々にとって、不利益となるかもしれないということである。それらのモデルは、生者を無声化する実践を採用してきたが、悲嘆経験に応えてエージェンシーを促進してこなかった。それらのモデルはまた、死者の教えや言葉、ストーリー、存在を生者の継続している人生に再び取り込むことをしないことによって、死者をも無声化している。つながりを断つことを支持するそれらのモデルは、関係性の創造性や一体性に価値を置かない長年にわたる徹底した個人性の選好に根差している。私たちが、本書において発展させ続けるのは、この関係性のモデルである。つまり、死者が私たちに提供し続けるものすべてを見過ごすと不可能である意味や豊かさを与えるために、生者と共に死者のストーリーの間を進むモデルある。

変化している潮流

この20年の間に、悲嘆のディスコースは大変貌を遂げた（Hagman, 2001）。ここ20年の間に、多くの人が現代のグリーフ実践に疑問を感じ、タナトロジーの分野で新たな概念を発展してきた。このような意見を持ち探索しているのは私たちだけではない。この悲嘆理論の〈新たな波〉は、以下の変化を特徴としている（Neimeyer, 2001）。

- 悲嘆理論家らによって示された感情的に通る道の普遍性に関する懐疑
- 故人から情緒的エネルギーを引き出す必要があるとの前提への疑問
- 認知機能の側面をより多く含むこと
- 特殊な種類の喪失をプロセスするためによりそれ特有の実践を重視すること
- 喪失がアイデンティティに与える影響への高い関心
- 悲嘆を病的なものとみなさないアプローチ
- 焦点を個人から家族やコミュニティ内の関係へと拡大すること

これらはすべて私たちが支持できるテーマである。本書後半で、これらの多くを特定の方法で引き立てるつもりである。これらの新たなモデルは、死別に関する新たな考えや受け入れられること、またはそもそも普通であることに関する新しい思考を切り開くために異なる言葉を使用している。例えば、他のモデルが依然権威を振るい続けているけれども、〈継続する絆〉について話すことは、もはや受け入れ難いこととは見られない。

『継続する絆（*Continuing Bonds*）』（Klass, Silverman, & Nickman, 1996）というテキストは、生者と死者の間の絆を断つモデルから分岐したオルタナティブで多文化的な記述への画期的な一歩であった。このテキストの中には、亡くなった者と継続する絆を持ち続けている遺された子どもたちや、若者、きょうだい、親、養子、配偶者の多数の美しい真相が記されている。各章は、社会学的および人類学的研究（大部分は質的）を記録しており、それらは、継続する絆の存在を証明し、悲嘆心理学の伝統的なモデルや喪に関するフロイトの考え、愛着理論の限界に注釈を添えている。しかしながら、この好ましい結果を導くそうした会話をどのように助長するかについてはどの章にも記されていない。テキストの最後の最後の１ページ半に、〈治療的介入のための示唆〉が記され、そこには継続する絆のための治療的介入はその著書の専門外であることが説明されている。

継続する絆という概念の出現以降、いくつかの研究が相反する結果を示し、継続する絆それ自体としては、複雑な悲嘆のリスクを増大させるかどうかはわからないと指摘した（Currier, Irish, Neimeyer, & Foster, 2015; Root & Exline, 2014; Stroebe, Abakoumkin, Stroebe, & Schut, 2012）。研究に含まれているのは、遺された人は亡くなった人につながっているべきかどうかについての遺された人の認知に関する問いである。これらの疑念は、おそらくドミナントなモデルが漫然と影響を与えた範囲内で、彼らが経験から作り出す意味を証言する。それらの研究は、結論的なものではないが、いつ理論的モデルが治療的有用性に達しなくなる可能性があるかについて疑問を提起している。これらの著しく異なる結果は、一つには、有用な方法でストーリーを再び取り込むために、その実践が有効か無効か、または有害であるかを識別するための治療的実践の欠如によって生じている。

一つの発展は、情緒的エネルギーのプロセスに重点を置いていたことから、ニーマイヤー（Neimeyer, 2001）が「意味の再構築」と言及したものへの変化である。「二路線モデル」（Rubin, 1999）や「二重過程モデル」（Stroebe & Schut, 1999）は、関係性の継続に働きかける実践モデルの不足を埋めようと試みている。これらのモデルが、死者とのつながりを考慮する新たな道へのきっかけを作った。両方ともが、意味や死者とのつながりを探し求める一方で、死の身体的特徴やそれに続く生き方の変化を認識し直面するという同時処理を用いる方法を提供している。二重過程モデルは、悲嘆心理学への批判を含意しており、二路線モデルも多くの類似点を持っているがユダヤの伝統に影響を受けている（Rubin, 2015）。

しかしながら、どちらの場合も、継続する絆の道は、第二の道であり、第一の道は、依然、悲嘆心理学に影響を与えた以前のモデルへの後戻りを含んでいるように我々には見える。私たちは、これが必要だとは思わない。本書を書き進むにつれ、我々はいくつかの別の見方の概要を述べるつもりである。次の章では、これらの見方についてさらに詳しく述べる。

＊訳註

＊１　〔現実の勝利〕原文は"Reality gains the day"で、これはおそらく本文でも引用のあるフロイトの１９１７年論考からである。

Now in what consists the work which mourning performs? The testing of reality, having shown that the loved object no longer exists, requires forthwith that the libido shall be withdrawn from its attachment to the object. … The normal outcome is that deference for reality gains the day.

Nevertheless its behest cannot at once be obeyed. The task is carried through bit by bit, under great expense of time and cathectic energy, while all the time the existence of the lost object is continued in the mind. (Freud, 1957/1917, p.244-245)

【和訳】ところで喪が実行する作業はどのようなことから成り立っているのだろうか。……現実吟味が愛された対象はもはや現存しないことを示し、今やこの対象との結びつきから全てのリビードを回収せよ、という催告を公布する。……通常は、現実に対する尊重が勝利を保つ。だが、現実による指図は即座に実現することができない。この指図は時間と備給エネルギーとの多大な消費をともなって一つ一つ遂行される。そしてその間、失われた対象の存在は心的に維持される。

（伊藤正博訳「喪とメランコリー」『フロイト全集14』275頁）

＊2　1923年6月11日付、カタおよびラヨス・レヴィ宛の手紙からの引用。ハイネレはゾフィーの次男で、4歳半。彼をフロイトの長女マト夫妻がまるで自分の子のように迎え入れ、二人はハイネレを深く愛していた。フロイトはこの手紙のハイネレについて記した前後で自らの病気についても書いている。前半では、バーナード・ショーの警告「永遠に生きようなどとしてはいけない、決してそれに成功することはあるまい」を引き、後半では、引用箇所に続けて、「おそらく私自身の病気による衝撃もそれに輪をかけているのでしょう」と自己分析している。同年10月4日と11日にフロイトは上顎がんの手術を受けている。

第3章

リ・メンバリング

本章は、遺された人々とのカウンセリング会話における[1]リ・メンバリングの価値に焦点を当てる。その基盤には、リ・メンバリング過程に関する社会構成主義的説明と、アイデンティティを厳密な個人ではなくむしろ関係性として重視することがあり、「継続する絆」という概念を考慮にいれて、それを独特なカウンセリング実践にまで拡大する。しかしながら、まずは、最近母親を亡くした男性とのカウンセリングでの会話を例示する。この会話では、彼と母親との関係性を終わらせようとは一切せず、彼が経験していることの意味を解釈しようともしていない。その代わり、カウンセリングは、意味作成に彼を誘う質問によって生き生きとしており、その質問は、死者の興味や心配、希望や価値観を生者の人生に再び取り込むことの価値を前提としている。それは現実を受け入れることを強調するよりも、より慰めをもたらし、心理的苦痛を改善する。これについてさらに詳しく述べる前に、デイヴィッドのストーリーを話そう。

デイヴィッドが修士課程在籍中に、彼の母が思いがけなく亡くなった。彼は母親の死に大きな影響を受けた。Eメールに、彼はこう記した。「ここ数日間、本当につらい。悲しみと苦しみがあり、空虚さは埋められない……。今でも、これは悪夢であって、目覚めれば、もう一度母の声を聞き、その姿を見ることができるのだと思う」。

以下は、母親をリ・メンバリングするロレインとデイヴィッドの会話である。ここには、リ・メンバリングする会話がどのようなものか例示されている。人々が悲嘆を通る道を手作りできるよう助ける過程を追求する中で、リ・メンバリングには、果たすべき重要な役割がある。悲嘆に関するカウンセリングで、それが唯一の関心事ではない（後の章で他のテーマも取り上げる）が、ここでの焦点は、リ・メンバリングする会話の実践とその背景にある考え方とする。ロレインは、まず自分に彼の母親を紹介するようデイヴィッドに頼むことで会話を始めている。

ロレイン　彼女について少し教えてもらえますか？　最初に、彼女の名前は？

デイヴィッド　ダリアです。

ロレイン　ダリア……もしよければ、お母さまダリアについて、そしてあなたの人生において彼女がどんな存在であったか、少し私に話してもらえますか？

デイヴィッド　はい。思い出せる限りで言うと、私が1、2歳の頃から、彼女は随分つらい経験をしていたようです。父は、彼女に対して大変暴力的で、私もよく覚えています。父は、母にとてもひどいことをしました。私は、四人兄弟の一番上です。5歳の頃、父が出てゆき、私は「あぁ良かった！」と思いました。それ以降、母は働きに行かなければなりませんでした。彼女は、月曜日から日曜日まで毎日約14時間働きました。私は一番年上だったので、母は私に弟たちの面倒をみるよう言いました。5歳以後、私には幼少期などありませんでした。父親の役割を担わなければなりませんでしたから。ただ、私にとって幸運だったのは、母の母は親切にも私たちに手を貸してくれ、赤ちゃん（それも新生児）の世話を助けてくれたことでした。だから、私は他二人のことだけ心配すればよかったのです。彼女が食事を作ってくれ、私は温めて出すだけでよかったのですが、それでも私は、弟たちから目が離せませんでした。母は、大変責任感のある人でした。父が去ったあと、母が泣いている姿を何度も見ましたが、決して諦めなかったことが素晴らしいと思っています。ほんの3か月前に、私は母に言いました。父は大変暴力的だったから、父が母の元を去ったのは正解だったと。当時私はまだ小さかったので、彼女はその言葉に驚きました。私が覚えていることを順を追って説明すると、彼女は「まさに起こった通りだわ」と言いました。私は「父が去ったのは良かったよ。だって、そうでなければ、母さんは殴られ通しで今頃とっくに死んでいるよ」と言いました。彼女は、私に同意し、その通りだと言いました。

ここまでは、主に過去に焦点が当てられていることに注目してほしい。デイヴィッドはロレインに、いくつかのつらく苦しい思い出について話しているが、それらは、ダリアの強みや不屈の精神を理解するための背景でもある。過去への焦点化は、次の部分で変化する。ロレインの質問によりデイヴィッドは、過去の出来事をリアルタイムで話すのを止め、自分の言葉が意味することを熟考する永遠の空間へと誘われる。

ロレイン　　あなたとの会話は、彼女にとって、どんな意味があったと思いますか？

デイヴィッド　彼女にはとても重要な意味があったと思います。彼女が泣き出したので、私は彼女の立派な子育てに対して自分がどれほど彼女を愛し尊敬しているかを伝えました。彼女はいつでも働いていました。私たちの誰一人として、いわゆる「悪い習慣」には染まりませんでした。誰一人、喫煙者やアル中、薬中ではありません。私たちは皆、責任感のある男性です。私たちは働き、みんなと同じように税金を払い、トラブルを起こさないよう心がけています。弟たちは、いつも私を兄で父親代わりのように見ています。そして、私はいつも母に、弟たちを育てる上で、私の助けを当てにしてくれたことに感謝していると言っています。

ロレイン　あなたが5歳で、ほんの子どもだったときでさえ、彼女があなたを頼りにできると思ったのは、彼女があなたの中に何を見たからだと思いますか？

デイヴィッド　彼女は私の中に、とても責任感があり落ち着いたリーダーを見ました。彼女が私に言ったことの一つは、父が私を愛し、私のことを気に留めていたことです。私にもいくらかそんな思い出はあるものの、父が母に対して非常に意地悪だったことを思い出すと、それは吹き飛んでしまいます。

前章で概説したように、モダンな悲嘆心理学は、自ら強調するテーマを通して、生者と死者の間の関係性を断ち切ろうと努めてきた。この強調は、遺族に影響を与え、彼らは「さようなら」を言い、「先へ進み」、そして「未完の仕事」を完了させるという期待を受け入れるよう期待されてきた。しかしながら、多くの人にとって、このモデルは、悲嘆と共に生きている人々が好む現実を反映してはいない。なぜなら彼らは大切な人の死後、何日も何か月も、そして何年でさえも故人を自らの生活に含めていたいと思うからである。ロレインはデイヴィッドに、彼の母との関係性を断ち切るように促すよりも、むしろ関わりを持つよう伝えている。

ここ数十年、(下記の概説にあるように) 学術文献において、故人についての思い出の語りを扱った論考が僅かながら増えつつある。しかし、ハイブリッド型のモデルでは、現実を受け入れる (すなわち、死を認識させる) よう勧めることで、関係性の終結を促し続けている。なぜなら、そのとき初めて、心地よく切ない思い出が得られるとされているからである。しかも、これらの思い出はしばしば、遺された個人独りによって心に抱かれるとされている。

これらの悲嘆モデルは、過去における故人と遺された人との関係性を重視し、死の時は、過去と現在との間の境界として機能する。生者が個人というステータスを再開するよう奨励する。すなわち、再び適切な「自己」を得るべく個別化し、分離させるわけである。ロレインとデイヴィッドの会話において、焦点は、彼が覚えている過去の事柄から始まるが、過去の側面を現在ないし未来に取り入れることへと素早く移行している。

ロレイン　あなたのお母さまは、本当に、本当に一生懸命働いたのですね。人生ずっと、働きづめだったのかしら?

デイヴィッド　はい、そうです。

ロレイン　そんなに長時間、それほど懸命に働く中で、彼女は何を望んでいたのでしょう?

デイヴィッド　母は、私たちの住まいと食事を確保するのに精一杯でした。私たちを養うだけで。彼女は、ホテル勤めで、メイドのようにベッドメイキングをしていました。どんな安月給もチップも当てにしていました。

ロレイン　それはどこでの話ですか？
デイヴィッド　メキシコです。
ロレイン　カリフォルニアに来たのは、あなたが何歳のときでしたか？
デイヴィッド　母がまず先に来て落ち着き、数年後一旦帰国し、私たちを連れて帰りました。私が最初で、4年後に弟たちも来ました。再び、彼女は新たな旅を始めたのです。英語もわからず、なんの証明も持たない国への旅です。彼女は、メキシコでは十分なお金を稼げなかったので、食事だけはなんとかしようと、本当に勇気を持って命懸けで国境を越えたのです。カリフォルニアで得たお金には一切手をつけず、私たちが衣類や食料に困らないようにと、すべて祖母に送金していました。私はいつもそれを尊敬していました。
ロレイン　彼女がここに来て、すべてを犠牲にすることを厭わなかったのは、なぜだと思いますか？
デイヴィッド　ある意味、彼女は私たちに十分なことをしたとは、一度も考えなかったのです。より良い教育、より良い人生を与えたかったのです。私が12歳のとき、カリフォルニアに住む伯母の一人が「カリフォルニアに来たらどう？」と言いました。母は、「でも、メキシコにいたら、子どもたちのそばに居られるから」と言いました。伯母は、「もしあなたがそこに留まったら、あなたは一生、子どもたちに必要なものを与えることができないのよ」と説明しました。だから彼女は、勇気を奮い起こして、ここに来たのです。決心したのです。カリフォルニア到着までに約30日かかりました。

会話の中心となった問いは、デイヴィッドが母親をどのような人として覚えているのか、そして彼が彼女の息子であるが故に自分自身に取り込んでいる価値観である。言い換えれば、出来事によって示される歴史的事実は、それらの出来事が自己感覚に対して言外に伝える意味へと移行するのである。モダン心理学における自己はしばしば、内面に焦点が当てられている。自己は、自身のリソースに満ちた人というイメージを作り、自己信頼や高い自己評価へと向かって動く。彼ないし彼女は、自律性、欲動、思考、内面的制御部位、そして感情バランスが混合された一連の発達課題を通して、現れる。モダンな自己は、その人の生物学的家族に影響されるかもしれないが、理想的には、原家族が、人々が大人になって出て行く始まりの青写真だけを提供する。

モダンな自己に関する定義は、一つには、最も真実である知識は科学だとするモダンな傾向によって形作られてきた（Seidman, 1994）。個人のアイデンティティは、特性化された概念と強く関連づけられてきた（中でも、知性や遺伝や性格が顕著に着目されている）。この自己はまた、自尊心を欠くか、破壊的予言を実現する――どちらも本質主義の用語において概念化されてきた。モダニストの視点の中では、自己はうまく外在化され、客観化され、続いて内在化された形で具体化される（Berger & Luckman, 1996）。

この理想における信念は、西洋の実践、とりわけ米国の中で固く確立されてきた。それはしばしば、「徹底した個人」のイメージにおいて理想化して語られる。ガーゲンが提唱するように、そのような思考の優勢により、個人の優勢さを正当化する「保証の慣習」（Gergen, 1989, p.74）が確立された。この保証は、遺族の会話ばかりか、一般的心理学言説にも影響を与え、方向性を示している。

これらすべてを、姿を表しつつあるポストモダン版の自己と対比してほしい。それは主に、重要な関係性によって内在化されたものによって定義される。それは、世界中の多くの文化において前提とされるものを伝えている（Geertz, 1973）。ポストモダンの自己は、言語と言説を通して構成される。それぞれの自己は、微妙な違いや言語上のコンテンツを通して特別な意味合いを持つ複数の自己によって構成される。私たちの現在と未来が、過去のどのストーリーが語られるかを決定し（Cottor & Cottor, 1999; Gergen, 1994）、それぞれが「自己」の特有のニュアンスを強調する可能性を持っている。この形で、私たちのストーリーとアイデンティティは、一直線の現実の中に固定されないが、活気のある対話形式の中に存在するのである（Bakhtin, 1981, 1986）。ここでの「対話の」という用語は、決して終わることのない絶え間なく続く対話における人々の互いへの発言から作りだされる継続的なエネルギーを意味している（Bakhtin, 1981; 1986）。私たちのアイデンティティがストーリーを通して数えきれない程何度も形作られたり、また作り直されるのは、対話や会話の中においてである。ガーゲンら（McNamee, Gergen, & Anderson, 1999）が述べているように、独立した自己というものはない。「私たちは各々、（彼ら自身もまた構成されている）他者によって構成される。私たちは常に、共有の自己の構成により、つながりがあるのだ」（pp.11-12）。

このようなポストモダンな自己観は、悲嘆心理学や遺族との会話に、重要な含意を持つ。カウンセラーは、愛する者の死後に個人の人生の回復を促すよりも、関係性の再概念化を促すことになるかもしれない。カウンセラーは、喪失物語やさようならの手紙の作成よりも、関係性の変化という複数のストーリーを追求することになるかもしれない。カウンセラーは、自己充足的な自己の回復を支援するより、関係の文脈の修復を求めるようになるかもしれない。言い換えれば、私たちは、関係性の犠牲の上に立たない、悲嘆過程理解を追求することになるのである。

その結果、当然のことながら、ポストモダン心理学の発展と共に、その臨床概念は、悲嘆における関係性の次元をより開拓することになったようだ。例えば、関係性についてのその考え方により、１９９６年には『継続する絆（*Continuing bonds: New understandings of grief*）』（Klass, Silverman, & Nickman, 1996）が上梓される。マイケル・ホワイト（White, 1989）の「もう一度こんにちわと言う（Saying Hullo

Again)」のように、タイトル自体が、悲嘆についての考え方における、これまでにない社会構成主義的特徴を示すものもあった。この展開はまだまだ続く。暗に、上掲書は、グリーフカウンセリングの従来概念の改正を求めていた。『継続する絆』は、臨床実践分野にはそれほど浸透しなかったものの、その読者がそれを実践するスペースを確かに切り開いたのである。

継続する絆という概念が達成したものは、悲嘆についてもっと関係性の見地から悲嘆概念を説明したことである。それは、愛する者が亡くなった後も、人々が故人との関係性感覚を持ち続けることを実証する一連の研究によって、支持された（Costello & Kendrick, 2000）。それは、自己をもっと関係という概念で捉えることと一致しており、それは多くのポストモダンの著作の主題であった。実際、もし人々が、生者と死者を含む相互につながる複雑な生活構造の中に存在するとしたら、私たちは、悲嘆心理学を違った形で調整しなければならない。故人との関係を断つことはもはや理想ではないのと同様、定められたコミュニティのスペースを生存者に与えるのも理想ではない。死者は、生者との関係的立場を持ち続ける。個人であるということは、ポストモダンの文脈では改訂が必要であるが、今度は、故人の立場を変化させる。そのような改訂は、より関係的な自己や、生者と死者がストーリーという形の中でつながり続けることができるモデルを再構築する。

ロレインとデイヴィッドとの会話へ戻ろう。そこで現れる自己のバージョンは、関係的自己である。それは、デイヴィッドと彼の母やきょうだいとの間の会話から構成され、彼らの間の境界はぼやけている。

デイヴィッド　母が亡くなる日、きょうだいで話していました。上の弟は、別の州から車で駆けつけ、会話に加わりました。彼も、母が私たちをメキシコに残しここへ来て、それから迎えに来て、またカリフォルニアへ戻ったのは本当に勇敢だったと話しました。残りの弟たちにも彼女は同じことをしました。三度も命懸けで国境を越えたのです。最初に私を連れてきたとき、国境をトンネルで抜けるのに、彼女は足首を捻挫しました。私たちはトンネルの出口を目指して走っていましたが、彼女の気配がないので、道案内の男に、「母さんがいない！」と言いました。彼は、「彼女のことは心配しないで。私が後で迎えに行くから」と言いましたが、私は「絶対嫌！」と言いました。私は、約四分の一マイルほど戻りました。母を見つけたとき、母は傷を負って転げ回る動物のようでした。私は母の腕をつかみ、「母さん！　僕たちはずっと一緒だよ！」と言いました。母は「進み続けなさい。もし私がたどり着けなくても、あなたの弟たちのことを思い出しなさい」と言い続けました。「きょうだいのことを考えなさい。きょうだいのことを考えなさい」と彼女はいつも言ったものでした。私は、「絶対、母さんから離れない」と言いました。母をつかみ、彼女の腕を私の肩に回しました。私は15歳で、体はあまり強くありませんでしたが、私の決意は固いものでした。私たちは一緒に歩き、最終地点にたどり着きました。二度目の国境越えは、弟と一緒でした。案内者は、母を砂漠の中に置き去りにしようとしたので、弟が母を助けなければなりませんでした。母は、私たちを迎えに行くためだけに、三度も命を危険にさらしたのです。私は母を大変誇りに思わずにはいられません。

ロレイン　つまり、あなたのお母さんは、驚異的な意志の強さを持つ女性だったのですね。それで合っていますか？

デイヴィッド　そうです。彼女のもう一つの特徴は、あまり口数が多くないということです。母は、

ロレイン　「愛しているよ」とは言いませんでしたが、いつも私たちのそばにいてくれました。そうすると、お母さんがあなたを愛しているということをあなたはどうやって心の中でわかったのかしら？

デイヴィッド　テレパシーのようなものです。言葉にする必要はなかったのです。私たちは、そこに愛があることをただ知っていたのです。彼女は、55年間独身を通し、子どもたちに捧げたのです。母は、私たちにすべてを注ぎました。もうすぐ私は37歳で、弟は31歳ですが、まだ独身ですから、母が生きていたら、「まだ末っ子の面倒をみないといけないわ」と言うでしょう。

ロレイン　彼女は、あなたに何を教えたかったのかしら？　彼女は、あなたがどのような価値観を持つことを望み、あなたがどのような男性になることを望んでいたのかしら？

デイヴィッド　母がよく「決してあなたの父親のようにはならないで」と言っていたのを覚えています。彼女がそれ以上のことを言う必要はありませんでした。それが彼女が言ったすべてです。

ロレイン　彼女があなたにどのようになってほしかったのかという観点から見ると、それは何を意味していたのかしら？

デイヴィッド　母は、父の中には見ることができなかったものを私の中に見たかったのです。母は、虐待や意地悪をする人にはなってほしくなかったのです。母は、神を畏れ、自分の家族や妻や子どもたちを尊重し、実際に成功している人になってほしかったのです。

ロレイン　あなたは、彼女について、私の興味をそそることを他にも言ったわ。こう言ったわよね。もし彼女がここに来たら、私は一瞬で彼女を好きになるだろうって。彼女の温かさに気づくだろうと。

デイヴィッド　彼女は、とても友好的な人でした。

ロレイン　他の人々も、お母さんのその部分に気づくと思いますか？

デイヴィッド　私の知るところでは、気づくと思います。ほとんどの人々が、これは本当だと知っています。例えば、教会の人たちです。母の葬儀でそれがわかりました。彼らは、母がいなくなったなんて信じられない、と言っていました。

ロレイン　あなたは、そこから何を得ましたか？　お母さんの葬儀で、悲しみに打ちひしがれた人々が他にもいるということから。

デイヴィッド　それは、母が、私の思っていた通りの女性だったということを意味していました。

ロレイン　と言うと？

デイヴィッド　人に好感をもたれる女性だったということです。母は、人々にとても気を配る人でした。他者の世話を焼くのが好きでした。

メンバーシップ

人類学者、バーバラ・マイアーホッフ（Myerhoff, 1978, 1982, 1986）の論文は、自己やアイデンティティについての新しい考え方に大きく貢献した。マイアーホッフは、アイデンティティについて話すのに、「メンバーシップ」という用語を発案し、それは死や悲嘆に関する新たな種類の会話を切り開いた。メンバーシップクラブは、アイデンティティ構成のための主要な基準点としての役割を果たし、継続する絆の哲学を補完する。

ある人と、その人のクラブの他のメンバーとの関係において、アイデンティティは与えられたり取り上げられたりするし、そのアイデンティティが正統化されもする。この視点からすると、メンバーシップクラブは、そのような正統化過程の相互交換の凝集により、構成されている。クラブは、有意義な言説的コミュニティを形作るのだが、私たちは、人生の出来事を理解するためのリソースをそこから引き出すことになる。このクラブでは、意味も交換される。したがって、ある人の人生の意味やストーリー、そして遂行的行為は、実質的には、このクラブの中に存在すると言える。

人のメンバーシップは、生死に際しても、メンバーシップグループの中で生きる共有されたストーリーを通して、維持される。これらのアイデンティティやストーリーは、自己のモダニスト的定義から推測されるような、個人単独の所有物ではなく、ネットワークやコミュニティの中で生きている。それらは、時間や経験や共有された歴史についての集団的記憶である。

その結果、人生は、それを生きた個人の所有物とは想定されず、世界や具現化された伝統の継承者である子孫ないし神の所有物とみなされる。そのようにリ・メンバリングされた人生は、教訓的記録である。その機能は、必然的に「この人生も無駄ではなかった」とほのめかし、救済を与えることにある。

(Myerhoff, 1981, p.111)

エドウィン・シュナイドマンも、アイデンティティについての議論において興味深い人物である。国立精神保健研究所（ＮＩＭＨ）の所長およびカリフォルニア大学ロサンゼルス校の教授として、彼は自殺学への関心で知られていた。シュナイドマン (Shneidman, 1973) は、自殺に関する法医学研究において遺書の研究を残した。彼は、「死後の自己（post-self）」という考え方において、アイデンティティ概念は人の人生よりも長生きすることを提唱した。シュナイドマンによれば、遺書を書いた人は、聴衆を意識しつつ、死後自らが生者の人生においてどのような人として特徴づけられるのかという思いを抱いて、遺書を書く。彼によれば、自殺を計画する人々は、死を検討するときでさえ、この想像上の聴衆に話しかけ、それによって慰めを得る。この遺産感覚は、その人の最も暗い時期でさえ、個人的構成とされるアイデンティティとは対照的であると特記した。人の死に方にかかわらず、その有り余る遺産の見通しを開くのが、この「死後の自己」なのである。

死後の自分の評判と影響を、私たちは不安と希望の混じった気持で思い浮かべてみることがあるが、それを「死後の自己（post-selves）」と呼ぶことにしたい。……死によってあらゆる形式の一切の生が断ち切られると考えている人はほとんどいない。そう考えないところに、自己の存在の消滅という事態から脱出しようとする人間のはかない望みがある。（p.43／邦訳 60 頁）

実際、死ぬことを考える人々は、自身が、依然生きている人々のストーリーの中で特徴づけられるところを想像し続ける。彼らは、自分よりも長生きする人々のストーリーの中に自身をはめ込むのだ。こうして、今まさに命を絶とうとしている人々は、自分が生きていない未来を理解できるようになるのである。シュナイドマンによれば、これらの考えは、死に直面している人々への慰めとなる。ある種の遺産があるからである。アブラハム・マズロー（Maslow, 1970）は自らの死の直前に、私たちが自分のストーリー、つまり自己が死後も続いていくことを望んでいるというシュナイドマンの見解を例示した。*Psychology Today* に著した一文において、彼は、自分が玄孫のために一連の暗号を使ってメッセージを書いたことを語っている。玄孫はまだ生まれていなかったけれども、マズローは、彼らがいつの日か、その言葉を玄孫に対する愛情表現として学ぶことを望んだ。私たちは遺産というと、お金や所有物を連想するものだが、マズローは、愛情表現やアドバイス、そして自分が人生について学んだ教訓のうち子孫にとって役立つかもしれないことを遺すことを意識していた。

ホワイト流に表現するなら、自己と死後の自己は、メンバーシップの会の中で結びついている。死にゆく人は、メンバーシップクラブの人生の中で自分が重要な役割を担い続けること、そして自分の人生には意味があったことを確認したいのである。アイデンティティを個人的に構成され所有されているものとするモダニストの視点とは対照的に、死後の自己とメンバーシップクラブの概念は、体よりも長生きするアイデンティティへのアクセスを可能にする。両方ともが、私たちの人生は取るに足らないものであるという可能性に対抗する。シュナイドマンはこう述べた。

> 人びとの記憶に留められる望みもなく人生を閉じ、忘れ去られ、歴史の記録から抹消され、あたかも存在したことがないかのように死んでゆく。死そのものより耐えがたいのは、このような死をとげることである。
>
> (Shneidman, 1973, p.52／邦訳 73頁)

デイヴィッドとダリアのストーリーに戻ろう。この会話では、彼らが所属するメンバーシップクラブが描かれるが、そのクラブは、新しいメンバー、特にデイヴィッドの妻や子どもたちを加えるために拡大される。

ロレイン　　お母さまと奥様の間のこのとても温かい関係性の証人であることは、あなたにとってどのような感じでしたか？　もし奥様がここにおられたら、彼女はあなたのお母さまとの関係について何を語られるでしょうか？

デイヴィッド　母の葬儀で、妻は「彼女は私の第二の母でした」と言いました。10年間、同居でしたが、その間ずっと、本当に良い関係にありました。何よりも支持的でした。母が妻を自分の娘のように見ていたからこその、つながりがありました。二人の間で口論があったのは、15年間でたった一度だけでした。

ロレイン　それだけの年月で、もっと口論がなかったことは、どう説明しますか？

デイヴィッド　妻も、とても友好的で親しみやすい人です。陽気ですし。それで、二人は一緒に何かをする関係にありました。

ロレイン　彼女たちは共に、とても温かくて陽気な女性だったのですね。

デイヴィッド　私にとって、それは祝福でした。妻か母のどちらかを選ばなければならないことは、一度もありませんでした。

ロレイン　それにあなたが一役買ったとして、お母さまは何に感謝しているとおっしゃるでしょうか？

デイヴィッド　母は、「あなたは良い夫よ」と言うでしょう。そして妻は母に対して、「あなたは良い男性を育ててくださいました」と言うでしょうね。

ロレイン　10年間、お母さまは、あなたと奥様を間近でご覧になっていて、どんなことを言われたかしら？　あなたがお母さまのアドバイスに従ったことを、お母さまはどう考えていたでしょう。

デイヴィッド　母はとても幸せでした。母は、私が妻によく気を配って、妻を抱きしめ、愛してい

ロレイン　ると伝えているのを見ていました。母はそれを見て、嬉しくて泣きだしたものです。あなたが奥様によく気を配り、愛情を注いでいるのを目の当たりにして、それは、お母さまにとってどのような意味があったのでしょうか？

デイヴィッド　それは、母にとって重要な意味がありました。母は私のことを本当に誇りに思っていると、妻によく言ったものでした。母は、私には言いませんでしたが、妻に言っていると、妻が私に言いました。母は、どれほどそれに感謝しているか妻に話したものでした。母は私には言いませんでしたが、私にはそれが見え、母の涙も見えたのです。

ロレイン　お母さまの涙を見たとき、あなたはそれが何の涙かわかりましたか？

デイヴィッド　はい。それは、幸せの涙でした。

ロレイン　お母さまのすべての努力が行きついた先が幸せだったのかしら？

デイヴィッド　「子どもたちに会うために、ずっと働いてきた甲斐があった」という感じでしょう。

ロレイン　そうなの？　デイヴィッド。お母さまはまるで、自分の労力の成果を目の当たりにしたようね。

デイヴィッド　その通りです。母は、最終成果を見ることができたのです。私も自分の子どもたちを育て、教育を与えることができましたが、どのように自分の子どもを育てるかということにおいては、母からの遺産に倣うこともできました。これが、私が子どもたちの中に見たい人物像です。私は無理強いはしていませんが、子どもたちに提案しています。この道をたどりなさい。そうすれば、あなたは愛すべき人になります。

ロレイン　あなたがお子さんたちにそのような非強制的なことを言うとき、そこにお母さまの

デイヴィッド　声はどのように響いていますか？「あなたはよくやったわ。これからは、子どもたちがよくやれるように教えるのが、あなたの仕事ね」と言う声です。

ロレイン　あなたはそれを意識していますか？　あなたがお子さんたちに、これが可能な道だよとか、あなたたちにこんな人になってほしいんだよと言うとき、頭の中のお母さまの声に気づいていますか？

デイヴィッド　私がしていることは、それらをつなげることだと思っています。母の遺産に倣いながら、でも今は、自分の言葉でそれを行うのです。

ロレイン　あなたがお子さんたちに人生で成功してほしいと言うところを想像してみましょう。もしそこにお母さまの遺産を取り込むなら、あなたはそのメッセージに何かを付け加えたり、取り除いたりしますか？

デイヴィッド　しませんね。付け加えたり取り除いたりすべきものはありません。私はただ、母の遺産が生き続けるためにできる限りのことをするだけです……母は、私が成功しているのを見て本当に喜んでいました。私が高校生、短大生、そして学部生のときも、母は私の傍にいましたし、今でも傍にいます。そして、母は私をとても誇りに思うと言ってくれるのです。そしてただ「進み続けなさい。進み続けなさい」と言い続けるのです。そして今、私は、自分の子どもたちに、進み続けなさいと言っています。私は、子どもたちの中に、母の遺産を授けているのです。私が子どもたちに進み続けなさいと言うとき、母の声を再び聞いているかのようです。進み続けなさい。進み続けなさい。

ロレイン　お母さまがあなたと一緒にそのトンネルの中におられたとき、それが彼女の言葉だったのですね。彼女が言っていたのは、それだったわよね？「進み続けなさい。進み続けなさい。あそこへ一緒にいくのです」と。

デイヴィッド　そうですね［頷く］。進み続けること、そして一緒に進み続けること。母は私に一人で行ってほしかったけれど、私は嫌だと言いました。私たちは一緒に行くのです。母が、私の三人の弟たちと砂漠を渡っていたときも同じでした。「進み続けなさい」そして「一緒に進み続けなさい」でした。

ロレイン　それでは、あなたは進み続けるために、今、お母さまをどのように運び続けるのかしら？

デイヴィッド　私は最近、学校をやめようと考えていて、母が亡くなる2週間前に母に伝えました。「だめよ。あなたは進み続けなければならないわ」妻も言いました。「進み続けなさい」子どもたちも言いました。「パパ、進み続けなさい」と。だから、進み続けなさいという言葉は、私の妻や子どもたちの中で生きているのです。だから今、私は進み続けています。妻、子どもたち、そして母を称えて。

ロレイン　ちょっと想像してみましょう。あなたが卒業するとき、あなたは卒業証書を受け取るためにステージを横切って歩いています。そのときのお母さまの言葉を言ってちょうだい。

デイヴィッド　「息子よ、あなたを誇りに思うわ」。彼女は多くを語らないけれども泣いて、そして私は母を抱きしめ、キスするでしょう。なぜなら、私は、それらが誇りの涙であることを知っているからです。私は母に言います。「これは母さんの遺産です。母さ

ロレイン　あなたはその成果がどこへ到達してほしいかしら？　お母さまは、砂漠を横切ってあなたたちと歩かれたのと同じように、そのステージをあなたと一緒に横切って歩かれるでしょうね。そのとき、あなたは、その道がどこへ行くことを望みますか？

デイヴィッド　私は、母に私の子どもたちのところへ行ってほしいです。私の子どもたちの中に、私は母の労苦の成果を見ることと思います。

意味の構成

人が死ぬとき、遺族は、その際何が起こったのか、彼らの人生におけるその死の意味を理解するよう求められる。その死が予期されていたものであろうとなかろうと、そしてその人の関係が良いものであろうとなかろうと、死は、解釈が流れ込む間を作り出す。私たちは、その解釈を再評価するために小休止し、亡くなった人とのつながりが流れ込む新たな支流を見つけなければならない。

アティッグ（Atting, 1996; 2001）は、遺族は、「世界を学び直す」必要があると主張している。「私たちは、人生という織物を編み直し、新たな統一体（wholeness）に到達する」（2001, p.38／邦訳 48 頁）このアプローチに似たものは、マキノン（MacKinnon et al., 2014）によっても、彼らが正常悲嘆（非複雑性悲嘆）と呼ぶ経験をした遺族群のために展開された。もちろん、その課題は、生きていたが今は死んでいる人と再びつながる方法を見つけることである（Rubin, Malkinson, & Witztum, 2012）。

近年、悲嘆は、死の意味を見出す様々な方法として重視されるようになってきた。例えば、ニーマイヤー（Neimeyer, 1998, 2001）は、世界を学び直すことを、意味の再構成と呼んでいる。彼によれば、死別は、故人との関係性に応じて、私たちに「自分のアイデンティティを再交渉する」よう強要する。彼はこれを、遺族の人生において故人を生前重要人物としていたナラティヴと置き換わる個人的再構成ナラティヴを生み出すことだと表現する。ヒバード（Hibberd, 2013）によれば、ナラティヴの観点で考える価値は、それが思考や感情、そして行動を「より合わせる」（p.682）ところにある。そのような表現を強調することで、苦痛の受動的過程から離れ、意味構成のより能動的な過程へと移行する。ある人が死ぬとき、生前に生者が知っていたことは、決定的に変化する。ニーマイヤー（Neimeyer, 2001）によると、意味再構成のおかげで、遺族は、ライフストーリーや特定の出来事を、もっと目的のあるナラティヴに収まるように書き換えることができる（Neimeyer, Prigerson, & Davies, 2002）。

ヒバード（Hibberd, 2013）は、意味再構成のいくつかの側面として、「意味了解、有益性発見、アイデンティティの変化、人生の目的」（p.670）を明記している。意味了解とは、喪失そのものの意味を理解することであり、有益性発見は、悲嘆の文脈の中で希望の兆しを見つけることである。アイデンティティの変化は、例えば、役割変化（「私はかつてなんでも妻に頼っていた。でも今はすべて自分でしなければならない」）によって作り出される、人生のナラティヴの変化である。そして人生の目的とは、悲嘆を乗り越えて生きるために（「私は今、若者の間の飲酒運転の防止に打ち込んでいる」）新たな目的を見つけることである。ニーマイヤーとギリース（Neimeyer & Gillies, 2006）は、ヒバードの意味再構成のカテゴリーのうち最初の三つについては賛同したが、四つ目のカテゴリーである人生の目的は省いた。おそらく、それはアイデンティティの変化と似ているからかもしれない。ニーマイヤーとサンズ（Neimeyer & Sands, 2011）は、意味了解と有益性発見が見られる子どもを亡くした両親に、32種類の意味構成アプローチが見られたとする研究を引用している（p.12）。尚、意味了解の努力には、宗教的信念や神の計画を特徴とする多くのテーマが含まれている。その一方、似たような形で苦しんでいる他者への思いやりは、意味構成における有益性発見の努力において、非常に重要な役割を担っていた。

一方、従来の悲嘆心理学においては、意味は、アタッチメントとデタッチメントという対概念との関連で再構成される。意味は構成され、人はどれほどうまく（文化的に承認された形で）「手離」し「前に進む」実践を遂行しているかどうかに基づいて、評価されてきた。遺族は、死や余生についての意味を形作ることなしに（これらの意味が表現されようと、内在化され続けようと、あるいは秘密にされているかなどはお構いなしに）、これらの課題を遂行できるものと想定されている。

しかしながら、その関係性は、故人の生前と同じ状態のまま続くことはない。例えば、関係を維持する責任は片方のみにある。故人の声は、本人によって話されるよりもむしろ、生者によって想像され、腹話術が行われなければならない。これは、認識される必要のある関係の移行である。つまり、死別は、その関係性を維持する責任が変化することだけ取っても、関係の意味の移行が、ある程度必要となる。

意味構成はまた、愛する故人が遺族の人生の一部であり続ける方法を包含することができる。ポストモダンの視点から言えば、構成される意味は、一つの現実の中で固定されることは少なく、熟考した選択により開かれている。人々が展開させる意味は、精神的苦痛を和らげることもあれば、さらに苦痛を増すこともある。

例えば、若い兵士が死ぬとき、そのコミュニティによって戦争に与えられた意味は、彼らの愛する者の悲嘆経験に影響を与える。親の悲しみや怒りが、彼らの子どもは大義名分によって亡くなったと信じることによって和らげられているかもしれない一方、同じ子どもの死の意味も、その戦争は不当で無意味だと信じている親にとっては違うものとなる。それ故に、死という出来事の意味は、その実際の出来事の前や間、そして後に関係する文脈によって重みをつけられる。いずれの状況であれ、両親は、兵士の死がなんらかの価値があるものであってほしいと願うものである（Klass, 2001）。

しかしながら、意味構成はたった一度限りのことではなく、他者との関連で起こる継続的過程である。遺族は、故人との新しい関係性、つまり彼らがかつて持っていたものは異なる関係性に向けた道を見つけ、死後の変化の中で長期間続く意味を構成するよう求められる。彼らが再びつながり、新しい関係性を再建するよう導かれるとき、悲嘆の痛みは減少する。シャピロ（Shapiro, 1996）が提言するように、「悲嘆は、（肉体よりもむしろ）新たな心理的ないしスピリチュアルな側面を評価する、愛情にあふれ成長していく死者との関係性を創造することを通して、解決される」（p.552）。

記　憶

私たちが記憶をどのように概念化するかが、悲嘆の考え方を左右する。「リメンバリング」という用語自体、記憶に頼ることによって特徴づけられている。記憶概念の意味がどのように構成されるかということは、ある人の死後に何が思い出されるかだけではなく、誰が回想において有利な立場にあるかということにも大きな影響を与える。最近の歴史としては、記憶の最も一般的な概念化は、蓄積データを思い起こす個人の認知システムに関連づけられており、強化された習慣の蓄積とされるものであった（Middleton & Edwards, 1990）。記憶をそのように個々人の中で生きているものとして構成することは、容器メタファーで成り立っている。経験の小さな断片は、全体を形作るために、そのような容器の中に保管されているというわけだ（Middleton & Brown, 2005）。

現代の科学パラダイムにおいて、記憶はまた、脳の神経学的機能とも結びつけられてきた。それに基づいて、記憶の側面は分類され、研究され、そして名づけられてきた。例えば、短期記憶と長期記憶の相違、特にアルツハイマー病の影響についての論考に関心が持たれている。記憶は、表象的（representational）ないし配置的（dispositional）とされてきたが（Bernecker, 2008）、それは、想起されたイメージの正確さと、イメージの構成過程とを対比している。モダンな見解では、記憶はたいてい、客観的真理からなる外的世界と比較され得る内的で主観的な経験として構成されてきた（Shotter, 1990）。心理学の多くは、記憶を関係性の側面の観点で概念化したり、集団ないし集団的記憶を考慮したりしない。これらを重視するには、記憶を社会化する社会心理学や人類学を取り込む必要がある（Middleton & Brown, 2005）。

悲嘆と共に生きている人々のためのリ・メンバリングの実践を理解するためには、記憶概念がどのように構成されているのかを批判的に考える必要がある。私たちは、思い出されることの個人的な意味合いと同様に社会的な意味合いも重視することにより、記憶の中の参加者の行方を確認しなければならない。ミドルトンとブラウン（Middleton & Brown, 2005）は、ミシタルチ（Misztalci）の記憶に関する論文を引用する中で、記憶構成における視点の移行とそこで示唆される権力問題について取り上げている。

> 誰が、過去のどのバージョンを思い出し、それは何の目的でなされているのか？　社会学的関心の重要性は、社会的組織の重視や個人的記憶の調停にある。リメンバリングのエージェントとして見られるのは個人であるけれども、思い出されることの性質は、大いに「他者と共有されたこと」によって形作られている。（Middleton & Brown,2005, p.14）

記憶を関係性という見地から説明することは、悲嘆心理学に劇的な影響を及ぼす。私たちが、モダニスト用語で記憶について理解することの衝撃に気づくためには、精神疾患の心理学的診断と、それに続く介入技術を見れば、十分である。例えば、1980年代には、幼児期に虐待を受けたと思われるクライエントの「回復記憶」について多くの論文が書かれた（Geraerts, McNally, & Jelicic, 2008; McNally, 2005）。その理論によれば、トラウマ状況では、精神は恐ろしい記憶を葬り去り、抑圧という防衛機制がトラウマに対処するために用いられると仮定された。その放置された記憶は、摂食障害や睡眠障害、解離体験、そして失敗に終わる人間関係を含む多くの症状でもって、クライエントを悩ますことになる。治療実践は、その幽霊からクライエントを解放するために、記憶を「回復」した。記憶の回復を促進させる実践は、記憶のモダンな定義の上に成り立っており、そこでは、記憶はカメラのように作動し、人の人生の出来事を記録するとされる。そうした記録は、まるでコンピューター上のファイルのように保存される。記憶は個人の物と見なされ、思い出すことは、人の心のハードドライブ上に保存されたものを発見する孤独な実践であった。

したがって記憶は、ハードドライブ上の保存データへの適切なアクセスを通して獲得できるわけだ。モダンなカウンセリング実践の多くは、厳格な認知モデルを採用し、脳を高い地位で取り扱うという前提に基づいている。洞察や内省を通して、人は幼少期のいかなるつらい記憶からも（それがトラウマであろうとなかろうと）自分自身を解放することができるとされた。記憶は、その所有者の利益になるよう育てることもできる、もっぱら個人的・神経学的・生物学的なものとみなされてきた。先述のミドルトンとブラウンの引用に戻るなら、その「誰」とは、クライエント個人であり、「何を」とは、心の痛む出来事からの解放であり、「どんな目的か」は、自分自身を幸せの文化的構成にフィットさせることである。

ポストモダンのオルタナティヴな考え方は、記憶を、社会ネットワーク、関係性、そして文化的過程の中に組み込まれているものとする（Bartlett, 1932; Middleton & Brown, 2005; Middleton & Edwards, 1986, 1990）。「社会的記憶」は、個人的記憶の文脈や意味を形作るストーリーや過程、そして関係性の集合である（Middleton & Brown, 2005; Middleton & Edwards, 1990）。思い出されたストーリーは、一個人に所有されるのではなく、共有された言語の創作物や建造物である。それは、過去に関連するだけでなく、現在の関心事の反映であったり、未来のストーリーの構成要素であったりする。ミドルトンとブラウン（Middleton1 & Brown, 1990）によれば、出来事の記憶というものは、それが幸せな結婚であろうとトラウマ的な死であろうと、集団的で共通された経験を用いて語られる。未来の回想は、単に個人的な視点よりもむしろ、より大きな全体のストーリーによってかき立てられる。実際、他者や家族、ないし集団によって文脈化されない記憶は、持つことができないのかもしれない。

ストーリーはまた、社会環境の中で語られ、何世代にもわたって伝えられていく。その過程において、ストーリーは拡大したり、また縮小したりし得る。ストーリーという織物は、未来において語り直されるときに、異なる新しい織物へ織り込まれる。それぞれの語り直しは、様々な異なる時期につながるのだが、そのとき、記憶が再び共有されるのは、そこにいる、そのストーリーの語り手仲間と共に、である。

フレデリック・バートレットは、記憶の社会的・文化的過程を強調した最初の心理学者の一人であった。１９２０年代の彼の研究において、参加者は、ある簡単なストーリーを聞かされ、その後、彼らが聞いたことを繰り返すよう言われた。彼らが、そのストーリーを繰り返すとき、彼らはそれをわずかに変化させて語るのだが、それは、参加者の文化的背景を反映し、特定の関心事に関する知識を強調していた。バートレット（Bartlett, 1932）によると、参加者たちは、自らが同様の状況を知らされたときのように、その出来事を記憶していた。彼の見解では、記憶とは、出来事に注意を払うものであり、当人の歴史的および文脈的経験に共鳴するものなのである。

バートレットによれば、ストーリーテリングにおいては、個人的関心が強調され、話のギャップを補うことになる。また、関心とされることは、直接的な社会的起源があり、文脈の影響を受ける。それ故、バートレットによると、記憶は、「固定した生命のない」ものではなく、思い出されるものの形や色に応じる形で他者と調和するものである。

記憶の大半は、言葉で伝えられ、交換され、構成されるので（Bartlett, 1932; Middleton & Brown, 2005; Middleton & Edwards, 1990; Shotter, 1990）、私たちは、言語様式以外で記憶を理解することはできない（Shotter, 1990）。しかし、固有の記憶は、常に、儀式や行事、そして映像などの文化的伝達によって形作られる、より大きな集合的記憶の一部であり、それは、時間を超えて共有されてきた意味を協議するために用いられる。リメンバリングは、意味の流れの中に足を踏み入れることであり（Bakhtin, 1986）、ミドルトンとブラウン（Middleton & Brown, 2005）によると、「集合的リメンバリングは、現在と過去の間での継続的な対話である。そこでは、未来の方向性を決定することなしに現在を理解するために、思い出されるものが〈意味の枠組み〉として用いられる」（p.22）。

ポストモダン悲嘆心理学

ポストモダンの視点では、記憶は、亡くなった個人によって所有されない。記憶は、必ずしも当人の脳と共に死ぬわけではないし、また個人の経験の中に限定されるわけでもない。その代わりに、記憶は、「広く承認されている一般的関心、頑固な社会習俗や制度」（Bartlett, 1932, p.244／邦訳 281 頁）の中に存在する。したがって、人々の記憶は、「未来の方向性を決める」ためにアクセス可能なのである。共有の記憶は、「固定した生命のない」(Bartlett, 1932, p.311／邦訳 357頁)ものである必要はなく、極めて生き生きとした状態を保たれるかもしれない。かつて考えられていたように、記憶は、個人の内的想起ではなく、時間と関係性の中で生じる出来事やプロセスである。ミドルトンとブラウン(Middleton & Brown, 2005)は、記憶は個人の中ではなく、「絶え間なく過去を作り直すことができる」社会集団という文脈の中で作られるというバートレットの結論を支持している(p.21)。だから、記憶とは、遂行される構成なのである。

したがって、記憶とは、死を超越するものとして理解され得ることになる。記憶は、コミュニティの中で共有される意味づけの集合的過程の中で生き続ける。それ故、故人のストーリー、儀式、そしてイメージは、新たに命を吹き込まれ、現在の生者の人生の中に織り交ぜられる。回想や意味の筋道を含む歴史的記憶はすべて、文化的文脈に包含されるより大きなタペストリーの一部である。

よって、上記のことがカウンセリングに及ぼす影響としては、治療的会話はそれらすべてが実際に起こるよう促進するかもしれないということになる。その目的は、これまでグリーフセラピーの説明としてしばしば述べられてきたこととは、著しく異なる。ここで受け入れられるべき現実は、個人の孤立の現実ではなく、死からかなり時間が経っても、ストーリーが交わし続けられ、故人の人生の反響が響き続けるという現実である。こうした反響の中で、新たな展開がその融合体の中に織り込まれるとき、新たな音色が聞かれさえするかもしれない。

ナラティヴ・セラピーと悲嘆

ナラティヴ・セラピーは、社会構成主義理論をその哲学的起源とする。ポストモダン理論として、その実践の多くは、自己、関係性、アイデンティティ、記憶、権力、知識、言語、そしてストーリーについての新しい概念によって導かれている。最初、マイケル・ホワイトとデイヴィッド・エプストン（White & Epston, 1990）によって家族療法界に紹介されたナラティヴ・セラピーは、世界中で広く発展し、様々な個人的、社会的、政治的問題に適用されている。ナラティヴ・セラピーは、人々の人生における変化を構成する会話の中で社会構成主義の前提を用いる手段をカウンセラーに提供する。ホワイト（White, 1991）によると、「ナラティヴ・メタファーは、人々がストーリーによって人生を生きていること、つまりストーリーが人生を形作っていること、そしてストーリーは想像上のではなく現実的影響をもっていること、つまりストーリーが人生構造を提供していることを提唱しているのである」（p.28／邦訳20頁）。

ナラティヴ・セラピーが世界中に知られるようになるにつれ、治療モデルにおいてストーリーや意味に焦点を当てることは、多くの場面で、また多くの種類の問題に対して、有効と考えられるようになった。ナラティヴ・セラピーは、数例を挙げると、家族療法（Madsen, 2007; White, 2007）、コミュニティワーク（Freedman, 2014）、刑務所（Denborough, 1996; Ikonomopoulos, Smith, & Schmidt, 2015）、スクールカウンセリング（Winslade & Monk, 2007）、グループワーク（Hedtke, 2012b）、そして調停（Winslade & Monk, 2000）といった様々な場での利用が功を奏している。ナラティヴ実践が適用されたテーマや問題の領域も同様に様々である。例えば、ナラティヴ実践は、摂食障害（Gremillion, 2003; Maisel, Epston, & Borden, 2004）、児童虐待（Mann, 2006）、依存（Clark, 2014; Monk, Winslade, Crocket, & Epston, 1997）、子どもたちと関わる仕事（Smith & Nylund, 1997; Nylund, 2000）、ホームレスへの取り組み（Baumgartner & Williams, 2014）、学習障害の理解（Olsen, 2015）、ＨＩＶ／エイズへの取り組み（Ncube, 2006）、そしてトラウマ（Denborough, 2006）などに用いられ成功を収めている。

オーストラリアのアデレイド市にあるダルウィッチ・センターが、１９８３年以降、ナラティヴに関する情報の中心地である。それは、ナラティヴの概念や実践の発展の役に立ってきただけではなく、ナラティヴ・セラピーの理論や実践要素に関する広範なトレーニングを世界中で提供してきた。その出版社は、ナラティヴに関する書籍や専門誌の主要な支持者であった。ナラティヴ実践と関連のあるセラピストやコミュニティ・オーガナイザーが世界中に何千人も存在し、彼らの多くはダルウィッチ・センターの文献を読んだり、学んだりした。

本テキストの目的のために、私たちは、ナラティヴのリ・メンバリングする会話や実践の一つの要素に焦点を当ててきた。この焦点は、特にマイケル・ホワイトによってこの分野に提案された（White, 1989）。リ・メンバリングする会話は、カウンセリングにおける多くの異なる問題に対して用いられる一方、ここでの焦点は、死にゆく人と遺される人のためのリ・メンバリングする会話の活用に特定される。ここで簡単に、「リ・メンバリング」の歴史と意味を説明しておきたい。

マイケル・ホワイトの論文「もう一度こんにちわと言う（Saying Hullo Again）」は、遺された人々との会話に新たなアプローチを導入した。ホワイトは、バーバラ・マイアーホッフの影響を受けたが、とりわけメンバーシップとリ・メンバリングの概念に影響を受けた。ホワイトは、１９８９年にこのメタファーを明確に使用したわけではないが、マイアーホッフの研究を参照し、６年前にパートナーを亡くしたクライエントとの会話における亡くなった人の「再取り込み」に言及した。彼の後期の業績の中には、さらなるマイアーホッフの痕跡が見られるが（Epston & White, 1992; White, 1997, 2007）、彼が明確に「リ・

メンバリング」という用語を用いたのは、１９９７年である。その概念は、死と悲嘆以外にも多くの文脈で使用できるように、後に発展した（Russell & Carey, 2002）。

１９８９年の論文タイトルにおいて、ホワイトは、現代の悲嘆カウンセリングにおける、遺族は亡くなった人にサヨウナラを言わなければならないという前提に立ち向かった。彼はそのようなアプローチは、クライエントに苦悩をもたらすと信じていた。

> 彼女たちは、問わず語りに、自分たちの虚脱感、無価値感、抑うつをあらわにして、自分の経験した喪失やその人生への影響についてセラピストに語る。セラピーの始まりで私がしばしば圧倒されるのは、彼女たちの絶望である。（p.29／邦訳 110-111 頁）

完結する会話を追求するよりも、ホワイトは、「こんにちわと言う（saying hullo）」メタファーを通して、どのように新たな質問法を追求するか説明した。彼は、故人と生者との間の関係性を取り戻す可能性を切り開きたかったのである。彼はクライエントのメアリーに、彼女のパートナーであるロンに関する一連の質問を提示した。それは、生者と故人の間に心理的距離を保つことを命じる文化的前提に挑戦するものであった。ロンのメアリーに対する信念や、彼らの関係性の強みに関する彼のストーリーを思い出し、再確認することによって、彼女にとってロンは、言語上アクセスできる存在となった。この一連の質問によって、メアリーは、ロンにサヨウナラを言う試みの中で直面した痛みから休息を与えられた。彼女は、「ロンは私のために死ななくてはならないわけではないとわかったら、そして、私が彼と別れなければならないわけではないとわかったら、彼のことは頭からスーッと抜けていったの。そして、私の人生はもとのように豊かなものになったわ」と述べた（p.31／邦訳 114 頁）。

ホワイトは、失った関係の丁寧な再取り込みは、「病的悲哀」や「遅延化した悲嘆」として考えられてきたものを解決すると結論した。遺族は、自分自身との新たな関係性を持つ機会を得て、故人の希望や夢やストーリーを含める人生の再著述に従事する。この一連の質問が、メアリーに痛みからの休息を与えたのである。

ホワイト（White, 1997）の著書『セラピストの人生という物語（*Narraives of therapists' lives*）』は、リ・メンバリングの概念と実践をさらに拡大した。メンバーシップのメタファーは、家族への生物学的つながりによって定義されるアイデンティティへの固着の周りで治療的会話を優雅に展開した。メンバーシップという新しい概念を組み込むことによって、クライエントが、リ・メンバリングのストーリーを通したアイデンティティ結論の再構成に積極的に従事する可能性が生まれた。望ましいメンバーシップの集まりが、生得権に基づいて形成されるのではなく、クライエントの主体的な選択によって、生まれたのである。ホワイトは、マイアーホッフ（Myerhoff, 1982）の概念を借りて、これらの会話を「リ・メンバリング実践」と名づけた。

> この特殊なタイプの回想を示すには、「リ・メンバリング」という用語を用いるのがよいでしょう。なぜなら、その人の人生のストーリーに関わっている人や、以前のその人自身、それにストーリーに登場する重要な他者といった、メンバーたちの再集合に注意を向けやすいからです。つまり、リ・メンバリングは目的をもった重要な統合なのであって、通常の意識の流れのなかにあるもろもろの活動に伴うような、受動的で継続的なイメージや感覚の断片的ゆれ動きとは、かなり異なっているのです。
>
> （p.111／邦訳 130 頁）

マイアーホッフ、そしてホワイトは、回想という言葉とは区別するために、「リ・メンバリング」という言葉にハイフン（日本語では「・」）を用いることにした。リ・メンバリングは、ストーリーと人をつなげ、そのつながりを会員のステータスに組み込むことを目的とする。ラッセルとケアリー（Russell & Carey, 2002）によると、「リ・メンバリングとリメンバリング（思い出すこと）との違いを考えるときに、リ・メンバリングの『・』が非常に重要なのです。これがあることによって、単に歴史を思い出すことよりも、この会員制という概念に注意を向けることができるからです」（p.24／邦訳 89 頁）。

ハイフンのついたリ・メンバリングは、多くの文脈において治療的価値があるが、その考え方は一貫している。人生における重要人物のメンバーシップの再著述は、その中心にいる人のエージェンシーを高める。例えば、実の親から虐待されたクライエントは、人生における彼らのメンバーシップの地位を決め直すことによって、意図的距離を創造することができる。再集合過程は、特定の関係性の地位について口を出す機会をクライエントに提供する。ホワイト（White, 1997）は、クラブというメタファーを使って、メンバーシップの集合グループに言及する。

メンバー化された人生のイメージは、「クラブ」というメタファーを使用する。つまり、人生クラブというものが喚起されるのである。このメタファーは、人生クラブがどのようにメンバー化されるか、その人生クラブがどのようなメンバーシップ（会員身分）によって構成されるか、そしてクラブのメンバーシップはどのような地位やランク付けを持つか探求する選択肢をいくつも提供する。（p.22／邦訳 130 頁）

私たちは皆、そのようなクラブに生まれ、途中で会員名簿に誰かを加えるものだが、時に除名も行う。

通常、身近な家族がこのメンバーシップクラブで重要な地位にあり、私たちは、そこに友達や同僚、パートナー、子どもたち、そしてペットさえをも加える。ある意味、メンバーシップとナラティヴは、死を超越することができる。もしストーリーがグループ内に存在するなら、一人のメンバーが亡くなっても、ストーリーはクラブの中で生き続けることができる。この概念によって、悲嘆心理学は、愛する人が亡くなった後の関係性について違う考え方をする自由を得る。死に直面している人々はメンバーシップクラブに、クラブの共有ストーリーとして彼らのストーリーを保持する役割を委任することができる。彼らは、他者の語りの中に生き続けるストーリーを通して、自らの遺産を残すことができるわけだ。

遺族は、大切な人が、共有されたメンバーシップクラブにおいてストーリーの形で歩み続けることを知ることで、慰めを得る。それ故、死ぬ前のきちんとした結末は必要ではなくなる。マイアーホッフ（Myerhoff, 1992）は、完全性（completeness）は、「モラルと美の目的のために犠牲となる」と述べた（p.240）。死にゆく人は、人生の終わりにたどり着く準備ができる前に、自らのストーリーで人生をを終わらせる必要はない。例えば、デイヴィッドの母の「進み続けなさい」という忠告は、彼女の声と彼女の労力の成果を永久に存続させている。

このような過程が認められる文脈の例として挙げられるのは、死産児のための社会的アイデンティティが慎重に構成される状況である。ゴデル（Godel, 2007）は、両親が、死産児の想像上の人生を記録するために、写真、詩、ウェブサイト、葬儀、そして記念品を用いる多くの例を引用している。しばしば、ナラティヴは、その子どもの人生の意味によって構成される。ストーリーの継続的語りは、現在進行形の関係性を手作りし、実際、その関係性の価値を改めて実感させるかもしれない。しばしば、死に際して、関係性は生まれ変わり得る。生きている人への課題は、その死者の声とストーリーが、文脈として流動的なまま、クラブの周りで反響する場所を見つけることである。故人とのつながりを維持することが、慰めであり有益であると示唆する人々もいる（Attig, 1996, 2000; Klass, Silverman, & Nickman, 1996; Neimeyer, 2001）。しかし、メンバーシップという概念は、もっと強力な目的を持って、このつながりを活気づける。さらに、その絆を継続する道を探し求め、その関係性を肯定する遺族は、過去に存在したものを単に保つよりも、現在進行形の関係を創造することができる。

リ・メンバリング実践

故人のストーリーが大切にされる会話を手作りするには、肉体は死んでも、その人との関係は死なないという前提から始めなければならない。亡くなる自己が広まり続けるのは、故人のストーリーを共有し、彼らの人生に影響を与えられた多くの人々の手を通してである。その同じ自己が、本人の死のずっと後になってもなお、ストーリーの形で、人々に「出会い」続けるかもしれないし、その出会いが、紹介された人々の経験を活気づけるかもしれない。この意味で、ストーリーを語ることは、死者を生き返らせるのだと言える。では、ここで質問をいくつか例示しながら、そのような会話を引き出す鍵をいくつか指摘しておきたい。

リ・メンバリングする会話が包含しなければならない最初の側面は、ちょっとした紹介文である（Hedtke, 2012a）。生者は、故人は誰であったのか、そして彼らは誰であり続けるのかを知る必要がある。そのような紹介文なしには、遺族に対しどのように質問すべきかや反応すべきかを知るのは、難しいだろう。それ故、グリーフカウンセリングでは、デイヴィッドが彼の母について最初の質問で訊ねられたように、面接の冒頭で、故人をカウンセラーに紹介するよう遺族を誘うべきである。紹介の質問をいくつかすることは、その人がどのように亡くなったかを話すこととは対照的であり、亡くなった人がどんな人なのかという絵を描くことによって、故人の人生をカウンセリングの会話の中に引き出すことを目的としている。

私たちは、会話が現在のものであるときには、現在形の動詞を意図的に用い、故人の過去の活動に言及するときには、過去形を用いる。そのストーリーや関係性が重要な役割を担い続けるかもしれない未来について話すときには、未来形や仮定法の動詞が有用である。

紹介文はしばしば、悲嘆心理学の言説が消し去ったものを可視化する。それは、故人の遺産を生者の実践の中に織り込む準備をする。紹介文的質問は、故人を描き出す。「亡くなった人について私に話してくれませんか?」や「彼はどんな人でしたか? 彼の見た目はどんなでしたか? 声は誰に似ていましたか?」と訊ねることは、珍しくない。その意図は、故人を会話の中に誘うことにあるわけだが、カウンセラーが、決まり文句のモデルに倣うよりもむしろ、その関係性に特有の未来の質問を手作りできるようにしたいのである。私たちはまた、故人の関心、趣味、職業、情熱、そして彼らが楽しんだことへの紹介を探求する。これらの質問が、リ・メンバリングする会話の基礎を作る。それは、生者と死者との間で、関係性を回復するかもしれない扉である。それは、死者を無言のパートナーとして扱うものの、死者は会話の中で影響力を行使する。リ・メンバリングでは、悲嘆は少なくとも生者と死者という二人に関するものであり、カウンセラーは両者について学ぶ必要があると仮定する。

紹介が済むと、カウンセリング過程は、他に誰が故人にとって大切であったかに焦点が当たることになり、カウンセラーは、その関係性が所属するコミュニティの連帯感を集め出す。デイヴィッドとの会話において、私たちは、彼の母の、彼、弟たち、子どもたち、そしてより大きなコミュニティの連帯感について聞いている。これらの文脈のすべてが、彼の母が可視化され続ける会話への入り口として機能するわけだ。

様々な経路を通して故人のストーリーをアクセスしやすいものにすることによって，かつてあったものと今あるものの間に橋がかかり始める。もちろんこの構成は，その関係性そのものが，遺族にとってリソースとして機能する質のものであるときのみ，適切である。橋の上で，ストーリーとなった故人の遺産が，確認され，蘇り，継続され，発展し，また彼らの死後何年もの間に高められさえする。ストーリーは，何世代にもわたって後世に残され，困難や祝いの際に思い起こされる貴重な贈り物となる。デイヴィッドが，「彼女を母に持つことで，他者との接し方について，いくつかの重要な人生の教訓を得ましたか？」と訊ねられるとき，彼は，彼女と彼の価値観の間の橋について熟考するよう誘われている。それ故，彼が他者にやさしく接するときはいつでも，彼の人生における母の重要性について彼が熟考する機会が与えられるのである。彼が，自分の子どもたちに親切について教えるとき，その橋は世代を超える。彼は子どもたちに，祖母の優しさがいかに彼らの行動の中で表現され続けているのかと話すかもしれない。マイアーホッフ（Myerhoff, 2007）は，このように表現した。

それは，私たちがストーリーを再取り込みしなければならないことを意味する。私たちが何者なのかということについてストーリーが私たちに伝えていることについて注意を払わなければならないということである。私たちは，ストーリーをどのように自分たちにフィードバックするのか，ストーリーによって自分たちがどのように育てられるのか，そしてストーリーを私たちに伝える人々に，私たちがストーリーによって滋養されていることをどのように語るのかを，見出さなければならない。（p.25）

仮定法

死者のことを話すとき、西洋文化においては、過去形で話すのが習慣である。この文化的習慣は、言語学的に死者を現在への参加から切り離し、彼らをより距離があり、アクセスしにくいものとする。それが、遺族がしばしば苦労する弱点である。彼らにとって、近しい人々との関係性について現在形で話すことは慣れ親しんだものである。しかし、死は、それを尻込みさせ、是認か反対かというリスクを冒すことになる。なぜなら、故人について現在形で話すことは、現実を受容していない、あるいはもっと悪い状況と解釈され得るからである。

英語では、このような状況での選択肢は、あまりない。モダニストの思考は、過去と現在の明確な区別を好み、恐らく悲嘆の扱い方を知ることをより難しくしている。私たちの言語には、死者についての話し方が足りないのである。したがって、治療的会話において用いるいくつかの言語ツールが必要となる。仮定法の意図的使用は、一つの手である。H・L・メンケン (Mencken, 1956) やサマセット・モーム (Maugham, 1949) のようなコメンテーターが英語の仮定法で死亡記事を書いたものの、それは断固として、死ぬことを拒否していた。私たちは、仮定法は実際、死者およびリ・メンバリングする会話の大切な友となるかもしれないと提案する。

仮定法は、「あたかも」という声である。それは、話し手が、状況の現実に身を投じることなしに、推論的に言及することを可能にする。それ故、仮の状態についての文法であり、過去と現在の間に空間を切り開く。リ・メンバリングする会話におけるその重要性は、もし彼らが話すことができたなら

(were)、その人は何を語るだろうか (might)、何をするだろうか (would)、どんな貢献をするだろうか (may) ということについて、私たちが訊ねることを可能にする点にある。英語では、助動詞 (might, would, may, 及び were) の使用が、仮定法に続く最も一般的な形である。仮定法的質問は、故人の声を腹話術で話すことを通して、故人の好みを探求することができる。これが達成されるのは、生者に、死者の想像上の声として話し、好みに分け入り、起こりそうな結果についてコメントし、そして現在の出来事について意見を述べるよう依頼することによる。

例えば、カウンセラーは、「あなたがこの困難にどのように対処しているかについて、あなたの大切な人は何か気づくかもしれないかしら」といった質問をするかもしれない。その「might（かもしれない）」は、直説法の現実のベール（覆い）に踏み込み、仮想の仮定法を切り開く。故人を再び話者の立場に位置づけ、しばしば彼らに、まだ残されたエージェンシー感覚を高めるのは、この踏み込みである。「もしあなたの大切な人が今ここにいて私たちに話しているとしたら、彼女が言うかもしれないことをあなたは想像できますか?」といった質問は、直説法の現実を変え得る関係の組み入れを切り開く。それ故、生者が、その想像上の声によってどれほど影響を受けるかという質問によって、想像上の世界を現実へ持ち込むことが可能となる。この目的で、カウンセラーは生者に「あなたはこの概念についてどう思いますか?」や「これを知っていることで、耐えるべき痛みはどのように楽になりますか?」と訊ねるかもしれない。これらの動詞が直説法であることにここで気づいてほしい。したがって、生者が故人の仮定法の「声」に倣い始めるにつれて、仮定法は会話を仮想から現実へと移動させるのである。

アメリカの心理学者であるジェローム・ブルーナー (Brumer, 1982) は、仮定法は、可能性を受け入れるのを容易にすると語った。彼によると、個人的成長は、何が「現実」であるかについて話すことによってだけでなく、仮定法の遊び心に満ちた世界に入ることによって達成される。死者は「実際には」話さないため、仮定法の言語が、直説法の動詞である過去形か現在形かという言語学的二者択一における有効な代替案となる。仮定法は、個人の声と影響が長く生き続ける場所を提供することができる。

それはまた、ファン・ヘネップ（van Gennep, 1961）やターナー（Turner, 1986）が概念化したように、通過儀礼の真っただ中で立ち止まることが一次的に有用である、「どっちつかずの空間（liminal space）」とも考えられる。悲嘆カウンセリングにとっての利点は、故人の声が、生者の意識に組み込まれる方法で喚起されるということだ。未来を手作りすることで、この意識の産物を意図的に包含することができ、生きている人と死者との間の相互交流が後押しされ得る。カウンセリングの会話では、その過程において、意図的に美の瞬間を追求することができる。例えば、それは、持ち続ける価値のある大切な価値観や人生の教訓として表現されるかもしれない。故人が言うかもしれないことについてのアイデアを、生きている人の日々の課題の中に重ねることで、悲嘆の痛みをより耐えられるものへと変化させる可能性がある。

リ・メンバリングする会話の主な目的は、「あなたの大切な人の目を通してあなた自身を見るとき、あなたはどんな人になる（becoming）可能性があるでしょうか？」といった仮定法の質問に要約されるかもしれない。これは、「なる（become）」過程に関する質問であるが、関係性からのエネルギーを脱備給し（decathecting）、自分自身から故人とのつながりを追い出す形で一人の人間になることではない。むしろ、それは「なる」過程を喚起するものであり、それは、死者の思い出や遺産やストーリーをお墓に送ったりはせず、故人が生者の人生に織り込まれる可能性を最大限にする。

本章では、悲嘆心理学の修正主義的領域を横断してきた。浮かび上がったテーマは、サヨウナラよりも、継続する絆の概念や、もう一度こんにちわを言う実践が、強調された。故人の継続する人生のための記憶の重要性は明らかであるが、個人の認知的過程に比べ、社会的過程としての記憶の説明は、あまり認識されていない。この視点が採用されれば、アイデンティティの共同体――メンバーシップクラブ――の中に位置するリ・メンバリングの概念は、際立つだろう。しかしながら、本章では、悲嘆に暮れている人々がすることの経験的記述として、これらの概念に焦点を当てたわけではない。私たちの関心は、こうした概念が実践に与える影響にある。ナラティヴ・セラピーは、そのような実践への重要な道を開く。本章は、どのようにこれが達成されるかを解説し、この目的のために仮定法が使われるかもしれないという説明で終わっている。次章では、こうした実践から現れたアイデンティティの変化のいくつかを取り上げよう。

◆原注

◆1　〔リ・メンバリング〕「リ」と「メンバリング」の間に「・」をつけているのには意図がある。本章で説明する。

第４章 遺族になる

人生を決定づける出来事を通して、私たちは皆「何者かになろう」とする。スミスとハッタム（Smyth & Hattam, 2004）は、「落ちこぼれたり、ずる休みしたり、退学させられたり」してもなお何者かになる道を探し求める若者たちのことを語るのに、この表現を用いた。これは死別にも当てはまるもので、アイデンティティの問題や悲嘆について話すのに有益な考え方だと思われる。「ティーンエイジャー」として学びを進めアイデンティティを発達させることが常に何者かになる過程だとするなら、死別もまた、人が大切な人の死以前とは異なる何者かになる場であるかもしれない。それは、絶えず変化する私たちの自己感覚を推移させる出来事に応じて、異なる者として自身を定義づける過程である。

本章におけるアイデンティティへのアプローチは、ただ何者かである（being）側面よりも、何者かになる（becoming）側面を強調する。多くの発達心理学では、何らかの状態を達成すること、つまり到達点としての里程標をクリアすることに、焦点が置かれている。たいてい、その焦点というのは、ある状態の達成か、知的・情緒的不変性の達成であって、その旅の流動性ではない。違いを示すために、「あなたは何者ですか?」という問いと「あなたは何者になるのですか?」という問いが、いかに異なる答えへと向かわせるのかを考えてみてほしい。後者の問いは、アイデンティティを、静的で与えられたものというよりも絶えず流動的で進行中のものとして扱い、人は常にアイデンティティを移動しているという認識に立っている。また、民族やジェンダー、社会階級などのより大きな社会集団への所属という固定的特徴にアイデンティティを割り当てる「薄切り、角切り」の区画化されたアイデンティティへのアプローチから脱却している。何者かであるよりも何者かになるということは、安定性よりも流動性や変化を強調し、未来へ向かわせる。今現在のアイデンティティのイメージを永遠のものとして隔離しようとせず、過去にも言及する。

なるものとしてアイデンティティを概念化することは、遺族が自分自身をどのように考えるか、そしてカウンセリングの専門家が悲嘆と共にある人々にとってどのように役立ちうるかに影響を及ぼす。遺族が遺族というカテゴリーだけに閉じ込められることはなくなるだろう。同様に、故人はただ過去の人になるのではなく、生前とは異なる何者かになる過程に置かれるのだ。

死者が生前のその人を超えた人になり続けるという考えは、多少奇妙に聞こえるかもしれない。しかし、ストーリーの形でアイデンティティが生産されると考えれば、自由にやってのけられよう。バフチン（Bakhtin, 1986）はその例として、同時代人が知っていたシェイクスピアは、今私たちが知るシェイクスピアと同じではないと指摘する。キング牧師もまた、死後、新たな性質を帯び続け、重要性が高まっている。広く称えられる著名人に起こることも、日頃から注意深く観察すれば、それが誰にでも起こりうることだとわかる。例えば、肉体は死んでも、（その人の同定過程に参加する他者によって、その人に与えられた言説的立場（Davies & Harré 1990）を通して）わずかであれより実質的にであれ、その人のアイデンティティは進化し続ける可能性がある。

アイデンティティについて話すのであれば、目的地という観点よりも、移動という観点のほうが理にかなっている。私たちは常にどこかへ向かって移動している。ジル・ドゥルーズ（Deleuze, 1988）は、この意味において現代人は定住民というよりも遊牧民（ノマド）であると言っている。それが意味するのは、カウンセラーは、人々がアイデンティティの旅をたどり、その軌跡を地図に示すのを支援すべきであって、その旅の座標軸を固定することではないということだ。

ドゥルーズ（Deleuze, 1990）によれば、論理的には、アイデンティティに先行して、まず出来事がある。つまりカウンセラーは、あるアイデンティティのカテゴリーに着目して、その人が同じカテゴリーに入る他者といかに似ているか（いかに同一か、あるいは自分を重ね合わせられるか）を探索していくよりも、その人が何者になりつつあるかが表れている出来事について探索していくことで、その人のことをよりよく理解できるかもしれないのである。別の言い方をすると、アイデンティティは基礎的なものというよりも、条件付きで文脈上のものである。

このように考えるなら、アイデンティティへのアプローチは、個人主義的ではなく関係的なものとなる。アイデンティティは、他者との対話的関係において移動する（Bakhtin, 1986）。それは、関係性を具体化する力線（Deleuze, 1988）に付随するとも言える。アイデンティティは、その人の完全な支配下に置かれない以上、個人の所有物とみなすことはできず、意味と力が交換される共同ナラティヴの産出に関係している。この観点からすると、一つのアイデンティティが完全に安定していることはなく、関係性を超えて吹く風にさらされている。ある人が展開するアイデンティティのストーリーは、様々な関係性の他者との関連で取り上げられ、与えられる、最も日常的な立場だと考えてもよい。当然ながら、遺族と故人との関係性や故人のストーリーの語られ方も、例外ではない。

グリーフカウンセリングにおいては、カウンセリングの会話は何者かになることについての説明を発展させる場であり、その会話自体が一つの出来事を構成すると言える。人の死に際して「現実を受け入れる」必要性という古い概念は、何者かになる余地を多くは残さず、認知されうるストーリーの幅を制限しかねない。そのようなアプローチは、アイデンティティを羽織るべき外套として扱っているように見える。それよりも有益なのは、ドゥルーズの哲学に由来するトッド・メイ（May, 2005）の「人は何者でありうるのだろう?」という問いである。これは先見の明のある問いであり、なおかつ単純な事実に服従するよりもむしろ実験精神を認める問いである。したがって私たちは、悲嘆の影響を受けた人々とのカウンセリングにおいて、いかなる段階モデルが提供しうるよりも制約のないアプローチに手を伸ばそうとしているのだ。

人がなろうとするアイデンティティは主体化の力によって狭められてしまうが、それでもなお完全に制限されることはないというのが、肝心だ。以下では、故人のアイデンティティと遺族のアイデンティティが文化的期待によって制約を受ける困難な状況を参照しながら、この点を解説しよう。しかしながら、よいカウンセリングというのは、人がそうした期待とは異なる自分になろうとするのを援助するものだ。

自殺、殺人、そしてアイデンティティのストーリー

故人のアイデンティティは、どのように亡くなったのかによって狭められるおそれがある。自身の手で、ないし他者の手によって予期せず亡くなった場合、死そのものにまつわるストーリーが故人の人生のストーリーに影を投げる。家族や故人を愛する人々は、後々自分たちを悩ませることになる故人の最後の瞬間についての問いと共に遺される。カウンセラーはそのような困難な出来事から何らかの意味を見出す援助を求められることが多いが、死の瞬間によって固定されたアイデンティティのストーリーは

故人がそれ以外の何者かになるのを阻んでしまう。

死に意味を見出すことをとりわけ困難にする状況がある。暴力や急な死は明らかに，その例である。したがって，自殺，殺人，飛行機の墜落，自動車事故，そしてその他の事故死に意味を見出すことは，特に困難である。このような状況では，人はいわゆる「意味づけ」，とりわけ死そのものを意味づけることで頭がいっぱいになる（Hibberd, 2013; Neimeyer & Gillies, 2006; Neimeyer et al. 2008; Neimeyer, Klass, & Dennis, 2014）。そのような死は，意味づけるのが最も困難であり，したがって意味づける作業はこうした状況で最も強い痛みをもたらす（Neimeyer & Gillies, 2006; Neimeyer & Sands, 2011）。ジョーダンとマッキントッシュ（Jordan & McIntosh, 2011）も，特に自殺において意見を同じくし，暴力的な死（Rynearson, 2001）によってぼかされる関係性の一部を取り戻すには，より多くの時間と努力を要すると付け加えている。

こうした状況で遺族がまず気をもむことの一つは，自分に対して，そして遺族同士でその死をどう説明するのかということである。遺族はしばしば自分を悩ませる問いをめぐって考え続ける。「なぜ彼は自分で命を絶ったのか？」「彼女は何にそこまで苦しんで，あんな極端な決断をしたのだろう？」「彼は死ぬ前に，痛みに苦しんだのか？」これらは，話し合わずに通り過ぎることが難しい実質的な問いである。真っ直ぐに向かい合う価値のある問いである。自死遺族のカウンセリングでは，こうした問いがとりわけ苦しいものになる。家族や友人など，故人を大切に思っていた人たちが一緒に話し合うことが最善となる場合が多い。

ニーマイアーら（Neimeyer et al. 2008）は，急な死の意味を理解しようとしている大学生遺族らに以下のような関連質問を訊ねることを提案している。

- その当時，あなたはその死ないし喪失の意味をどのように理解しましたか？

- 今その喪失をどのように解釈していますか？
- どのような哲学的ないしスピリチュアルな信念が、この喪失への適応を助けてくれましたか？
- あなたの哲学的ないしスピリチュアルな信念は、この喪失によってどのような影響を受けましたか？
- この喪失があなたの人生のストーリーの連続性を絶ってしまう方法は、ありますか？
- 時間をかけて、あなたはこのことにどう対処してきましたか？

(p.32)

しかしながら、死そのものの恐ろしさのために、故人の人生にあった他の意味は簡単に覆い隠されてしまう。うっかりすれば私たちは死に必要以上の力を与えてしまう。それによって、次には、ある人の死によってもたらされた喪失がナラティヴなテーマとして受け入れられたり、その死に意味を与えるのを助けたりする可能性のあるその人の人生の他の側面を覆い隠す状況が、生み出される(Murphy et al., 1999)。リ・メンバリングする会話は、このジレンマを克服するのを助けてくれる。

自殺の理由についてクライエントの考えを聴いた後に、死についてだけでなく、その人の人生について質問をすることが可能である。ニーマイアー、クラス、そしてデニス(Neimeyer, Klass, & Dennis, 2014)はこれを「背景ストーリー(back story)」と呼んでいる。この表現は、それを探すにはどこを見るべきかを示してくれる点で有効だが、背景ストーリーが背景にとどまらないことが重要である。背景ストーリーがより中心に来るようよくよく探索することによって得られるものは、十分大きい。ニーマイアー、クラス、そしてデニスがさらに強調している通り、「最後のお別れの代わりに」(p.489)、故人と遺族の結びつきのナラティヴを構築することには少なからぬ治療的価値がある。はじめのうちは、故人の人生についで質問を重ねることで、その人の大事にしていた価値観と自殺の理由との関連性に焦点が当たるかもしれない。しかしながら、そこからさらに、故人の人生(亡くなったにもかかわらず)と、遺族の人生との関連性に探索を広げることができる。

死が人生のストーリーを公正に扱わないとき、バラバラのピースをつなぎあわせて全貌を知ろうとするのも確かに理解できることだ。しかし、私たちは、自殺ないし殺人によって生産されるアイデンティティがいかにして他のアイデンティティのストーリーの可能性を曇らせることになるのかを問いたい。そうしたアイデンティティは、自殺や他殺、その他の悲劇的な死の直後に役立ちうるものの多くを見逃してしまう。それに対抗するには、故人の生前の人生から得られるアイデンティティ・ナラティヴを含み直すことが、必要である。

このことを、自ら命を絶った父方祖父について話すクリスタルとのインタビューから解説しよう。

ロレイン　クリスタル、先日のお話で、あなたが身近な人を自殺で亡くしていることを知りました。
クリスタル　えぇ。
ロレイン　彼について少し話が聞けるかしら。彼があなたの人生においてどんな人だったのかを知ることができれば、と思っています。それに、彼が今もあなたの人生においてどんな人であり続けているか、そして彼の死に方がもたらした影響についても、少し考えてみたいの。彼を私たちに紹介してくれますか？
クリスタル　いいわよ。祖父はケンといって、私はたいていケンおじいちゃんと呼んでいたけれど、ジーパと呼ぶこともありました。私にメールをくれるときは、いつもそんなサインだったから。祖父はずっと、本当に働き者だった。主に建設の仕事をしていました。
ロレイン　そうなのね。
クリスタル　祖父は「男の中の男」のような人だったけれど、とてもやさしく穏やかな人でした。

ロレイン　いつもそんなふうだったのかは知らないけど、私といるときはそうだった。それから私の年下のいとこたちと一緒にいるときもね。

クリスタル　なるほど。あなたが大人になる頃、おじいさんはあなたの人生において大事な人だったのかしら？　よく会いましたか？　おじいさんはあなたのそばにいたの？

ロレイン　ええ、祖父はうちから離れたところに住んでいて、家族行事のときは決まって、それからちょっと会いたいからと言っては、私を迎えに来てくれました。母は車を持っていなかったのです。祖父は私を連れ出しに、はるばるやってきてくれたので、しょっちゅう会えたのです。

クリスタル　ということは、あなたが小さかった頃は、どんな様子だったのかしら？　一緒にどんなことをしましたか？

ロレイン　祖父は四輪バイクを持っていて、私を丘へ連れて行ってくれました。私はいつも前に乗りました。荷物用のバンジー・コードで縛ってもらっても、それほど安全じゃないわね、でも、私たちはよく丘を駆け抜けました。週末は家に泊まりに行ったこともありましたし、週末どころか、何週間も向こうにいたこともありましたね。デニーズにもよく行きました。デニーズは私たちの居場所みたいなものでした。祖父は学校に迎えに来てくれたので、ちょっと早退できて、それが当時の私にとっては、ものすごくかっこよくて特別なことだったんです。

クリスタル　四輪バイクに乗って、荷紐で結ばれて、デニーズへ向かう様子が、眼に浮かぶわ。子どもにとって、それはすばらしい経験だったことでしょうね。

ロレイン　ええ。多分私の子ども時代の最高の経験の一つね。母と、うちの家庭状況ではそうはいかなかったでしょうから。だから祖父と一緒のときは完璧な逃避だったの。

会話の冒頭で，祖父がクリスタルといかに親密なのかがわかる。クリスタルがたちまち描き出すのは，自分にとってその人生が重要で，その気になればいつでも詳しく話すことができる色鮮やかなストーリーを持つ一人の男性像である。二人の関係は，彼女自身が何者かになるストーリーに織り込まれている。質問は意図的に，祖父の死ではなく祖父の人生のストーリーに特権を与え，二人の間にある特別さを呼び起こす。最初の時点から，クリスタルは祖父の人生と遺産の価値を認めることにのびのびと力を注ぐ。自らの手で命を絶った人の人生への，時に軽蔑的で価値を下げるような態度に対抗するのが，このような価値づけである。私たちは，彼女の子ども時代だけでなく，大人になってからも，いかに祖父が彼女にとって重要か，力強いストーリーを聞く。祖父がどのように重要なのかが彼女の幼い頃と大人になってからとで異なるのは，間違いない。祖父の死後も，彼女にとっての意味は増え続けるだろう。

死因が，遺族の手に入る遺産や目的のストーリーを特徴づける一方，その人の死に方も潜在的に，その人の生き方のストーリーにつながる機会を制限する。自殺のスティグマがこうしたストーリーに影を落とす理由の一つは，自殺が予防可能な死とみなされるためである（Burks, 2005）。この影はしばしば，遺族に責任を負わせる。結果として，遺族は，自殺でない死の場合よりも大きな情緒的苦痛を経験することが多い。そうした苦痛は，ある種のポスト・トラウマティック・ストレス（Wood, Byram, Gosling, & Stokes, 2012）と似た反応に結びつくと考えられる。ストーリーは亡くなった人を見捨てて，遺族側で広まる。結果的に，罪悪感が生まれ，死別経験を作り上げる。絆はずっと続くという肯定的経験が断ち切られかねない。特に，親の自殺に対する子どもの反応がそうだ。この文脈において，リ・メンバリングする会話は，アイデンティティ構成がその人の人生ストーリーとの新たな結びつきにつながる会話へと，移行する。私たちはこれを、クリスタルの祖父についての強調点の中に見出すことができる。

ロレイン　あなたが小さかった頃、おじいさんがあなたを学校から連れ出したり、デニーズへ連れて行ったり、色々なことをしてくれたときに、あなたはどんなことを考えていたのでしょうか。おじいさんはクリスタルのどんなところが好きだったのかしら？

クリスタル　祖父が私のことをどう思っているかよくわかったのは、高校生の頃でした。祖父は私に、そして母にもこう言ったんです。私はとても賢くてやさしくて活発で、ちゃんと意見を持っているところや自分の信念を守っているところが好きだって。

ロレイン　そういうことをおじいさんは大事に思うことができて、しかもそれをあなたの中に見出したのね。

クリスタル　そうね。

ロレイン　クリスタル、あなたの感覚として、そのことは大人の女性になったあなたにどんな影響を及ぼしたと感じますか？

クリスタル　祖父のことをいつも想っています。祖父は、私が今やっていることを誇りに思うだろうと。何かを達成したときには、いつも祖父のことを想いますね。祖父が私の一番の応援団になると思っていました。だから、祖父は亡くなりましたが、私は今もよく祖父のことを考えるし、いまだに祖父は私の人生の一部なんです。

ロレイン　5年前に、彼が自ら命を絶ったことは、あなたにとってどんなことだったのでしょう。そのことをどのようにとらえたのでしょう。

クリスタル　本当に違う気がするんです。たいていの人が感じたのとは。最初に知ったそのときには、ものすごく取り乱したけど、後で冷静になってみると、祖父がそう決めたのならそれでよかったという気持ちになりました。亡くなった状況から事故死だと信じる人がいて、それが私にはとても腹立たしかったから。あれが事故だったという考えは、私には受け入れられませんでした。あんなにもすばらしくて、あんなにも特別な人が事故で亡くなってしまったんだと思うと、怒りに震えました。多くの人は意図的な死のほうにより怒りを覚えるのかもしれないけど、私はその考えにいくらか慰められたの。祖父が選んだことなんだ、という考えに。

クリスタル　というのは、どうしてなのでしょう？

ロレイン　私は祖父のことをよく知っていますから。祖父の価値観や、祖父がどんなに家族を世話しようとしていたかということも。そして、経済破綻は祖父にとって大打撃となり、男として何をなすべきかという考えに大きな影響を与えたのだと思います。祖父は金銭的にもアイデンティティの面でも苦しんでいました。思うに、もし祖父がそれを選んだのなら、おそらくそれは祖父にとって家族を養う最後の行為だったのです。

クリスタル　では、意図的な死は、おじいさんがジーパの人生と調和した、あるいは一貫した何かを体現していたことを私たちにわからせてくれたと言っても過言ではないことになりますか？

ロレイン　彼の人生と、そうね。私の人生と？　そこまでは望んでないわね。でも祖父の人生や価値観と一貫したことだった、私はそう思っています。

クリスタル　だから、もしそれが事故死だったら、おじいさんがエージェンシーを発揮する機会を減らしたことになる？

クリスタル　ええ、その通りよ。変わってるけど、そう、そうなの。もっと嫌な気持ちがしたと思うわ。私にとっては、ずっと悲劇的なことに感じられただろうと思います。なぜならエージェンシーという問題が、私にとってはものすごく重要だから。

ロレイン　おじいさんのことをあなたの知っている通りに理解したとき、そのエージェンシー問題は、ジーパにとっても重要なことだと思いますか?

クリスタル　はい。

ロレイン　おじいさんの運命はおじいさんの手にあるのだと言うために。

自殺と急死におけるエージェンシーの発見

クリスタルは、祖父の死について意味のあるストーリーを複数挙げることができる。祖父の人生、祖父の死、そして祖父の死後にも彼女の人生において祖父が重要であることの意味を構成する上で、複数のアクセスポイントがある。実際、祖父のアイデンティティは、死によるショックで始まり、祖父についての他者のストーリーへの反応を経て、(家族ケアとしての自死の中に)祖父のエージェンシーを見出すところへと達している。祖父は、瞬間毎に彼女にとって様相を変える。しかしながら、こうした可能性に到達するには、遺族による志向的過程が必要であり、故人についての一口では言い表せない知識と生者と死者の間の様々な結びつきを探索できる熟練したカウンセラーの助力も必要である。ロレインはクリスタルの理解の軌跡を引き続き追っていく。

ロレイン　最初におじいさんが亡くなったと知ったとき、あなたはとても取り乱しましたね。でも、おじいさんのこと、そしておじいさんの人生のことをもっと理解するにつれて、この転換があなたに訪れた。わかるかしら、クリスタル、あなたがそれらを違った目で見るのを助けたのは、何だったのか。

クリスタル　私はただ、他の人たちが話していたように、「どうして私たちにこんな仕打ちができたのかしら？」と考えるよりも、祖父のことや祖父がどんな人だったかを考え始めただけよ。自分たちのことじゃなくて。私は、祖父が私たちに何かをしたとは思わないの。だから私は、本来の祖父らしさとか、祖父にとって何が大事だったのかを本当に考え始めたの。祖父のことは祖父の子どもや孫の誰よりも私のほうがよくわかっている感じがするのよ。もしかしたら彼はその瞬間の直前にこう考えていたんじゃないかとか、計画があったとしたらその計画の過程はこうだったんじゃないかとか、そんなことを誰よりも理解できるように感じるの……。

そのような関係性の複雑さを認めるとき、私たちは人の死について絶対的な言葉で考える必要がなくなる。絶対的な言葉で人の死を考えることはその人の人生のストーリーを狭めてしまうおそれがある。死が自殺によるものでなくとも、他者の手による場合や、飛行機事故や自動車事故などの予期せぬ死や急死の場合にも、それは言えることである。例えば、アシュリーの母であるロビン・トンプソンは、２００３年に娘アシュリーが亡くなったことにより運転技術のアウトリーチ・プログラムを設立した(http://theartofdriving.org)。ロビンがそうしなければならない気持ちに駆られたのは、娘の名誉を守りたかったからであり、自身が経験した痛みを他の親と分かち合う希望の中で喪失の意味を見出したかったからである。この基金は、親と10代の若者に対して安全運転の教育やトレーニング、アドボカシーを提供するだけでなく、アシュリーの人生の大切さを確かめる生きたメモリアルでもあり、他者の人生に重要な貢献をなすことを通じて彼女の亡くなり方に新たな意味を与えている。こうしてロビンの悲嘆は、アシュリーの死を悲劇ととらえるだけではなく、他者の利益のための出発点としての新しい意味を育んでもいる。

クリスタルも、祖父の死後月日が経ってから、祖父が彼女にとって意味を持つ新しい場所をいかに作り出したかを話している。ロビン・トンプソンが娘の人生と死の意味を、重要な何かを表しているものとして再構築したように、この努力は、死後の祖父を、クリスタルと共に新たな可能性へと連れて行く。ロレインの次の質問は、何者かになる（becoming）過程をさらに探索する。

ロレイン　おじいさんの死後数週間では、あなたの人生でおじいさんをどんなふうに感じたか少し話してもらえるかしら？

クリスタル　そうね、祖父はよく現れるので、私は現在形を使っているの。神出鬼没ね。車の運転中に祖父のことを考えるし、何かを読んで祖父のことを思い出したり、祖父からのメールを読んだりするの。祖父が面白い話を送ってくれるのは、日常茶飯事だったから。祖父がいなくならないように意図していたから、私は今でも私宛の祖父のメモを持っているの。祖父が私に送ってくれた言葉は、いつも見えるように学校のバインダーに書いてあるのよ。祖父のためにタトゥーも入れたの。

ロレイン　タトゥーの話を聞かせて。

クリスタル　えぇ。ここ、右肩にあるのよ。大きなハート。ハートの半分は自殺に関する啓発リ

ロレイン　ボンで、もう半分はただのもう半分のハートで、祖父のお気に入りの色にしてあるの、オレンジよ。だから、タトゥーそのものは自殺啓発リボンの黄色と、祖父の好きなオレンジ色で、ハートの中央にはG-Paという文字が入っているのよ。

クリスタル　それでは、おじいさんの一部がそこにあるのを見るのは、どんな気分ですか？　それがそこにあって、思い出して、よしがんばっていこう！　というのは。

ロレイン　すごくいいわ。だって祖父らしく特別にデザインしたんだから。祖父にとってのタトゥーの意味ってね、祖父はタトゥーが全然好きじゃなかったの。いとこたちがタトゥーやピアスをするのは大嫌いだったのに、私のだけは、すばらしいとか、キュートだとか、かわいらしいって言っていたの。それからピアスもすごくいい、全部キマってるって。それっていうのは、私が祖父のお気に入りで、祖父が私のために特別な例外を作ってくれていたということの証拠になるの。それに、私が一生それを持っていたいことの証拠でもあるのよね。

クリスタル　そのタトゥーにはどこか興味がそそられるわね。それは、ただのおじいさんとお気に入りの色の話ではなく、おじいさんがいかに死を選んだかを承認しているのですね？

ロレイン　祖父の選択とエージェンシーを強調しようと思ったの。それは、私がどうやって自分の人生を生きていくかについて大事なことを意味するから。

クリスタル　というと？

ロレイン　祖父のことを心に抱く、祖父のエージェンシーを忘れない、そしてそれがいかに重要か、人々の選択こそが重要だということを心に刻むこと。

ロレイン　あなたがおじいさんの信念をそばに置いて生きていくとき、あなたの人生はどんなものになりますか？　どんなふうに違ったものになるでしょう？　おじいさんがあなたに抱いていた信頼を携えていると、あなたの未来はどのように違ってくるでしょう？

クリスタル　そうね、祖父の信頼がなかったら、今と同じ人生は歩んでいないでしょうね。祖父に会わなければ、祖父の目を通して私自身を見ることがなければ、私は自然に今ほどの自信を持てるとは思えないから。

ロレイン　ということは、あなたの人生はおじいさんの目を通して劇的に異なるものになっている、と言えるんですね？

クリスタル　ええ。

動詞の転換

このような会話を創造するのなら、私たちは時間だけでなく空間の創出についても考慮しなければならない。直線的な時間概念を転換することの含意と流動性のある実践については、第7章でより詳細に述べるが、リ・メンバリングする会話において求められる動詞の時制の転換については、ここでも触れておきたい。それは死ないし故人との関係が困難なものであるときに、とりわけ重要である。

従来の悲嘆の会話では、故人のことを話すのに過去形を用いるのが通常である。すでに述べた通り、クライエントの受容を助け、否認の状態に留まらないために、カウンセラーは「現実」(Worden, 2009) を示す用語を用いるよう多くの人が推奨しさえする。しかしながら、故人を過去へと追放することは、記憶の中で想像上の線を引き、ストーリーと起こりうる人生の再活性化を、かつてそこにあったものの今はない遠く離れた土地へと譲り渡してしまう。私たちはどのように語るのか、それは、私たちが携帯可能な故人のストーリーのもたらす影響を、どこに「発見」するのか、あるいはどこへ導き、招き入れるのかに関して、大きな違いを生む。

死者は実際に言葉を発することはないため、私たちは、死者と生者の間の情緒的、言語的距離を縮める特別な形態の言語を用いる必要がある。二つの世界に架ける橋は、関係性の継続する領域をつなぐことができる。強く望むなら、遺族の腹話術によって故人の「声」が生きる場へとたどり着けるのだ。

> 死者の生者との関係は、途絶えることなく、直説法の過去と現在のように手厳しく区別されてしまうこともない方法で、文法的に呼び起こされる。それ故に、その関係にとって、死の瞬間を言語的に定義することはさほど重要でなくなる……ある関係性が新しい形で継続する仮定法的な可能性が開かれ、会員身分が導入し直される。
>
> (Hedtke & Winslade, 2005, p.203)

クリスタルの祖父を、過去の人から今彼女の人生に影響を与え続けている人へと転換することが、こうした会話の目的である。彼女が祖父を遠くに行かせないと話すとき、それが日常会話であっても、タトゥーや学校のバインダーのメモであっても、それらはすべて、祖父が過去にどんな人物だったかよりも、祖父が今もなお彼女にとって何者かになりつつあることとつながっている。それらは、過去の記憶から現在の経験へと、時間を超えて祖父の影響を移動させることに彼女を参加させる。その過程で、「当時」と「今」とを分かつ想像上の線は、消えるとは言わないまでも、ぼやけていく。故人との想像上のやりとりを維持することは、ローゼンブラットとマイヤー (Rosenblatt & Meyer, 1986) が提案するように、生者と死者との結びつきを継続させてくれる。ヴィッキオ (Vickio, 1999) は、形見や式典の機会を通じて、故人の人生を生者たちの意味の中に積極的に取り込むことの重要性について述べている。

第3章で議論したメンバーシップの概念（Myerhoff, 1986）に戻ると、この考えがいかに関係性をやりとりする土台となるのかが、容易に想像できる。メンバーシップには、会員制クラブに見出されるような所属感がある（Myerhoff, 1986; White, 1997, 2007）。このことは故人を目に見えるものにするだけでなく、故人を退けるドミナントな言説に人々が立ち向かうのを可能にする。それはまた、人生を救済する力にもなる。なぜなら故人のストーリーが死者から文字通り取り戻されるからだ。こうした前提に基づくカウンセリングの会話においては、それがなければひからびていたかもしれないアイデンティティのストーリーに命を吹き込むことができる。

メンバーを有するクラブという理解は、多くの人を住まわせることができる。生きている人も死んだ人も、出会ったことはないがインスパイアされた人(例えば宗教上の人物、人気の思想家、スポーツのヒーロー、歴史上のアイドルなど）も。多くの人にとって、クラブという考えには、特別に愛着を感じた動物も含まれる。ストーリーは、よいものもそれほどでもないものも、この隠喩的な場所に住まい、時間と空間の境界を超えてアクセス可能であり続ける。遺族と仕事をする際に、このメンバーシップという概念は新たな探索の形を開く。それは、故人と親密な感覚を持ち続けたい人にとって大きな慰めをもたらすが、困難な関係の連鎖に距離を取りたい人にとっても、同様である。

メンバーを有するクラブという概念は、死産や流産の場合でさえも、赤ちゃんとの継続的結びつきを手作りする上で、非常に重要だ。その子とその子の人生は会員制のクラブに家を持つ。そこには、その子の両親、祖父母、きょうだい、そして友達の夢や希望のための空間があり、会員制クラブにおけるその子の人生を印す。それは、その子との関係にずっとアクセスできるようにし、その子のことをこのように語るだろうと思われる「声」を多くの人が届け生み出すことを可能にする。その子は、クラブの人たちと一緒に成長し続けることができる。そこでは，年月を重ねるにつれて，その子をずっと愛している人たちにとってのその子の意味が，新たな様相を帯びていく。

カウンセラーとして，私たちはこの子どもが生き，メンバーシップを保ちつづけるクラブにおける子どもの存在について，自由に探索する。単刀直入に，この子どもの人生のための空間を作るために，次のような仮定的質問を投げかけることもできる。

- お母さんのお腹の中で成長しているとき，この子はどんな気持ちでしたか？
- お父さんやきょうだいが近くにいたとき，この子はどんなことを感じましたか？
- 家族がこの子をこのクラブに迎え入れるのにどんな計画を立てていたか，この子は何をありがたく思うでしょう？
- この子の人生について，他者はどのような意味を持とうとするでしょうか？
- 長年かけて，親や家族のこの子への愛情がどのように育っていくかを，この子はどう想像するでしょうか？

これらの質問は，亡くなった子どもの存在を見えるものにし，その子がストーリー上で生き続けられる場を構成する。このような質問は，関係性感覚が継続するもので，クラブへの新たなメンバーの参加や加齢に伴って起こりうる変化に開かれた土台を築く。さらには，意味が生成され，故人との関係を定義づける儀式がクラブに折り込まれる土台ももたらす。

ある人が自死するとき，私たちは，その人がどんな人だったか，そしてどんな人であり続けるかについての新たなストーリーを定着させるクラブ内の場を確認できるようクライエントを手助けする方法を見つける必要がある。クリスタルの祖父との継続的な関係において、私たちは、この可能性をはっきりと聞くことができる。ここでクリスタルとロレインの会話に戻ろう。

ロレイン　もう聞いたかもしれないけど……私が考えていたのは……自死するというおじいさんの行為に、どんなふうに愛が存在するのでしょう？　おじいさんの愛は、他の人たちにとってどう存在しているのか、あなたはどう考えますか？

クリスタル　［沈黙］私は、それがこの問題の大部分だと思っています。二つの面があります。一つは、経済的な面で、祖父はその後の家族を助けることができた。もう一つは、祖父が高齢になって、子どもたちや愛する人の負担には絶対なりたくない人だったということ。だから祖父は、私たちへの将来的負担を軽くする方法で愛を示したのだと思うんです。祖父は、私たちの知らないことを知っていたでしょう。祖父の決断への影響について祖父が何を理解していようと、それが身勝手からではなく、愛からであってほしいと思います。

ロレイン　世間があなたとおじいさんとの結びつきについて知るために役立ちそうなおじいさんの人となりやあなたとの関係のことで、私がまだ訊ねていないことはありますか？

クリスタル　質問の趣旨はよくわからないけれど、わかっていることが大事だと思うのは、祖父の代わりはいないということ。祖父に変わる人はいないということ。

ロレイン　そのことは、あなたにはどんな違いをもたらしますか？

クリスタル　ずいぶん穏やかな気分にさせてくれます。

ロレイン　あなたのことを信じる人と一緒に旅していけるなんてすてきなことですね。

クリスタル　それに私の素晴らしいところを信じてくれる人。
ロレイン　素晴らしいところを信じてくれる、ええ、美しい考えね。

ここでクリスタルは、祖父の意図と知識について話している。彼女には確信はないが、推測があり、ロレインの質問は、祖父についての彼女の推測から、彼女自身のストーリーへの移動を促進している。彼女は穏やかな気分で何者かになる（becoming）旅を進めており、それを祖父の愛のおかげだと考えている。祖父が彼女を信じるその信念も、過去にあったものではない。それは今も通用し、彼女に影響を及ぼし続けている。ロレイン、クリスタル共に、祖父の影響を現在形で話すのが適切だと思っているのは注目に値する。同じく特筆すべきは、この一コマが美的な評価で締めくくられていることだ。クリスタルの祖父は彼女の「素晴らしいところを信じてくれる」という考えは、ロレインによって「美しい考え」と認められた。

アイデンティティと厄介な関係

故人を取り込み直すとき、私たちは自分自身のアイデンティティの中で自分にとって最も大事なストーリーを自由に編集することもできる。故人は近づけられることもあれば、遠ざけられることもある。編集の自由が示唆するのは、さほど重要でないストーリーをカットできるということだ。リ・メンバリングは単なる記憶の想起の問題ではなく、慎重な構築過程である。アイデンティティに織り込まれているストーリーは、人生においてすべきでないことであったり、突然の、ないし劇的な死の前まで長年続いてきた愛情関係の修復であったりする。死後の関係において空間的立場を移動するにつれ、遺族は、結びつきを肯定するストーリーを残し、困難を生み出すストーリーを外す編集を行うことができる。

現実の否認を問題にする必要はなく、むしろ悲嘆によってもたらされた困難や課題に直面する際のエージェンシーをサポートする過程が必要である。このように考えることによって、関係性をあらためて吟味し、虐待があった際には慎重な距離を取るという扉も開かれる。

ある関係性が虐待領域に入っていた場合、それが身体的、情緒的、ないし性的な虐待のいずれであっても、メンバーシップ（会員身分）の特典や特権は、再検討されるべきである。カウンセラーが故人により多くの声を与えるよう働きかけることは、その故人が会員としての特権を乱用していた場合には不適切甚だしい。そうした状況では、カウンセラーは遺族に対して次のようなことは決して訊ねない。「この人（あなたを虐待した故人）はX、Y、あるいはZについて何と言うでしょう?」こうした質問は、虐待者の声に遺族の会員制クラブへのアクセス権を与えることとなり、破壊的関係を永続させてしまうおそれがある。

遺族が故人の声をどのように編集したいのか、人生におけるその影響を実際に沈静化したいのかを話すことが、たいていより賢明なことである。会員身分というのは、世話や対応が必要とされる流動的過程であるため、破綻していたりメンバーにつけ込んだりするような会員身分は、沈静化されたり、降格されたり、生きている人の代理権が制限される立場に置かれることになる。こうした前提に基づく一連の探索は、遺族が自分のことを自分で担う経験を修復し、虐待から人生を取り戻すのを手助けする。このように、何者かになる道筋で、虐待関係に関連するアイデンティティ・ストーリーをそれほど強く取り上げる必要はない。

カウンセリングでこれを強調することは、細心の注意を要することで、アイデンティティ・ストーリーと虐待関係との距離を広げ、その人とより有益なつながりとの距離を縮めるために、その人の「会員制クラブ」を言語上に再調整することに関連している。例として、ある短いストーリーが役立つだろう。

マギーがカウンセリングに訪れたのは、父親の死後２週間が経過した頃だった。彼女は、父親の死に際して具合が悪くなったことへの驚きを顕わにし、父親とは20年前から口をきいていないと語った。彼女は子ども時代に父親に殴られ、外見をひどく罵られるなど、多くの苦痛な違反行為を含む父親との困難な関係について説明してくれた。彼女は無力で、父親に屈辱を受けたと感じていた。彼女は、父親が日常的に自分や妹に浴びせる叱責や非難から救出してくれることを母親に願ったが、母親も専制的な父親の言いなりだった。マギーが大学進学のために家を出たのは17歳の頃で、そのとき彼女は二度と父親とは話さないと誓った。母親や妹とは連絡を保ち、長年かけて彼女たちに会うための創造的方法を発見したが、誓いを守り、父親とのやりとりは過去のものとした。彼女は、父親が死ぬというのはどんな感じなのだろうかと考えたことはあったが、父親とは縁を切っていたので、父親が死んでも知らずにいるだろうと思っていた。母親が電話で父親が重い脳卒中を起こして死んだと伝えたとき、マギーは悲しみによる深い心の痛みを感じた。彼女には、なぜこんなことになったのか説明がつかなかった。彼女は葬儀に出ず、母も妹もそれをわかってくれると感じた。それでもなお、彼女は気がつくと泣いており、心もかき乱されて、それがどういうことなのかを理解するために、助けを求めた。

マギーも気づいていたように、死は、最も困難な関係においてさえも、一時の中断をもたらす。それは、遺族の人生における故人の会員身分を整理し直す方法について、あるいは整理し直すかどうかを再考する機会を提供する。楽しい関係であれば、会員身分は昇格され、祝福されるかもしれない。しかしマギーの状況では、それは彼女にとって侮辱的で損害となる。彼女がこうなっていきたいと求める道筋でもなかった。その代わりに、父親の影響から離れた人生を作る中で彼女がしたことの強さを彼女がいかにして見つけたのか探索することが、重要だった。熟練したカウンセラーなら、どうやって彼女は母親や妹との結びつきを維持できたのか、どんな創造的方法でそれが達成されたのかと訊ねるだろう。破壊的な関係性を縮小化する一方、有益な関係性を維持しサポートする彼女の能力を証明する、彼女が頼りにできる価値やスキルに対して、好奇心を持つ機会があるかもしれない。次のような一連の質問が挙げられる。

- あなたは、どのようにしてこれらの特別なスキルを学び、展開したのでしょう?
- あなたは、この経験があなたのこの先の人生において何を象徴するものであってほしいですか?
- あなたが身につけてきたこの特別な知識で他の誰をインスパイアし、影響を与えたいでしょう?

こうした質問は、マギーの人生において父親の会員身分に特権を与えたり、復活させたりはせず、彼女の声と反応を第一のものとして中心に置く。例えば母親や妹、そして彼女から学ぶ未来の聴衆など、彼女の強さを促進するための会話へと他者を招き入れることも含む。そうした探索は、彼女の人生における重要な会員身分を再調整する機会を与え、この展開を認めるための定義的祝祭を開く可能性に開かれる(Myerhoff, 1982, 1992; White, 1997, 2007)。その過程において、彼女は自分自身の決意をより強めるかもしれない一方、彼女の「人生クラブ」において有益な他者との結びつきを強めもするかもしれない。この過程は、アイデンティティの好みの側面、特にマギー自身のストーリーと足並みをそろえていくアイデンティティの側面を公にする。バーバラ・マイアーホッフ(Myerhoff, 1986)は次のように述べている。

人々が自分自身のことを理解するための最も永続的だが捉えにくい方法の一つは、複数の形式で人に自分自身を示すことだ。つまり、ストーリーを語ることによって、儀式や他の共同での上演において主張を演出することによって、そして想像性に富む演劇的な作品において、自分自身とその存在意義に関する実際の、そして望ましい真実を目に見えるものにすることによって。（p.261）

本章は、悲嘆におけるアイデンティティ形成に、特定の観点から注目した。第一に、単に何者かである状態（being）ではなく、何者かになる（becoming）過程に焦点を当てたことだ。この観点においては、性格分類よりも出来事が重要になる。第二は、アイデンティティが関係性において構成されていくことだ。アイデンティティは、個人の内側でよりも人々の間において形成される。したがって、アイデンティティは、私たちが私たちのことを大切に思う他者との関係において何者になっていくかを表現するものであって、誰かが亡くなってもこのことに終わりはない。よいカウンセリングは個人とのつながりを活気づける類の問いを投げかけることによって、この事実をうまく生かしていく。時には、意味の持つ複雑なニュアンスがその過程において徐々にほぐされていく必要がある。次章では意味の持つそうした異なるニュアンスを説明する特定の方法について、さらに探究したい。

第5章 暗黙の意味を救う

愛する人の喪失への反応を手作りするには、いくつかのツールが必要であり、それに取り組むための未加工の素材が必要だ。すでに見てきた通り、悲嘆心理学においては、心的エネルギーの最も重要な要素は生の感情であり、その重要な仕事は、生の感情が人のこころに押し寄せ、ダメージを与え、そしてその経過中の残骸を回収するに任せることだと考えられてきた。喪失に応じるという意味で、遺族には受動しかなく、悲嘆の段階が進むにまかせるしかない。「受動」の語源が苦悩の概念にあるのは、実に適切なのだ。

意味への転換

社会科学は近年、意味、中でもとりわけその社会的・言語的側面に目を向けるようになり（Frankl, 1963）、個別の感情や認知、および行動の心理学における確定合意を解除することに部分的成功を収めている（O'Connor, 2002-3）。その結果、人々が死への感情だけでなく、死に与える意味について話すことが、随分と受け入れられるようになった（Hibberd, 2013; Neimeyer & Gillies, 2006; Neimeyer et al., 2008）。しかしながら、突然死や悲劇的な死、あるいは関係性に特別な困難がある場合に、物事は複雑になる。意味の創出が、悲嘆の上に積み上がった恥やスティグマ、罪悪感のストーリーに取り組むデリケートな会話に付随して起こるからだ（Gall, Henneberry, & Eyre, 2014; Neimeyer, 2015）。

複雑なのは、こうした意味が、私たちの求める未加工の素材だけでなく、私たちが考えるためのツールとも関連していることだ。したがって、死と悲嘆の意味の脱構築は、研究者が人々の経験を分析するために行うものであると同時に、人々の経験を形成するナラティヴの著者（共著者）になるよう人々を招き入れるカウンセリングの焦点でもある。しかし、本章の主な焦点は、クライエントが悲嘆経験に与える意味、そしてカウンセラーはどうすれば生産的な方法でその意味創出の過程を促進できるかということとする。

誰かが亡くなると、人は、人生における出来事や人間関係の優先順位を変える仕方で、その出来事を意味づける（O'Connor, 2002-3）。その意味は時に、以下のような言葉で表現される。「彼女が苦しむのを見なくてよくなって、ほっとした」、「彼は医療ミスの被害者で、死なずに済んだはずだ」、「逆さごとは悲劇だ」、「彼女は長寿を全うし、死期が来た」、あるいは「彼は国のために死んだ」。

意味と言説

しかしながら、意味の元になるのは単なる認知以上のものである。それは、私たちに生きるための資源を提供してくれる背景の言説から引き出される。ニーマイアー、クラス、そしてデニス（Neimeyer, Klass, & Dennis, 2014）は、悲嘆のナラティヴが弔辞や公になった記事、さらには文学のテクストからいかに知識を与えられ、規制すらされているかを示している。私たちはそのことに同意した上で、フーコー（Foucault, 1969）に従って、科学的でアカデミックな説明自体、言説の影響を受けずにいる自由からは程遠いことを付け加えよう。科学的でアカデミックな説明もまた現代資本主義によって生産される極端な個人主義に影響を受けており、死と悲嘆について書かれたものの多くにそのことが現れている。

フーコー（Foucault, 1989）は、この言説という背景のことを鮮やかなイメージで述べている。彼は、話し手が適切であると結論づける元にあるものを、「言説という偉大なる匿名のつぶやき」（p.27）と言った。この点において、人々が作る意味というのは、何千、何万もの会話を通じてそのコミュニティによって築きあげられる言語的な資源銀行から形成されるものだ。こうした会話が生まれ、したがって私的な意味が形成される重要な場になるのが、悲嘆の語りにおける家族の役割である（Nadeau, 2001）。共通の意味を蓄えている資源銀行がなければ、私たちは与えられた文化的文脈で、あるいは家族の中で、互いを理解することはできないだろう。しかしながら別の意味で言えば、言説の使い手は、この資源銀行から自分なりの引き出し方ができるのである。これが、エージェンシーの基礎となる、言説使用である。

バフチン（Bakhtin, 1986）が主張する通り、エージェンシーの発揮が可能になるのは、他者との対話においてのみである。それ故、エージェンシーは元の発話というよりも反応において始まるわけだ。したがって、意味の創出というのは、言説を共有するコミュニティのメンバーであることによる機能でもあり、私的創造性の機能でもある。前者の機能に注目すると、私たちは経験に流れる力線になる文化的パターンと社会的慣習を認識することができる。後者の機能に注目すると、カウンセラーは人が自身の悲嘆への反応をまとまりのあるナラティヴへと手作りするのを助けることができ、それは文化的パターンの変化にもつながるかもしれない。カウンセリングにおけるそのような強調は、主にクライエントへの質問によって達成される。そうした質問に対するカウンセラーの答えは、さほど重要でない。より重要なのは、クライエントの答えである。カウンセラーの仕事は、その人の悲嘆の反応を住まわせられるナラティヴの家が建てられるような足場を提供することにある。

ニーマイアー（Neimeyer, 2001, p.264／邦訳 233 頁）によれば、そのようなアプローチによって、グリーフカウンセリングは、生き方を知る目的で言語が巧みに使われる「レトリックの作用」（Wittgenstein, 1953）そのものになる。これは、人々の発言にはその水面下に意味はなく、意味は訓練を受けた分析家にしか解釈できないと考える精神力動的な見方とは、対照的である（Neimeyer, 2001, p.265／邦訳 233-234 頁）。私たちは、熟練した、訓練を積んだ専門家にしか見えない深いところに意味が隠されていると見なすよりも、人が表面で言っていることが本当に意味しようとしていることなのだと真剣に受け止めることのほうに興味を持っている。

意味の再構築

本書では、死後の関係性継続感覚を強調してきた。第3章で述べた通り、故人の重要性は死後も失われることはなく、遺族は、亡くなった後も故人と話し続けられるような感覚でいる。この意味で、故人は遺族にとって重要な他者であり続けており、カウンセラーは、支えになり人生を肯定する意味を創出するための効果的な方法を見つける必要がある。多くの人が、いかに意味が創出されるのかについて述べているが（例えば、Frankl, 1963; Hibberd, 2013; Neimeyer & Gillies, 2006; Neimeyer et al., 2008; O'Connor, 2002-3）、私たちの焦点はやや異なるところにある。私たちは、カウンセラーが意味創出を引き出せる会話を手作りする方法に、注目しているのだ。

ニーマイアーとギリース（Neimeyer & Gillies, 2006）によると、遺族は、喪失前の意味構造から喪失後の意味構造への移行を生み出すような意味の探索に従事する。しかし、この考えは、死別経験を構成するのは個人の精神であることを前提としており、言説によって共有される心（distributed mind）というポスト構造主義的説明は考慮していない。私たちは、意味の創出が、遺族を悩ませる「無意味だという困惑感」のような欠損状態（Hibberd, 2013, p.671）から始まるものとも、「不協和」（Neimeyer & Gillies, 2006）から始まるものとも見なさない。

これらの概念に価値があるのも確かである一方、私たちは意味を創出する過程を違った方法で捉えることができると考えている。そこで、このアプローチを説明し、セラピー実践への示唆を探索することにしたい。まずは、潜－在（the absent but implicit）という概念を紹介する必要があるだろう。

潜－在

意味の構築に取り組むための鍵概念の一つが、マイケル・ホワイトが「潜－在」（White, 2000）と描写したものである。ホワイトは、デリダの現前性の脱構築とベイトソンの二重記述を用いて、この概念を次のように説明している。「単一の描写は、二重記述のうちの目に見える方だと考えることができる」。デリダを引用して、彼は、「脱構築的テクスト読解法」が生み出すことを、以下のように示唆する。

あるテクストがその意味を定めるために依存している、そこにはないサインや記述である……。それは、単一に記述された人生経験の対側にあるもの、つまり明らかな側の対側にあるものであり、ここで私は、潜－在と呼んでいる。(p.36)

このように、人々がセラピストに提示する問題記述の多くは、「述べられていないこと」、つまり、述べられたことと二項対立の関係にあるものに依存している。例えば、希望と絶望はそのような二項対立かもしれないし、落胆と幸せ、問題と解決もそうかもしれない。こう考えると、概念、および記述は孤立した要素ではなく、対の関係でのみ存在すると理解することになる。絶望は希望の概念に依っている。寒さなしには暑さは理解できない。落胆は、幸せという経験を（それがいかに儚いものであったとしても）知っている人にしか認識できない。

言語へのこの洞察の治療的価値は、人が単一の発言で物事を全体化し、行き詰まっているように見えるときに、それがどのような社会的、言語的文脈において展開しているのかを探索することが有益だということにある。ホワイトが示すように、社会経済的文脈、権力関係の文脈、ないし文化的文脈の探索も関わってくるだろう。彼は、言語的文脈への興味、つまり、それが他の概念とどのように関係しているのかに興味を持っていることも認めている。例えば、仮にある人が自身の経験を「絶望」という用語で描写した場合に、ホワイトは、その絶望が何を「支持しているのか」、「何を証明しているのか」、あるいは「どのような状況や条件が……絶望を認識するのを可能にするのか」（p.37）を探索するよう提案する。

それでは、どこを探せば悲嘆の潜－在要素を見つけられるのだろうか。悲嘆の単一記述は、おそらく純粋な喪失経験やそれによる悲しみの経験に関わるだろう。これは誰かが亡くなると簡単に目に見える方の記述である。しかしながらジョージ・ボナーノ（Bonanno, 2009）が示すように、「悲しみの片側」にはたいてい何かがある。潜－在という概念の価値は、二つの真逆の概念が緊密に関係し合っていることに気づくことにある。それらは互いの意味のために頼りあう。一つのコインの表裏である。したがって、喪失経験は価値を置くことの表明でもある。あなたは、大事に思っていない人や、気にかけていない人、あるいは深く影響を受けたとは言えない人を、恋しく思ったり懐かしがったりはしないだろう。誰かを失って悲嘆に暮れるということは、突き詰めると、亡くなった人の人生が話し手にとって重要だという表明である。したがって、セラピストが、喪失についての質問から、遺された人にとっての故人の価値と重要性という好奇心に満ちた質問へ移ることは、あと一歩なのである。質問では、（故人と遺された人の数ある人間関係の中でも特に）故人と遺された人との関係について訊ねることができる。以下がその例である。

- 故人とあなたとの関係は、あなたの人生にどのように貢献しましたか？
- あなたにとって、故人は何を意味するのでしょう？
- あなた方はどのようにして、ずっと親密でいたのでしょうか？
- 故人なら、あなたのことをどう言うと思いますか？
- あなた方はどのような価値観を共有していると言われますか？　それらは以前どのように表現されたのでしょう？　今ならどう表現されるでしょうか？

ダブル・リスニング

人が私たちに伝える複雑さを聴きとるためには、ホワイトが「ダブル・リスニング」(White, 2000, p.41)と呼ぶものにカウンセラーが従事することが、必要である。これは、人が話すことに注意を払い、多様性を聴くというシンプルな行為に集中するアクティヴ・リスニングのバリエーションか進化形である(Guilfoyle, 2014)。特にダブル・リスニングは、ナラティヴ・セラピーにおいて用いられ、支配的なナラティヴないし言説だけを聴くのではなく、人の経験を支配するものに対してその人がどう反応したかを聴くことを言う。例えば、ある女性の受けた外傷体験がドミナント・ストーリーになっている場合、その人がいかに自分を保護し、他の人がトラウマによるダメージを受けるのを防ぐように動き、その人がさらされてきた搾取の論理に矛盾する価値を保ち続け、さらにはトラウマの指図通りにはならずに自分の存在を肯定してきたのか――これらはトラウマへの抵抗、ないし反応の表現である(White, 2006)。トラウマの影響と抵抗の行為との両方を聴くことがダブル・リスニングの目指すところだ。反応したことのほうはしばしば見過ごされており、ドミナント・ストーリーの影に隠れて重要性を与えられていない。こうした状況では、カウンセラーが従属するストーリーのほうに注意を向け、探索を進めていくことがなおさら貴重である。潜–在という概念はそのようなナラティヴを目に見えるものにする。そのようなナラティヴはあからさまではなく、たいてい表現の中にほのめかされているからだ。

潜-在を見分ける

潜-在という概念は非常に重要で，ここでさらに区別しておくに値する。第一に，私たちはここでリフレイミングのことを言っているのではない。これは，カウンセラーがクライエントの言葉をポジティヴに解釈し直すという問題ではないのだ。ここで起こるのは，クライエントが喪失について話すときにすでにクライエントが言っていることの中にほのめかされているものへの注目である。すでに示されているが，言われたことの全体をより十分に聴き手が受け取れるように，半分しかないイメージを分厚くするようなものだ。マイケル・ホワイト（White, 2000）は，リフレイミングと潜-在の探究を区別している。彼によると，リフレイミングは通常「悪い全体化」を「良い全体化」に置き換えることを含んでおり，結局，全体化であることに変わりはない。やはり，狭く単一のストーリーに仕立てられた人生とアイデンティティの説明へとつながるものである。

私たちは，ポジティヴでいることや，ネガティヴな感情をポジティヴなものに置き換えることについて話しているのでもない。遺された人にとってある人がどのような意味を持っていたかを重視することは，喪失の痛みを重視するよりもしばしば楽観的である。しかしながら私たちは，痛みを見過ごしたり最小限にしたりすることを推奨しているわけではない。私たちは少しだけ異なる方法で，表現されたことを探索していくだけなのだ。私たちは，痛みを「区画化」（Jordan & McIntosh, 2011, p.230）して他への影響を断つことに興味があるわけでもなければ，意味の創出を他の区画に移すことに興味があるわけでもない。

故人を理想化するよう推奨するわけでもない。私たちが推奨する質問の類が重視するのは、現実的な関係性である。他の関係性と同様、その関係性には浮き沈みがあり、ポジティヴな要素とネガティヴな要素があり、長所があり欠点がある。ただでさえ喪失の感覚が堅苦しいイメージをもたらす中で、関係性にあるはずの活力に気づき損ねているのだということを、私たちはもう一度強調しておきたい。過去100年近くにわたり、関係を手放すことがあまりにも重視されてきたという事実を踏まえると、結局のところ大きな現実の歪みをもたらしているのはグリーフセラピーにおける圧倒的な喪失の強調であったと私たちは考えている。その結果は、死者の理想化というよりも、むしろ喪失の痛みの拡大であった。

私たちは、意味を見出すために故人に「私的な心理的検死解剖」(Jordan & McIntosh, 2011, p.229) を施すことも推奨しない。そのような描写は、死を意味づけるという課題に重苦しさを乗せかねず、私たちは、有益だとも必要だとも思わない。

明確にしておきたいので、ストレーベとシュート (Strobe & Schut, 2001, p.59/邦訳 81 頁) が推奨するような、「喪失志向」と「回復志向」との間を揺れ動く過程について話しているわけではないことも、指摘しておく必要がある。二つの経路 (Rubin, Malkinson, & Witztum, 2011) を想定し、喪失への反応を第一経路、故人との関係を維持したいという願望を第二経路とする「二重螺旋」(p.47) のような公式を考案する必要性も見当たらない。喪失に対する二つの異なる志向、あるいは径路を想定するこのモデルが研究によってたとえ支持されるとしても、人々の経験を正確に表現しているという確信は、私たちにはない。二つの志向の間の揺れ動きと見なすことが、一つのコインの表裏だと描写することより良いのであると強調するわけにはいかないのである。その考え方では、死後にある関係の回復はそれまで見なされてきたよりもはるかに単純になる。これら二つの志向を、私たちがその間を揺れ動く二つの状態として分離することは、人々の実際の経験の複雑さの働きというよりも、従来の悲嘆心理学への適応であり、出来事を公式化したいというドミナントな要求だというのが，私たちの見解である。

潜在するものを探索するにはいくつかの前提が必要となる。カウンセラーは，絆が継続するという考え方と，マイケル・ホワイト（White, 1989）が「もう一度こんにちわと言う（Saying Hullo Again）」と呼んだものの価値を前提にする必要がある。これは，愛する故人に「さようならを言う」ことよりも，故人との関係性を取り戻すことに特権を与える探索方法のことである。死が関係性を終わらせるものでも，その関係性を没収したり放棄したりするものでもないのなら，自由で強制されたと感じられることのない方法でこうした探索の質問ができる。

第二に，いかなる関係性にも複数のストーリーがあることが前提とされる必要もある。そうであれば，喪失感について探索することから，何が失われたと感じるのか——すなわちその関係性の生命力について探索することへと移動することが奇妙に感じられたりしない。私たちが，故人との絆を持ち続け，そしておそらくはその関係性において新しい節点を発見するよう人々を招き入れるならば，一方の人が亡くなっているとしても，その関係性に命を吹き込み続けるものについて好奇心を抱くのも，不思議ではない。これらの考えを示すには，治療的会話の例を示すのが有効である。エマとロレインの以下の会話は，ワークショップのコースの中で行われたものである。

カウンセリングの会話例

ロレイン　私と話したいと申し出てくれてありがとう。
エ　マ　こわいわ，でもそれでいいの。

ロレイン　本当にいいんですか？
エ　マ　ええ、私が求めている会話というのは、複雑で難しいんです。
ロレイン　愛している人について話すとき、会話は複雑になりますね。娘さんが亡くなったとおっしゃいましたね。彼女について私たちで話してもいいかしら？
エ　マ　ええそうね、そう思うわ。

最初に、エマには矛盾するストーリーが働いていることに注目すべきだ。一つは話したいという欲求で表現され、もう一つは「こわい」という言葉で表現されている。複雑さにはダブル・リスニングが必要だ。エマは気乗りしないのだと理解してしまえば、彼女の言うことの一部しか聞こえない。ロレインは娘を紹介してほしいと素朴にエマを誘い入れ、進むよう促している。

ロレイン　まず娘さんにお会いしてみたいと思います。女の子を持つ母親として、私はあなたの娘さんに会ってみたいのです。名前を教えていただけますか？
エ　マ　名前はソフィでした……ソフィです。
ロレイン　ではソフィについて教えてくれませんか。見た目はどんな感じなのでしょう？
エ　マ　とても美しい子です。身長は5フィート6で、最高に素敵なオリーブ色の肌をしていました……しています。髪の色はとても暗くて、目の色は黒に見えることもあるくらいの深い茶色でした。小さくて、とてもエキゾチックで。娘と一緒に部屋へ入るとみんなが振り返りました。靴が大好きで、他の人の服の数より多くの靴を持っていました。特にブーツ、ヒールが高いほど好きでしたね。そういうのを履きこなすことができて、ものすごく堂々と歩いていました。娘はアクセサリーが大好きでした、キラキラするものならなんでも。

ロレイン　娘さんが好んでやっていたようなことを教えてください。働いていましたか？　学校へ行っていましたか？

エ　マ　えぇ。亡くなったときには、他にもあったでしょうに、動物の保護施設で働いていました。北部へ引っ越して間もない頃で、娘は動物の仕事をしていたんです。その前は長年ストリップショーのダンサーでした。ストリッパーだったわけですが、とても上手でした。娘にとってそれが最善のことだったかはわからないけれど、とても上手だったんです。娘は悲惨な生活をしていました――本当にひどいことがいくつか起きて、10代の頃に思い描いていたのとは全く違う道へと人生を定めなければならなかったんです。娘は弁護士になる計画を立てていました。そこに事が起こって、全く違った方向へ進んでしまったんです。娘の忠誠心はすばらしいものがありました。どんな友達にも分け隔てなく接する子でした。娘を必要とする人の前に、必ず娘はいました。誰にでも手を差し伸べました。街を歩けば、たいていの人は見向きもしないような人がいますが、娘はそういった人にも大丈夫かと声をかけ、タバコを勧めていました。とても思いやりがあって、誠実な子でした。動物が大好きでした。動物は人間のように人を傷つけない、と娘が言ったことがあります。娘は動物たちと過ごすのが好きでした。猫でも犬でも。特に馬が大好きでした。競走馬のコースをいくつか受講していましたし、動物園でも関わっていました。ですから、動物と過ごすことは娘にとってとても大事なことだったんです。娘は、保護施設に連れてこられた新しい動物たちとどんなふうに仕事をしているのかを詳しく聞かせてくれたのですが、ものすごく情熱を込めて話していました。

ソフィが自殺したことにも注目すべきだ。しかしながら、ロレインは死に焦点を当てるのを避け、娘の生命力についてエマは何と言うかに集中する。これは死の否認ではなく、死において、不在だが潜在している何か、つまり、人生と生命力を探索しているのだ。ロレインは探索を進めるために、エマの話の中で最も生命力を感じさせる事柄を選び出し、それらとの関連で意味を訊ねている。

ロレイン　娘さんは、動物と一緒にいるとき、何を与えられたのだと思いますか？

エ　マ　痛みをもたらさない何か、ただ喜びをもたらしてくれる何かとの結びつき、だと思います。あの子が最近まで住んでいたところは、ヒクイドリ（大きな鳥）がキッチンの窓辺をしょっちゅう行き来していました。そこには低いフェンスしかなくて、ヒクイドリの通り道になっていたんです。電話中に、娘がヒクイドリの動きを教えてくれました。完全にヒクイドリのとりこだったようです。ヒクイドリの声で話すんです。庭にはオオトカゲも来ていて、娘はヒクイドリにもオオトカゲにも残り物をあげていました。オオトカゲのことを話すときには、オオトカゲの声音を真似ていました。オオトカゲは、動きによって声が変わるそうです。オオトカゲの暮らしの話もよくしてくれました。とても面白かった。

ロレイン　動物と一緒にいるときのなぐさめは、娘さんが大事にしていた何かを証明するものでしょうか？

エ　マ　ええ、その通りよ。

ロレイン　それは、なんだと思いますか？
エ　マ　無条件の愛ね。
ロレイン　娘さんはその無条件の愛が大事だとどうやって学んだのでしょう？
エ　マ　私からかしら。
ロレイン　お母さんが無条件の愛について教えてくれたことについて、娘さんは私にどんなストーリーを聞かせてくれるでしょうか？
エ　マ　ここが難しいところなんです。娘が私たちに何を言おうと、何をやろうと、夫と私はいつもそばにいました。娘の人生がどんな方向へ転んでも、私たちはずっと娘を愛したでしょう。ストリッパーだろうと弁護士だろうと関係なかったんです。娘は私たちの子どもで、深く愛していました。私たちが望んだのは娘に幸せでいてほしいということだけでした。それは娘がドラッグに走ったときだって同じです。娘が精神病になったときのトラウマだって、なんだって平気でした。私たちは娘を愛していたんですから。
ロレイン　そのことが当時の娘さんをいかに持ちこたえさせたかついて、娘さんなら何と言うでしょう？　暗黒の時代に母と父の無条件の愛はどのようにソフィを支えたのでしょう？
エ　マ　どうでしょう……時には、娘は私たちを責めたり、怒ったりもしました。自分に降りかかったことの反動で。そうすれば、自分で責任は取らなくてもよくなるから。何があっても私たちがいつもサポートするつもりでした。誰かがいつもサポートできたんです。

宝物を集める

ここまでロレインは、ソフィの動物愛について訊ね、彼女の価値観を示すストーリーを聞いている。それから、そのことが何を伝えているのかさらに探索を進めている。無条件の愛という概念が現れたのは、そのときである。これは、ソフィと母親エマとの関係に関連した概念だ。ソフィの「暗黒」時代としてほとんど言及されていない一連の出来事を参照しているものの、このような出来事の中からエマが選ぶ輝く宝石は、無条件の愛という人間関係の価値なのだ。これらの出来事を前にして、無条件の愛は一見そこにはないようだが、そこにほのめかされている価値として引き出され、目に見えるものにされている。会話は好奇心に導かれ、友人たちのソフィ像をめぐって、続く。そこで、「ソフィの宝物」という概念が浮上する。ロレインはそれを、ソフィのリ・メンバリングとなりうるものの今は閉ざされている物事の幕開けだと捉えている。

ロレイン　それから、娘さんには友達が多かったとおっしゃいましたね。
エ　マ　えぇ。
ロレイン　お友達は、あなたとはまた違ったように彼女のことを話すでしょうか?
エ　マ　楽しい人という感じでしょうか。出かけたり、多分酔っ払ったり、私がやらなかったことですね。パーティーのスキルとでもいうんでしょうか。娘の一番の親友は、ファッションのアドバイスをしてもらえなくなって寂しがっています……。ソフィがいなくてさみしくてたまらないとき、彼女はベッドの上で、ソフィに関する宝物に囲まれるんですって。

ロレイン　あなたはソフィのどんな宝物をお持ちですか。

エ　マ　多くは私の心の中にあります。多くはもう話すことも分かち合うこともないストーリーで、そう思うととても苦しいのですが。32年間、あの子は私の人生のすべてでしたし、私は毎日あの子のことを考え、病気になるほど心配していました。そして、もちろん、娘は亡くなったので、私はもう娘のことを考えたり、話したり、ましてや彼女と一緒に何かすることはないと思われています。それがとてもつらいんです。私が何を宝物にしているか？　……娘がくれたジュエリーを持っています。……一枚の写真。「私のママ」という詩。それに、私の父の追悼会で話してくれたこと。

ロレイン　彼女はどんなふうに話したんですか？

エ　マ　家族はとても大事だったのですが、娘は大勢が集まるととてもやりづらいと感じていました。娘はいつも厳しく評価されることを心配していたので。家族のことをとても難しいと感じていました。それにもちろん、娘の選択を気に入らない家族もいましたし、それがはっきりと娘にまで伝えられることもありました。１５０人を前にして話すなんて娘のやりたいことではありませんでしたが、娘はやり遂げて、私の父との関係について話をしてくれたんです。私の甥と姪が、娘をサポートしました。娘が、安全地帯をはるかに超えたところで愛を示すのを見たのは、ただただ美しいことでした。

ロレイン　彼女がそうしたのはなぜだと思いますか？

エ　マ　家族が大事だからです。娘にとって、私の父は大事な人なんです。娘の実父と私は、娘がまだ赤ちゃんの頃に別れました。娘が6歳になるまで、私たちは私の父と暮らしていたので、私の父は男性の最初のロールモデルだったわけです。

生命力を手作りする

ここでまた、家族からの「評価」に沈黙してしまうことと、人間関係の重要性について勇気を持って発言することが対照をなしている。評価を前にすると勇気を持った発言のストーリーは不在に見えるが、そこに含意される価値は、ソフィといとこたちの行為によって目に見えるものとなる。ロレインは、この瞬間から生まれるかもしれないさらなる意味に好奇心を抱く。これもまた、生命力の手作りが浮上する瞬間である。ロレインは、ソフィの話をする際にエマの反応を利用し、エマがソフィをリ・メンバリングすることによってエマが大切にしているものをエマ自身の人生に取り入れるよう促している。

ロレイン　それはソフィらしいことなのでしょうか？　何かが重要なときには、関係性を称えるために評価される感覚を寄せ付けないでいられたことは。

エ　マ　そう、そうなんです。関係性を称えることはとても重要でした。

ロレイン　あなたは、彼女との関係性をどのように称えたのですか？

エ　マ　生き続けることによってです。なぜなら、私たちにとっては長年、死ぬことはとてもよいことだったからです。ソフィと一緒になれるわけですから。あの子は一人娘でしたから、人生は前より厳しいものになりました。こうやって（インタビューのこと）、安全地帯の外に出ることも、そうですね。それから、どのように悲しむべきかという世間の規範に合わない方法を試すことも。仕事に戻ったとき、娘が死んで1か月半でしたが、私たちはこんな会話をしました。娘の名前を語り続けることが本当に大事だって。それに、あなたが娘のことを訊ねてくれることもとても大事なことです。そうやって私は娘を称えることができるのですから。

ロレイン　ではソフィが亡くなり、自分も死んだほうがマシだと思っていた頃と、「彼女の名前を口にすることができる」とおっしゃっている今とでは、あなたの中で何かが変わったということでしょうか。

エ　マ　そう思います。

このとき、評価を前にしても慣習に逆らったソフィの行為は、亡くなった娘のことを話さないという慣習に逆らったエマにこだましている。エマは、娘の名前を語り続けるという立場を明確にし、それが抵抗の行為になっている。彼女はまた、他者にもそこに加わってもらえるようにと招き入れている。ロレインは、それをソフィの声にまた戻し、この文化的逸脱行為にソフィがどんな貢献をしたかについて探索する。

ロレイン　彼女は、あなたのその変化をどのように手助けしてくれたのでしょう?

エ　マ　私に思い出させてくれることによって。娘のことを私に話させることで、手伝ってくれています。ある意味では、死ぬことによって。娘が死ななければ、私はここにはいません。私の人生は世間と同じ方向へ進んでいましたが、今は違っていて、私は意味を見出さなければなりません。私の人生には何の計画もないから、自分の道を見つけないと。

ロレイン　では、ソフィはどのようにあなたを手助けしてくれましたか？
エ　マ　娘は、私と一緒に歩いてくれます。いつも、ここにいるんです。[心臓のあたりを指差して]
ロレイン　では、彼女と共に歩み、彼女をいつも心の中にいさせると、それは、あなたが進む方向を変えるのでしょうか？
エ　マ　ええ、だって娘はここにいないから。だから私は娘の人生を称える方法を見つけないといけないの。でないと、私は自分の人生がなんなのかわからない。

最後の発言は、少し間を取るに値する。二つの発言の違いに気づいて欲しい。エマは、「娘はここにいない」と言っているように、喪失感を自覚している。その直後には、娘の人生を称えたいという願いを口にしている。これは娘への終わることのない関与のように聞こえる。彼女は喪失を認識していながら、同時に関係が続いていく感覚も示している。それは両面のあるコインだ。エマは、ソフィを称えることがいかに自分自身の人生に意味をもたらしているかを引き続き話している。この二つの発言を、二重の経路あるいは二重の過程として切り離す意味はないと私たちは考える。それらは同一の経験の部分であり、よく共鳴する発話の中で同等に述べられている。そのため、潜-在という概念はなおさらぴったりしているように見える。言い換えれば、喪失感は愛する故人の人生を大切にしたいという暗黙の願いを秘めており、その逆もそうだということだ。ロレインはこの瞬間をさらに拡げようとする。

ロレイン　あなたが彼女の人生を称えるのに、他の方法を見つけたことはありますか？
エ　マ　まだないわね、でも私はそこへ向かっているように思います。
ロレイン　いかがでしょう。もし私たちが彼女に、その称賛をあなたにどこへ運んでほしいか訊ねたとしたら、彼女は何と言うでしょうか？

エ　マ　どうでしょう……娘ならあなたに……私があきらめなかったことを誇りに思うって言うかしら。生前娘は、私がどれほど娘のお手本になっているか話してくれました。私は、娘の人生が悲惨なことになって、娘をがっかりさせたのではないかとよくよしていました。自分が考えるような、あるいは世間が求めるような親としての役割を私は十分に果たしていなかったから。私は娘を守らなかった。幸運だったと思うのは、娘が死ぬ直前にこんな会話ができたからです。娘は、よい親かどうかを私が決めなくてもいいと言いました。それは、娘が決めることだと。私がいい親かどうかを決めるのは私ではない、それを決めるのは娘であり、娘は私がいい親だと思っていました。でも、もうそれを松葉杖として使うことはできませんでした。私は独りで立たなければならなかった。もちろん、娘が私にくれた誇りや称賛は、いつまでも消えないでしょう。

ロレイン　あなたは、これからどんなふうに彼女の親であり続けますか？

エマのストーリーは、過去の会話にまつわるものである。ロレインの質問は、その会話を時を超えて広げていくようエマを招き入れている。ソフィとの会話は過去から現在へと流れ込み、さらに未来へと運ばれる可能性を秘めている。また、終わることのない関係が前提とされている。親としての役目は終わっていない。エマは、どうすればソフィの親でいられるのか、ソフィは亡くなっているという文脈においてソフィとの関係をどうやって手作りしていくのかを、今もなお考えずにはいられない。そしてエマは、どうすればうまくやれるのかを教えてくれた娘の言葉に導いてもらうことができるのだ。まるで風船を膨らますように、ロレインは、ここまで話されてきた意味を拡大しようとし続ける。

エ　マ　以前と同じように、――無条件の愛をもって。それが私のすべてですから。私に娘の人生を生きることはできません。私は選択し決断していきたいと思っていますが、それはできません。ですから、私があの子に与えられるものがあるなら、それは愛だけです。

ロレイン　もしあなたがここから先32年間そのようにするならば、それはあなたにどんな違いをもたらすでしょうか。

エ　マ　多分そんなに死にたいと思わなくなると思います。ゆっくりとでも生き続けるでしょう。もし私があきらめたら、それは娘の存在を称えていないことになり、娘のストーリーも私と一緒に死んでしまう。こうしていれば、娘のストーリーは死なないで、進み続けますから。

ロレイン　あなたの人生は彼女のライフラインになる、そういうことなのですね？

エ　マ　多分。そんなふうに考えたことはなかったわ。

ロレイン　ぴったりくるかどうかわからないのですが。

エ　マ　いえ、考えてみます。素敵なことだと思うんです。

ロレイン　そうなさるなら、彼女のストーリーに何を支持してほしいと思いますか？

エ　マ　娘が支持するものってなんでしょう。友情、誠実さ、援助を必要としている人々を手助けする……それがタバコを求める路上生活者やアルコール依存症患者であっても、親切を差し出す。友情と家族。

ロレイン　彼女のストーリーとあなたがそれを語ることが、他者からそういうことを引き出すと理解したら、つまり親切であることを引き出すとわかったら、それはあなたにどんな違いを生むと思いますか？

エ　マ　わからないわ……コミュニティ感覚でしょうか、ありのままの人々を受け入れるコミュニティ。そして無条件の愛、無条件の友情の感覚。このことは、ソフィにとってものすごく大事なことなんです。多分それが、娘をあんなにも長く持ちこたえさせたのでしょう。

ロレイン　娘さんはどのくらい他の人たちや動物を好きでしたか？

エ　マ　えぇ、えぇ。忘れもしません。娘が18歳になる直前のことです。私は娘の18歳の誕生日に何を買おうかと、夫とじっくり話し合っていました。そのときに私たちは娘の葬儀の式次第を決めたんです。いずれ通る道でしたし、私たちはもう娘とそう長くはいられないだろうと思っていました。あまりに恐ろしくて破壊的だったんです。それでも娘は32歳まで生きてくれました。

ロレイン　今振り返ってみて、あなたが説明なさったこと、彼女が18歳から32歳まで持ちこたえたことの一部は、無条件の愛と関係しているのでしょうか？

エ　マ　いつだって無条件の愛でした。でも今になってなおさらだと思うのです。私たちが口を出したり影響を与えたりできる家の中に、娘はもういません。「私たちは今もここにいるよ、扉はずっと開けてあるからね」と言えるだけです。

ロレイン　今こそ、あなたは、彼女の無条件の愛のストーリーをどのように世界と分ち合えるか、言いたいことを言えるわけです。そう考えると、どんな感じがしますか？

エ　マ　その方法が見出されるべきでしょうね……目を見張るようなことです。私が今分かち合おうとしているのは、自分がここにいる理由をずっと探し求めてきて、今では、それが私の目的や向かう方向なのだろうかと思っている、というストーリーです。

ロレイン　どういう方向へ向かいたいのでしょうね。

エ　マ　その無条件の愛です。それを皆と分かち合いたい。そして、無条件の愛についての娘のストーリーを分かち合いたい。それはいい考えね。

ロレイン　では、そうした場合に、無条件の愛を必要とする人にとってどんなことを意味してほしいと願いますか？

エ　マ　無条件の愛を見つけて、受け入れてくれたらと願います。

ロレイン　あなたや他の人にその無条件の愛を与えることがソフィのインスピレーションなのだとしたら、あなたにとって、それはどんな違いをもたらすでしょう。

エ　マ　今は、まだわかりません。考えないと。すべてがとても新しいことなんです。

ロレイン　では、もしよければ、それをこの場に座らせてみましょうか。シチューの中に他に何を入れるか考えるみたいに。

エ　マ　えぇ。何か新しい具を考えましょう。何かとてもポジティヴで方向性のあること。腰を落ち着けて、じっくり考えていられるもの。多分、えぇ、痛みと虚しさはどこへも行きませんが、そこには他の何かもあるかもしれないと思うのです。

新たな意味

エマがロレインの質問に応じて手作りしたのは、新たな意味が豊かに流れるストーリーである。それは元気が出る生命力のストーリーであるだけでなく、喪失感も確かに含まれている。エマの最後の発言はそれを捉えており、痛みは、今やより目に見えるものとなった無条件の愛のストーリーと一緒にある。

これについては、エマが経験してきた痛みが認証され、エマがその痛みを新たな意味に形作るよう招き入れられる次のセグメントの中で、もう一度見てみよう。この意味で痛みは無視されておらず、構成される意味のストーリーが新しい逃走線へと成長している。繰り返しになるが、この新たな逃走線は、私たちがただ痛みに焦点を当てるだけでは見過ごしかねなかった、潜 - 在するものに気づくことを通じて可能になっている。

ロレイン　痛みがあるときに、気づいたらあなたがやっていたり、何かを言っていたりすることで、痛みを和らげるものは、あるでしょうか？

エ　マ　時には、深呼吸して、自分の呼吸を確認することですね。私はティーンエイジャーと仕事をしています。子どもたちが自殺について質問をしてきたり、会話の中でそんな話題になったりすると、色々なことが浮かんできます。これはソフィのことじゃない、今までであったことについて話しているだけだ、と自分に言い聞かせないといけません。

ロレイン　子どもたちに娘さんの話をしたことはありますか？

エ　マ　この社会で自殺について話すことは受け入れられないと思います。多くの人が娘はもういないとわかっていますが、自殺で亡くなったことは知りません。でも先日、職場で娘のことを話したんです。話せてよかった。ある少女と菜食主義について話をしていました。それで、えぇ、それは私のことだと言っていたわけです。私には、ソフィと一緒にビーチへ行って、ソフィからフィッシュアンドチップスを食べてみたらと説得された美しい思い出があるんです。娘がこんな見事な魚は食べたことがないと言ったんです。私たちはこのすばらしいビーチへ出かけ、腰を下ろし、フィッシュアンドチップスを食べました。私はその少女に、娘は死んでしまったから、このことはとても特別なことだったのよと話しました。それを分かち合えたのは、とてもうれしいことでした。

このセグメントはダブル・リスニングに基づく質問で始まっている。痛みのある場所には、それを和らげるものもあるだろうというのがロレインの推測である。エマは、一般的な自殺言説への抵抗について語っている。自殺は口にされるべきことではなく、とりわけ故人の人生について心のこもった話をする権利が奪われる。しかし今度こそ、エマは言説が否定することをやろうと覚悟を決めている。抵抗のさらなる展開は、沈黙がエマから奪おうとしていたエージェンシーのストーリーでもある。この意味において、彼女は、その言説にもかかわらず、痛みを通じて彼女自身の道筋を手作りしている。当然ロレインは、痛みの進む道からの逃走線に好奇心を抱いている。

ロレイン　ソフィは、あなたにもっとそうしてほしいと願っているでしょうか？［エマは頷く］ソフィは、自分の生と死が何かを支持することを望むでしょうか？

エ　マ　えぇ、その通りだと思います。

ロレイン　娘さんの生と死があなたの職場の子どもたちに関係する何かを支持するとしたら、彼女はそれを好むでしょうか？

エ　マ　えぇ、えぇ。

ロレイン　ではそれは、それがどういうふうになるのかはわかりませんが、言いにくいことであっても話さなくてはいけないときがある、ということになるでしょうか。

エ　マ　えぇ、全くその通りです。それが、私のやりたいことなのだと思うのです。それが私の希望であり、無条件の愛です。多くの人がこういう方法で命を絶ってしまうので。

ロレイン　あなたがソフィの大切なライフ・ストーリーと、ソフィの大切なデス・ストーリーを伝えようとしているとソフィが知ったら、そしてそれらのストーリーがティーンエイジャーの命を救う可能性があると知ったら、ソフィは何と言うでしょう？

エ　マ　娘はとても誇りに思うと思います。「やって、やって」と言うでしょう。娘は家出して、学校もやめ、人生の車輪が完全に外れてしまったのですが、私はそれを知りませんでした。私は病院から電話を受けたんです。何かひどいことが起こったと思いました。でも娘は無事でした。学校へ行っていなかったことを除いては。でも、それはまた別の話です。友達の一人が、親の薬棚からドラッグを取り出して、試しに飲んだんです。娘は教師のところへ行き、病院へ向かい、友人を助けるために何ができるか考えました。だから娘は、「どうぞやって」と言うでしょう、それが誰かを救うことになるなら。それは人に敬意を示すことでもあるでしょう。娘はそれも求めていると思います。人に対して敬意を払うことも。

ロレイン　将来、彼女からのこの誘いに従うとするなら、若い方たちの人生を救うなら、それはあなたにとって、そしてあなたとソフィとの関係にとってどんな違いを生むのでしょう？

エ　マ　私たちの関係を称えるでしょう。変わることのない絆。娘は物理的にはもうここにいませんが、私にとってはそれが無条件の愛を示す方法になるでしょう。とてもいいことでしょうね。娘を憶えていることや称えることなら、どんなこともよいことです。娘は特別ですから。

ここにはもう痛みの否認はない。痛みの力は認証され、ただポジティヴに考えるということに重点はない。しかしながら、ソフィの死の意味と、さらに重要なことにソフィの人生の意味を、今もなおグリーフワークを必要とする遺族としてのエマの人生に関連づける探索によって、会話は痛みを和らげている。ロレインとエマの間には、ストーリーの足場が組まれ、手作りされるのだが、そこでは、ソフィが今なお発言権を持ち、無益な言説に背くよう母親を促したり、ソフィのストーリーが若い人たちの役に立ち、さらには命を救うために使われるよう勧めたりする。エマが、娘の人生は他者の人生を救うためにあったと主張するときに彼女が言っていることは「明るい兆し」(Hibberd, 2013, p.677) であるものの、ハイバードならこの種の意味づけを「利益の発見」と言うかもしれない。

ここで、いかに時間が弾力を持っているかにも着目してほしい（これについては第8章でより詳しく述べる)。ストーリーは過去、現在、そして未来の間を難なく流れ、ロレインは仮定的ムード (Hedtke & Winslade, 2005) ないし「あたかも」のムードを使いながら、この流れを緩やかにしている。

ナラティヴの構築に聴衆を招き入れる

この会話は、ワークショップで聴衆を前にして行われているため、ロレインは最後に、この事実に戻るべく、エマがソフィのストーリーをこのワークショップという文脈に位置づけるよう招き入れる。これは、悲嘆のナラティヴが社会的に構成されるという認識に立って行われている (Neimeyer, Klass, & Dennis, 2014)。このことがカウンセリングに示唆するのは、悲嘆が社会環境において構成される以上、カウンセラーは、人々が死別の新しい意味を作るのを助けるカウンター・ストーリーが定着するよう、利用可能な社会的交流はすべて利用すべきだということだ。

ロレイン　あともう少し質問してもよいでしょうか？　ソフィは、ここで聞いている方々が、彼女との出会いでどんな大事なことを持ち帰ってほしいと思うでしょう？

エ　マ　娘の人生は悲惨で、困難に直面しなければなりませんでしたが、それでも意味があったということです。私たちは自分に厳しいでしょう。娘にはあんなにひどいことが起こりましたが、それでも毎日立ち上がりました。娘は腐りきった生活をしていました。ある意味では、娘は自らを絶えず危険な状況に追い込んで、それでもちろん色々なことが起きてしまったわけですけど、それでも娘は生きていたんです。娘は予定を立て、くじけず生きていました。それに楽しいこともありました。ですからあらゆる悲惨な出来事が起こった人生でしたが、それでも娘は自分の人生を生きたのです。良い時もありましたし、笑ったり泣いたりもしました。娘は、熱い気持ちで人を思いやりました。間違ったこともたくさんやりましたが、それでも娘はたくさん愛しました。

豊かになった意味は、聴いている人の反応を通じて、さらにどのようにも豊かさを増すことができる。そのため、ロレインは聴衆の方を向き、聴衆はエマが言ったことの何を聴いたのか、その意味を見つけるよう誘っている。

ロレイン　［聴衆に向かって］エマの娘さんに出会って、みなさんはどのように心を動かされたのでしょうか。

聴衆1　私にもまだ幼い娘がいるので、どんなふうに聞かせていただいたかをコメントさせてくださ い。無条件の愛という考えとあなたのストーリーを聞いて、私の恐れが実際に軽くなりました。時々、親として、私の望まない方向へ物事が進んでしまったら、と考えることがあるんです。無条件の愛を赤ちゃんに向けることは、簡単です。それに、私たちには圧倒的な関与と愛情の感覚があります。ですから、あなたのストーリーを聞いて、何が起きようと、誤った方向へ進んでしまうことも含めて、紆余曲折あってもやっていけそうだという感覚をもらえました。お話を聞いて、私はほっとしました。ありがとうございます。

聴衆2　ティーンエイジャーと仕事をなさっている。そのことに畏敬の念を抱きました。もう一つ言いたかったことは、いかにあなたが娘さんを生かしているかということです。この信じられないほど複雑な人間を、あまりにも美しく、丸ごと輝くようにして。私には、娘さんがその職種に入っていく上での一部始終はわかりません。あなたにとって、親として、色々なことを見守り、互いに愛し合っていくのはとても大変だったのではないかと想像します。娘さんの写真を見たことはありませんが、彼女の活気と美しさの輝きの価値が失われることはありません。それは希望のイメージです。あらゆることにもかかわらず、その女性の人生からは何が起ころうとも消されることのない光が輝いています。私にとっては、それがインスピレーションでした。ありがとうございました。

聴衆3　娘さんについての美しい描写をありがとうございます。私たちは一人の人として彼女のことを知らなければなりません。ここには三人の人がいると感じます。そのうちの二人を私は見ることができますが、一人は見ることができません。その見ることができなかった人を私は連れて帰ろうと思います。彼女の価値観、何が彼女にとって重要だったかについてのメッセージはとても力強かったです。あなたとソフィを私は連れて帰るつもりです。

聴衆４　あなたのストーリーに本当に感謝しています。私は公の場で兄を亡くしました。そこでは数々の評価が下され、兄は一方向からしか見られませんでした。私があなたと共鳴するのは、私の兄に対する愛情と、兄に対する見方です。それが私の大切にしていることです。

これらは豊かなリフレクションで、エマが作り上げたストーリーを励ますものである。意見ではなく、論点でもなく、客観的な反応でもない。リフレクションというのは、聴いている人が聴いたことにどのように主観的に影響を受けたかの表現である。エマのストーリーの影響を証言するよう人々を招き入れる質問によって、リフレクションが求められる。マイアーホッフに従って、ホワイト（White, 2007）は、そのような証人を「アウトサイダー・ウィットネス」と呼び、証人となる人々の見方を包含することを目的として、リフレクティングチーム・プロセス（Andersen, 1991）を使う。話を聴いてから話す人たちは、ウィットネスとして構成される。ロレインはエマとの会話に戻り、聴衆の反応を聴いて得た意味について話をする。

ロレイン　お聞きになってみていかがですか？

エ　マ　私たちが話し合っていたことを娘はすでに達成したように感じます。娘の無条件の愛をみなさんが共有してくれて、そのことは私に小さな違いをもたらしました。

ロレイン　その小さな違いは、あなたに何をしたのでしょう？

エ　マ　それは私を強くしてくれました。私は娘の人生を称えることができます。でも、主に、子どもたちと話すときに私たちが話していたことは、可能なことになるかもしれません。そのことが娘を生き生きとさせてくれます。それで喪失を小さくしてくれるわけでも、痛みを消してくれるわけでもありませんが、まるで娘がそこにいるかのように感じさせてくれるのです。それにどうでしょう、いかに娘が今も生きているか。だってここにいる方々も娘のことを知っていて、娘のストーリーは終わらないのだから。それが私たちの望むことです。私たちのストーリーが続くこと、そして終わらないこと。みなさんの助けを得て、私たちはそれを作り上げられたんです。

ロレイン　母として、私たちは赤ちゃんのためにこれを必要としています。もちろん。

エ　マ　それは娘の人生に意味を与え、娘が苦しんだ困難と痛みを軽くしてくれます。なぜなら、娘は他の人たちに美しい思い出を作ったからです。

ロレイン　彼女が苦しんだ痛みと、彼女が抱えた困難は、何かを支持しているのでしょうか？

エ　マ　ええ、それが娘のストーリーが語られるのを可能にするからです。それに、結びつくことも可能にします。

ロレイン　ソフィをここに連れてくるのは、大いに意義深いことです。あなたが彼女について話したいかどうかということで言えば、私が彼女のことを話したいかどうかを訊ねたとき、あなたは話す必要はありませんでした。

エ　マ　ええ、私は話すことを怖がっていました。でも私が感じていることは圧倒的で、息苦しくなってしまう。これが私の今の人生ですし、私は娘を称えたいと思っています。このこと（涙と痛み）を隠してしまったら，私は娘を隠していることになります。これが，私には共有する機会のない娘への愛です。本当は，それがこの痛みの正体です……だって私は娘に触れることも娘を抱きしめることもできないんですから。

エマの最後の発言は興味深い。そこには再び喪失の痛みが明確に述べられているが，希望的な意味の発言でもある。これもまたハイバード（Hibberd, 2013）が「人生の目的」（p.678）を構成するものとして，そして「人生の意義」（p.678）に関わる出来事として言及する，意味づけるという側面の例である。エマは痛みを隠すことを望んでいない。なぜなら，それは喪失感だけに焦点を当てれば不在のままになる，潜在的な意味の証明だからだ。繰り返しになるが，二重経路という考え方では，生まれてくる意味が喪失感と同じものの一部であるという感覚をとらえることはできないと私たちは考えている。彼女が描写しているのは，私たちがどちらかを選ばなければならないような，別々に注目しなければならないような，あるいは両者の間を揺れ動かなければならないようなものではなく，一枚のコインの表と裏なのだ。

しかしながら，そのような会話において語られ，人生に加えられる意味は，単なる個人的な認知の産物ではない。それは人々の間の関係や，集団の間の関係という文脈に存在するものだ。エマは，沈黙が自殺を語るという慣習に逆らって行動する必要について話す時，この文脈を意識している。これは，慣習が指定され，しばしば規制される領域であり，私たちは次にその領域へ移動する。それは政治闘争の領域であり，そこで意味は様々な方向へと引っ張られる。

第6章

死の政治学

政治学は人間のあらゆる表現領域に存在する。人が関与するところには、必ず何らかの形の権力関係が付随するからだ。したがって、死がいかに取り扱われ、悲嘆がいかに定義づけられるかを左右する実践と言説にも、政治学がある。そのように言うからといって、何もかもが政治的課題に要約されうると言うつもりはない。人の人生は、権力関係の他にも様々な要素を含む。例えば、生物学と生理学の大部分は、関係性を形成する権力構造なしに、存在している。しかしながら、関係性における権力の原因となるのは、ある出来事についての誰の解釈が認知されるのか、誰の好みが行動に移されるのか、あるいは次に何が起こるかについて誰の影響が優勢になるかをめぐってしばしば生じる闘争である（Foucault, 1978）。それが本章のスタート地点だ。

誤解のないように言うと、私たちがここで話そうとしているのは、選挙に関する政治学のことではなく、故意であろうとなかろうと、出来事と言説を望むように形成するために人々が互いに対して行使する影響力のことである。影響力の行使、それこそが権力の基本である。しかしながら事はもっと複雑だ。なぜなら、影響力を行使する試みが権力の流れとしてほとんど認知されなくなる程度までパターン化され、システム化されてしまえば、それは現実と見なされ、当然そういうものだと受け止められるからだ。組織的な文脈で、あるいはそれが国家によって定義づけられるとき、権力の流れは線状になり（Deleuze & Guattari, 1987）、ヘゲモニー（覇権）的な悲嘆（Lebel, 2011）と見なされる。「ヘゲモニー的」という言葉は、強制することなく達成される支配の社会的パターンを指している。線状になるとは、溝ができることで、たいていは、悲嘆のパターンが繰り返されすぎて、まるで皆が通過しなければならない道であるかのように感じられることを意味する。そうした社会的パターンが個人の決定に対して威力を振るうとき、私たちはそうしたパターンのことをヘゲモニー的と言う。

権力というものをこうした用語で理解するためには、そこに当てはめられる分析的枠組みが必要だ。理解するのは容易でない。なぜなら競合する分析的枠組みでさえ、どのバージョンが用いられるかをめぐって争いや議論にさらされるからだ。リベラル・ヒューマニストの権力関係説明（Monk, Winslade, & Sinclair, 2008 を参照）に基づく分析では、権力の流れは、富、地位、教育、ないしカリスマ性を基に集積されることの多い個人の影響力を単位として測定される。対照的に、構造主義的（上記文献）説明に基づく分析では、大きな集団間での分析がなされ、個人的な権力の表現は些細なものに思われる。また、マルクス主義的分類ならこうだろう、というように。しかしながら、私たちが適切だと信じるのはこうしたアプローチのいずれでもない。本章において、私たちは特にミシェル・フーコー（Foucault, 1978）の現代世界における権力の分析を引用し、ポスト構造主義的な分析の枠組みを適用する（カウンセリングに関する十分な説明は、Monk, Winslade, & Sinclair, 2008 を参照のこと）。併せて、ジル・ドゥルーズの概念をいくつか引用し、これらの考えが死と悲嘆についての会話にどのように影響を与えるのかを示そう。

権力が死に直面する人に影響を及ぼす方法を浮き彫りにするには、あるストーリーが役立つかもしれない。

ロレインがジャネットに出会ったのは、ジャネットがホスピスのプログラムへの参加を認められたときだった。ジャネットはとても若く見える58歳の女性で、この2年間膵臓がんに苦しんでいた。結婚して12年になる夫のハンクもそこに同席したのは、彼もこれまでの経緯を補足し、ロレインの助けを得たかったからである。ハンクは、妻のこともちろん心配だが、妻とその成人した二人の娘たちとのやりとりも気になっているのだと説明した。

ロレインは次のような質問から始めた。「あなた方がどのようにやってこられたのかを聞かせてもらえませんか？」

ジャネットは不確かな感じで答えた。「どうしたらいいのか、なかなかわからなくて……」そこで彼女の発言は途切れた。

ハンクが代わって話した。「2、3週間前まで彼女は化学療法を受けていて、私はそれを続けてほしかったんです。先生だってそれがまだ彼女には有効だと考えていました。でも彼女の娘たちは自己流で、ビタミンやジュースをやたらととらせたがるんです」

ロレインはジャネットの声を聞きたいと思い、訊ねた。「あなたはどうしたかったのでしょう？」

ジャネットは再び言葉を濁した。「どうでしょう。ハンクの言う通り私は最近まで化学療法を受けていましたが、とてもきつかったんです。体はいつもだるいし、吐き気もひどくて」

「娘さんたちはどうでしょう？　地元にいらっしゃるのかしら？」ロレインは訊ねた。

「ええ」とジャネットは言った。「二人とも町に住んでいます。クリスティは32歳で、サマンサは30歳です」彼女は、「二人はとてもよくしてくれて、食べ物を持ってきてくれたり着替えを手伝ったりしてくれるのよ」とハンクのコメントにはなかった娘への感謝を付け加えた。

ハンクは、ジャネットの娘に対する感謝にすかさず異議を唱えた。「ジャネット、私にでもできることだよ。二人が君に食べさせているものは、いただけない。あんなのは効かないんだ」私のほうを向いて、彼は付け加えた。「二人は妻に日に2回、30錠のビタミンを飲ませたいんだ。それと日に5回のジュースも。そんなことをしてもこじれるだけだよ」

ロレインは二人に訊ねた。「二人がここにいるとどうなるのですか?」答えたのはハンクだった。「他は無視できても、ビタミンを飲ませるのだけはやめてほしい。あんなのは似非療法で、余計に悪くならない保証なんかないんだから。二人も毎日2、3時間は母親と一緒にいたっていいとは思うが、それくらいにして帰ってもらわないと、普段通りの生活ができないんだ」

ロレインはハンクが示していることの背後にある力に意識を向けており、ここでジャネットが口を出してよいことを保証したかった。ロレインはジャネットに訊ねた。「あなたはどうしたいんでしょうか?」ジャネットはこのとき、明確に答えた。「私は皆に幸せでいてほしいし、けんかしてほしくないの。あの子たちはやさしいし、ハンクも同じです。こんなことでけんかしてほしくないんです」

ジャネットは競合する言説に左右されて苦しんでいた。それぞれが、彼女に対して力線を行使していた。彼女は、自分の健康のために娘たちがしたいことと夫がしたいこととの間で引き裂かれていた。代替治療を実行可能性が低い治療と見なす医療の力の支配が背景にあることに気づくことも可能だ。ジェンダーに関する会話も背景にあるかもしれず、ジャネット、ハンク、ないしジャネットの娘たちは、発言権を与えられたり与えられなかったりする。緊張が家族の平和を侵害し、ジャネットと家族に困難を生んでいた。

権力関係についてのポスト構造主義的説明は、(人々が決断を下し、政策や州法を規定することになる)規範の構成において言説が果たす役割を強調する。また、特定の様式の知識がどのように調査分野を支配するようになるかに関心を向け、そうした知識が支配的なのは客観的真理に値するからとは限らないと考える。例えば、生物学的条件を正確に治療するために医療従事者に権力が与えられていることも、真理値によるとは考えていない。それどころか、真理そのものがしばしば権力の副産物である。特定の「真理の体制」(Foucault, 1980, p.131) は 権勢を振るい、様々な社会的力の結果として受け入れられるようになるのだ。慣習的な悲嘆心理学の始まりも、このレンズを通して理解できる。なぜなら、ドミナントなアイデアはしばしば、高く評価されている組織の医師や学者によって展開されるからだ。

さらなる探求で、ジャネットは娘たちへの、特にクリスティへの心配を口にし、ジャネットは彼女が大丈夫なのかどうかよくわからないと言った。ジャネットは、クリスティが感情的に不安定になっていて、離婚しようとしていることを知っていた。ジャネットとハンクは、ジャネットがどのくらい彼女たちと一緒にいられるかという問題を取り上げていた。

「あの子たちが来ると時々すごく疲れるけど、二人にはそばにいて欲しいの」と彼女は言った。続けて彼女は、夫はいつもそれを認めてくれるわけではないので、悩ましく難しいことだと説明した。ハンクは付け足した。「私が気にしているのは、彼女たちがそばを離れずにいると、妻が休めないということなんです。短時間なら、その間私は外していることもできます」

ハンクが管理しすぎていると言いたくなるかもしれないが、そうすることはカウンセラーの権力を行使することでもある。この種の葛藤を生み出す実践について質問をすることでジャネットとハンクを援助するほうが、より有益だろう。したがって、次のような質問が探索可能である。

- どのような実践が規範となるのか？　そうした規範はどのように確立されるのか？
- 家族メンバーは、どのようにしてそれらの規範を内在化する気になったのだろう？　家族メンバーは規範にどう反応するだろうか？

- 死の周辺の様々などよめきの中で、誰の声が重要とされ、誰の声が排除されているのか？
- 死という文脈において、人はどのように社会的、文化的な力線（Deleuze, 1988: Winslade, 2009）に配置されるのか？
- 人が亡くなる前と後で、どのようなストーリーが語られ、あるいは沈黙させられるのか？

こうした質問は個人の反応を構造化し、逆に個人の反応によって質問が構造化される。質問は、完全には自由でない個人を想定している。なぜなら人は社会的世界に住み、文化的規範によって形成され、わかりやすく他者とコミュニケーションをとるために言語を使わなければならないからである。しかしまた、人は社会的力の操り人形でもない。言説の使い手として、人は常に自らが用いている言説に何らかの影響を及ぼす立場にある。

私たちが支持する民主主義の理想は、人が自分自身の人生を構成する上で発言権を持つことだ。私たちの人生は完全に支配されてはおらず、完全に独立してもいない。ジャック・デリダが論じるように（Monk, Winslade, & Sinclair, 2008を参照のこと）、民主的なビジョンというものは常に未来へと先送りされる。したがって、デリダは（英語よりもフランス語のほうがうまい言い回しがある）「来るべき民主主義」は、ついぞ到達しないが、それでもなお探し求めるべきものだと言う。

本章には多くの方向性があり、そのすべてを追求することはできない。そこで、治療的関係の政治学に集中することから始めたいと思う。私たちは知識の政治学にも言及し、死と悲嘆に関連して展開してきた知識に内在する認識論的力連関について考察する。最後に、遺族が遺族になる文脈において強力な影響力を行使する社会的力のいくつかを検討し、ジャネットとハンクにも再度触れよう。

治療的関係の政治学

ミシェル・フーコーの手中で専門的知識はその純真を失った。権力は、資本家の権力者や政治的リーダーが掌握するものがすべてではなくなったのだ。ドワイト・アイゼンハウアーが告発した軍産複合体に関連する権力がすべてでもなかった。フーコーは、専門家がいかに自分自身の考えに従って世界を構成する機会に飛びつき、人の人生の諸側面に対して規律的管理を行ってきたのかを示した。ラ・ボルドの精神科クリニックに勤めながら、フーコーは心理職に特別な興味を抱いた。19世紀のフランス精神医学の系統的調査において（Foucault, 1999）、フーコーは、ある特定の時点で、裁判において被告人が有罪であるか、精神異常により無罪であるかを述べる権利を精神科医が裁判所からどのようにして奪い取ったかを明らかにした。同時に、精神科医はそのような精神異常を治療できると主張した。フーコーによると、彼らは優れた臨床知識に基づいてというよりも、言説をコントロールし、形成する能力があるために、この見事な戦略をやってのけたのだった。

近代心理学はこの遺産を受け継いだ。心理学者、カウンセラー、ソーシャルワーカー、精神科医は誰もがこの規律的権力から発生する特権の普及に参加している。ジル・ドゥルーズ（Deleuze, 1988）は、「人間についての様々な科学は、それらを可能にする権力関係と不可分である」（p.74／邦訳140頁）と述べている。権力は、人が悲嘆による苦しみを経験している際にカウンセリングルームで生じる談話のやりとりに影響を与えている。細心の注意を払わなければ、心理学の専門職がこの規律的権力から生じる特権に陶酔するのは、実践のあらゆる瞬間においてたやすいことだ。クライエントはしばしば苦しみからの解放を望んで、専門職がこの立場を当然持つものと期待を寄せる。権力は、名付け、診断する権利に認められる。質問する権力、人の経験の細部にまで入り込む権利を前提とする権力、時間をコントロールし、料金を請求する権力等にも見ることができる。

専門的権力は、専門家が訓練され、信じ、実践の基にする知識形態にも存在する。アルナソン（Árnason, 2000）が示すように、「感情労働」としてのグリーフカウンセリングの実践は、それがいかに当人を中心にした方法で行われたとしても、その人をある特定の人生のバージョンへと方向づけるものだ。アルナソンが論じるに、それは、進取の気性のレトリック、選択の自由、個人主義、そして個人のイニシアティヴを人間の行動の原動力として強調する、特定の政治的ビジョンと関連している。感情は自然発生するもので、それが生じる社会的文脈からは分離したものであるとする見方が、それを表している。アルナソンは、この見方に異議を唱えることは可能であるとするものの、世界中から力を集めてきた新自由主義の政治的ヘゲモニーの台頭により、この見方は政治的形態をとって猛威を振るってきたことを示している（Rose, 1999 も同時に参照されたい）。

同時に、この種の権力の分析に浮かれて、それを完全な支配と呼ぶこともまたたやすい。実際には、人は専門的支配に影響を受けながらもそれを拒絶する力を持ち、しかもその権力をしばしば行使しているのだ。フロイトはこの拒絶を抵抗と呼び、防衛反応だと誤解した。彼は精神分析家がそれを克服する方法を見つけるよう訓練した。悲嘆心理学では、これと同様の嫌疑が「否認」に対してかけられる。「抵抗」がいかにも「神経症」を維持する役割を果たしていることがあるが、しかしそれはバイタリティの表現や、自分の言葉で自分の人生を生きる意志の表現かもしれず、専門家の力を前にした個人のエージェンシーへの欲求かもしれない。本書のテーマに沿って、人が自分の言葉で悲嘆し、自分の反応を手作りするのであれば、出来合いの段階や課題の中で悲嘆が作られるよりも、支配を受けてこのエージェンシーへの欲求を手放してしまわないことが、決定的に重要である。ここで、ジャネットのもう一つのストーリーを例として示そう。

ジャネットと、娘のクリスティとサマンサを交えたミーティングが行われた。その日の朝、二人の娘は、母親の看護師に呼び出され、何が起こっているかを説明されて苛立っていた。

クリスティはその話を取り上げた。「彼女は、ママが私たちから距離を置く必要があるのに、私たちがそばにいるから簡単にはできなかったと言ったのよ」

サマンサは付け足した。「ハンクが告げ口をして、私たちにそう言うよう仕向けた可能性があるわ。でも、そんなことを言うなんて、とんでもないわよね」

ロレインは家族の政治学においてどちらか一方の側につかない立場を注意深く確立する。「ハンクが何か言ったかどうかはさておき、あなた方は、彼女（看護師）がどういう意味でそう言ったのだと思いましたか？」

サマンサは言った。「彼女は、私たちがそばにいたら母の死の邪魔になると言っていると思う。私たちが母のためにやってあげたいことは、役に立たないなんて」

ジャネットはここで意見があり、こう言った。「難しいわよね、あなたたちも。でもね、彼女が言いたいことははっきりしているはずよ。看護師なんだから」

クリスティは引かなかった。「ママ、私は離れていたくないの。こんなの間違ってる。ママはどうやってトイレに行ったり、水をとってきたりするの？　私はママと一緒にいたいの。ここにいないと、申し訳ない気持ちになるし、ここにいないといつも、ママが心配になるのよ」

ロレインは訊ねた。「もしもジャネットに何らかの生理的過程が起こっていて、それはあなた方が何をするか、何をしないかに関係なく起こるもので、あなた方が止めたり始めたりできるようなものでもないとしたら、それを知っていることで違いはありますか？」

サマンサは譲って言った。「ええ、事実をちゃんと捉えられると思います。だからといって、私たちがいたいだけそばにはいられないことの解決にはならないけれど、私たちが母に余計な痛みや苦しみを与えていないと考えるのには、役に立ちます」

ジャネットは、サマンサが話し終えたところを引き継いだ。「あなたたちのせいでつらいことはないのよ。全部が難しいことだけど、あなたたちのせいではないの」

ジャネットは、この事態に自分がいかに混乱しているかを分かち合ったが、もっと重要なことは、その状態がずっと彼女にはあったと分かち合われたことだった。彼女はこう言った。「私には強い声がないようです。人生に何を求めるかもわかっていませんでした。そして今、私は死に直面していますが、いまだに自分の求めているものがわからないんです」

ロレインはジャネットに訊ねた。「あなたは何をすべきかに引っ張られる感じがしたり、娘さんたちとご主人との間でも引っ張られる感じがしますか？」

「ええ」とジャネットは言った。「今に始まったことではないんです。長い間そんなふうに感じてきました。みんなを愛していないということではないんです。でも、どうしていいか自分の考えを決められないんです」

このような表現に対してセラピストならどのように反応するだろうか？　これはまさしく非常に重要な場面だ。セラピストが背筋をぴんと伸ばして専門家的権威を主張するならば、（看護師はそうしたようだが）クライエントや家族が自分らしくエージェンシーを探索するようサポートできるチャンスは、ほとんどない。一方で、セラピストがセラピールームに民主的な権力の分かち合いができる空間を開いたら、セラピストがそれまで開発してきた経験やスキルを投げ出すことなく、クライエントの興味に沿ってそれらを使おうとするならば、異なる種類の関係性が起こりうる。それは純粋なパートナーシップに基づいた関係、コラボレーションに基づいた関係になりうるだろう（Paré, 2013）。

コラボレイティヴなパートナーシップにおいて、カウンセラーは専門家の身分が授ける特権のいくつかを諦め、クライエントに以下のことをコントロールする機会を手渡してもよい。問題を定義づけ、名づける権利、人や状況が正常か否かを見立て、評価する権利、意味を解釈する権利、特定のカウンセリングのテクニックを用いる権利（質問する権利を含む）、セラピーの目標を定める権利、助言を与える権利、人生に関する決定を下す権利、宿題を提案する権利など。これらは、クライエントには求めることすらせず、たいていはセラピスト側にあるとみなされてきた権利である。それら一つひとつがミクロ政治学の一領域である。したがって、私たちがいかにそうした権力を行使する権利を前提としているかについて反射的でなければ、それらは専門家による植民地化の一面となるのである。ディヴィッド・パレ（Paré, 2013）は、コラボレイティヴなパートナーシップを志向するカウンセリングの実践を、専門家による植民地化の危険性を軽減するものだと展望している。

好奇心と尊重

本節では、とりわけグリーフカウンセリングとの関係において、そうしたパートナーシップの輪郭を描き出すことを意図している。それは、一人ひとりのクライエントが持つ自分の人生に関する知識を尊重する態度と好奇心を抱く実践から始まる。人類学者であるクリフォード・ギアーツ（Geertz, 1983）によって「ローカルな知識（local knowledge）」と呼ばれ、心理学者であるジェローム・ブルーナー（Bruner, 1990; White, 2001も参照されたい）によって「素朴な知識（folk knowledge）」と呼ばれることにより、この知識は、科学者－実践家が尊重するに値しないような劣った知識や迷信ではなく、信頼に足るものとしてカウンセラーに扱われることになった。悲嘆の経験となると、慰めになると考えられている心理学的モデルよりも、その人自身の経験の専門性のほうが頼りになる。カウンセラーは、診断したり、既存のモデルに人の人生をマッチングさせたりするスキルよりも、死とその後の影響に意味を与えるためのスキルをいかに人がすでに自由に使うことができるかということを探索するための質問スキルを開発する必要がある。故人の影響がいかに悲嘆を助けたり阻んだりするのかを探索する好奇心が求められる。私たちはジャネットが亡くなる前に話す機会があったので、ジャネットは、娘たちの生活のどこに将来影響があるのかを聞くことができた。

このような好奇心は、素朴さを意図的に採用するのに近い。それは、「あなたにとってそれはなぜ重要なのでしょう?」という質問に対してクライエントが何を答えるかを知ろうとすることである。質問の調子も重要だ。そのような質問は、正当化を求めたり、判断を植え付けたりするような尋ね方ではなく、純粋な興味からなされるべきである。質問はクライエントの感情的な経験の内容に向けられる場合もあるが、その人の大切にしている価値観や信念にも焦点が当てられるだろう。

この種の質問は、練習も開発も可能なスキルである。そのスキルを使えているかどうかを知る一つの方法は、出てきた反応に繰り返し驚かされるかどうかだ。驚きは、（ドゥルーズの言葉で）分化の瞬間を聞きとる鍵である。すべてが予測可能だと思えるとき、カウンセラーはクライエントが言っていることを十分詳細に聞けていない可能性がある。ここで、ジャネット、サマンサ、クリスティの三人がどのように詳細を語り始めたのかを示したい。

ジャネットは、心の内を話すことの難しさについて説明し始めた。「ええ、でもこれは今に始まったことではありません。私は長い間このように感じていました。皆を愛していないということではないの、ただ自分が何をすべきかが決められないんです」

彼女の難しさは、家族政治から流れ出ているようだった。そこでロレインは、「あなたと娘さんたちに将来についての質問もしていいかしら？」と訊ねた。

全員同意して、首を縦に振った。

ロレインはこう続けた。「将来のどこかの時点にいることを想像して、今を振り返ってみましょう。皆で仲良くやっていきたいという思いに当時あなた自身がどのように気づいていたのか、何かおっしゃりたいことがありますか？」

ジャネットはここで言うべきことがあった。「私がどんなに心から平和を大切にしているかについて、話し合えるとよいのですが。家族なのだし、仲良くしてほしいんです」

ロレインは、サマンサとクリスティの方を向いて言った。「この価値は、あなたのお母さんがずっと支持してきたことですか？　それとも新しいものでしょうか？」

クリスティが最初に反応した。「母はずっと前からそうでした。蜂よりも蜂蜜を使うほうが得なのよ、というのが母の口癖でしたから」

ロレインは興味深く思い、「その口癖は、お二人にとってどういう意味だったのでしょうか？」と訊ねた。

それに答えたのは、サマンサだった。「母は、私たちが気持ちのいい人であってほしいと望んでいますね。棘があったり人を傷つけたりするのではなく。ずっとそうでした。まずハンクと結婚しようとしたときだって、クリスティと私は、母のためと思ってうまくやってくれるか、って聞かれたんだもの」

ロレインは政治的な点に踏み込んだ。「このときを、将来のどこかから振り返ってみたとき、お母さんがしたことで、お母さん自身が努力してこうあろうとしてきたお母さんの人となりと一致することはあるでしょうか?」

クリスティとサマンサは、もちろんとでも言うように同意した。

ロレインの質問は、家族政治におけるジャネットの役割の価値を尊重しようとしている。この過程で、ジャネットは、自分の立場を欠損としてではなく平和的関係の主張者として、明確に表現し、受け入れることができる。死が近づいている中で、このやりとりは、後にサマンサとクリスティにとってますます重要性を帯びる。倫理的実践には、通常倫理規範に組み込まれている倫理の基本的な基準を超えて支配してしまう可能性を回避するために慎重な注意を払うことも含まれる。これは、法的に求められるよりももっと多くの機会に、クライエントとインフォームド・コンセントを行うことを意味している。例えば、カウンセラーは、会話が望む方向に向いているかどうか、または取り組みたいトピックに取り組めているかどうかをクライエントに訊ねることを習慣にしてもよいだろう。また、カウンセラーの訊ねる権利を当然のものとせず、ある特定のトピックを探索してもよいかと許可を求めることも意味している。カウンセリングの会話をクライエントが役立つものとして経験しているかどうかを確かめる方法を見つけることは、クライエント中心を維持するために重要だ。専門的なものであれ私的なものであれ、カウンセラー自身に蓄積した知恵を提供するのではなく、意図的に一段下の立場を取り、クライエントのことをカウンセラーに知らせてほしいと求めることも含まれる。

悲嘆に関する知識の政治学

悲嘆心理学と遺族との関わり方に関する専門知識は、専門分野の一区分である。この知識は多くの実践に影響を与え、悲嘆するという行為を形作るので、フーコーの言葉で言えば「固有の真理体制」として言及できる。多くの人々が、悲嘆の段階や悲嘆を終わらせることを思い描いた上で、カウンセラーを訪れる。悲嘆に関する専門知識はかなりの程度、世間に浸透している。悲嘆の段階に関する知識が人気のテレビ番組や映画に度々出現し、ニュースメディアにおいて複製されるのを見れば明らかだ。

例えば、祖父母が死亡したときなどに、たいていは必要量の涙を流さなかったからという理由から「まだ悲しんでいない」と両親が懸念して若者をカウンセラーのところへ連れて行くというのも珍しくない。そのような場合、若者の心に問題はないかもしれないが、悲嘆における苦痛経験に関して大人の期待を満足させることができなかったという思いは残るかもしれない。フーコーの言う告白的規範(confessional norm)に従って感情を表現しなければ、というプレッシャーがもたらされて若者に重くのしかかったかもしれない。悲嘆を処理するためには「感情労働」が必要であるという考えが、この背景にある。

カウンセラーが喪失経験の探索に取り掛かり、親が参照する知識を当然のものとして受け入れるならば、その若者の経験は植民地化される可能性が高い。彼ら自身の経験は、そこにかぶせられる規範的圧力と比べれば取るに足らないものである。最悪の場合、若者がこうした圧力に抵抗して自分は大丈夫だと主張し、病理分類に入れられかねない。若者は「否認」の状態にあるなどと言われてしまうのが、その例だ。このような病理の指定は、人を見るためのレンズとなっていく。そうした指定は、抵抗し難いほど強力なものである。

カウンセラーは、規律的権力の優位性を利用する代わりに、自身の経験について当人が語ることを従来型の規律的知識よりも重大なものとして受け止める、異なる種類の精神に基づく実践を行うことができる。それは、（自分たちにとって価値のあるものについて言い分のある）人々のコミュニティに所属しているという意味で、個人的自己を超越するアイデンティティを確認するような、その人自身の表現を聞くことかもしれない。個人的自己を越えて共同体的自己を確認することは、ある特定の死別が持つ意味についての政治的表現につながっていく。そこには、ある状況についての抗議、ある視点の主張、または病理の指定への抵抗も含まれるかもしれない。

例として、自動車事故で死亡した青年の親の経験に関するオーストラリアの研究が上げられる（Breen & O'Connor, 2010）。この研究は、悲嘆に関するドミナントな知識（短期の、段階ないし課題ベースで、専門用語にあふれ、かつ病理化しがち）に対する参加者の私的な、あるいは時に公の抵抗を称えるものだった。親たちは、悲嘆のドミナントなモデルが（多くの場合、専門家ではないにしても、家族や友人によって）課され、これらのモデルから離れようとすると規制されることを発見した。彼らは沈黙させられる感じがしたが、それにもかかわらず同様の喪失を経験した他の人たちのピアサポートからはむしろ価値を得ていた。中には、既存の医療や司法の枠組みへの社会的、政治的抵抗活動に積極的に取り組むことで、力を引き出している人もいた。こうした親たちは、子どものために正義の原則を代表する主張者だった。

同様の事例は、2012年12月14日にコネチカット州ニュータウンのサンディフック小学校で、小学生20人と大人6人が犠牲になった悲劇的な銃乱射事件でも生じた。子どもが殺された親の多くは、銃による暴力を終わらせることと、この目的のために精神保健の早期介入プログラムを支援することを目的とした教育擁護団体サンディフックプロミス（http://www.sandyhookpromise.org）を立ち上げるために集結した。これもまた、悲嘆が政治的アドボカシーにつながり、亡くなった幼い子どもたちの人生に継続的な意味が与えられるもう一つの場所である。息子ベンの死後１か月後に新結成された組織を発表する記者会見で、デイヴィッド・ウィーラーは次のように述べた。

この１か月、妻と私は、生き残った息子、ネイトのために最善の親であることを務めとしてきました。しかし、最近自覚するようになったのは、ベンのためにできるかぎり最高の親であることはまだ終わっていないのだということです。私たちの社会に回復や癒しや解決を必要とするものがあるなら、それには起点が必要です。そこに親というものが必要なのです。

(Stableford, 2013)

カウンセラーは、子どもがエージェンシーを発揮しようとする試みを支持し、それを病理的なものとしてではなく、悲嘆に対する自分の反応を手作りしようとする勇敢な努力として理解すべきである。

悲嘆の実践に影響を及ぼす社会的勢力

悲嘆の政治学は、セラピーそのものの政治学を超えている。たいてい悲嘆の政治学には、死が関係づけられる他の社会的および政治的力と結びつく部分がある。それらが結びつくと、ある人が死に与える意味や悲嘆するプロセスは、社会的、政治的な力と深く絡み合うようになる。したがってカウンセラーは、悲嘆の私的な側面に流れる、死の意味に影響を及ぼす力線（Winslade, 2009）に注意している必要がある。

人類学者のバーバラ・マイアーホッフは、１９７０年代と１９８０年代にカリフォルニアのベニス・ビーチに住む高齢のユダヤ人コミュニティのメンバーの生活を研究していた。彼女はこのコミュニティの不可視性を懸念し、このコミュニティのメンバーが自分自身に対してより見える存在になり、「反射的意識を高める」ためにライフ・ヒストリー・セミナーを開始した（Myerhoff, 1992, p.232）。反射的意識（reflexive consciousness）は、そのコミュニティのメンバーがより意識的にコミュニティの意識を認識できるようになるためにコミュニティの意識を折り込むような感覚のことを言う。マイアーホッフは、自らが目撃したその儀式の実演を「定義的祝祭」（p.234）と呼んだ。というのは、彼女はそうした儀式が「それがなければ得られなかった一つの解釈を聴衆に対して明示することを意図して共同で作る自己定義」という目的を果たすと理解したからだ（pp.234-235）。

彼女がライフ・ヒストリー・セミナーを行っていた頃に、この仕事の政治的な性格を明らかにする出来事が起こった。そのコミュニティの一員であった86歳のアンナ・ガーバーが自転車にはねられ、その負傷がもとで亡くなった。マイアーホッフはこう述べた。

> アンナをはねた若者は、「彼女が目に入らなかったのだ」と自己弁護したと報告された。彼の発言は老人たちを怒らせた。なぜならアンナは彼の目の前にいたからだ。明らかに、それは「不可視による死」の事例だと思われた。（Myerhoff, 1992, p.265）

その怒りは、作り物の黒い棺桶と「老人を救え」、「ベニスに死ではなく生を」、「私たちの民衆を留まらせろ」などと書かれたプラカードを携えた抗議の行進という形で表現された。行進は目の不自由な男性二人が率いており、歩行器を使っている人もいたが、参加者は皆派手な服装で自分を目立たせ、「貧しくも哀れにも見えない」ようにした（同書）。若者からはやじが飛んだが、行進の老人らは「思い切り鋭く」それに応じた（同書）。行進の最終地点となったシナゴーグでは、老人らが（そこで求められる）男女別席を拒否し（別の形での政治的抗議）、アンナへ祈りを捧げる追悼式が行われた。その後彼らは公民館に戻り、そこで１００歳を迎えたメンバーの祝賀会が開催された。

マイアーホッフは、コミュニティのメンバーにとってその出来事を定義的なものにする一連の「反射面（reflecting surfaces）」（p.268）の存在を指摘した。その一つはメディアの存在であり、それは以前になかった方法で彼らを目に見えるようにした。彼らは杖や歩行器を使って「彼らの脆弱性の証」にしたが、服装に見られるように彼らは「強い存在感」（同書）を示した。彼らは自らの「構造的劣等性」をよそに「道徳的優位性」（p.267）を主張した。彼らは「怒っているが敗北してはいない」（p.267）ことを公に示した。メッセージを伝えるために文字通り「見せ場を作った」（p.266）のである。

マイアーホッフは、このイベントがコミュニティのメンバーに与える影響について述べている。彼女は、彼らが世界における自分の位置づけをどのように変えたのかに注目する。地元政治家は彼らの懸念を受け止めて、行動した。この老人たちは、コミュニティの連帯感という意味では、以前より実際に強くなった。なぜなら、彼らはアンナを称え、と同時にアンナと同じコミュニティの一員である自分自身を誇りに思うような方法で、悲嘆を表現したからだ。彼らは、悲嘆の一段階の表現として怒ったのではなく、変化を起こしたいという強い願いの表現として怒ったのだ。

セラピストは、相談に来た人と一緒に、その人がそうした過程を同定できるよう助けることに挑戦する。バーバラ・マイアーホッフの例では、政治的表現は有機的に進化し、彼女はそれを光にかざして見ることができた。他の文脈では、それは、慎重な会話を通してしか明らかにならないかもしれない。ここで、悲嘆と政治的な力が混じり合う状況をいくつか調べてみよう。

ロレインはジャネットにこう訊ねた。「この先いつか、あなたがどんなに平和的な力を発揮して支えになってくれていたか娘さんたちが話すとき、それが二人にとってどんなことを意味してほしいと願いますか？」

ジャネットは答えた。「あの子たちはずっと忘れないでしょう。それはわかっています。サマンサはかっとなりやすいので、職場の方々を叱りつけたりしてほしくないわね。あの子が学校の仕事がどれほど好きか、私にはわかるので。もう少し辛抱強く、やさしくすることを心がけて欲しいの」

ロレインは続けた。「では、サマンサやクリスティが、いつかあなたのことを誰かに紹介するとして、あなたが平和と皆の円満を支持する人だと話すなら、それは、あなたにとってどんな意味があるでしょうか」

ジャネットはじっくりと考えて、こう言った。「どうでしょう。あまり考えたことがなかったわ。でもあの子たちが、私の何かを役立つと思ってくれたらいいわね」

兵士の死の政治学

力線が悲嘆に強力な影響を及ぼす文脈の一つは、軍事的文脈である。例えば、ユーデル・ルベル（Lebel, 2011）は、イスラエルの戦闘で殺された人を持つ家族が悲嘆を経験する中で生じたいくつかの変化をたどった。ルベルによると、初期のイスラエルにおいて、家族の私的な悲嘆は、特定の国家主義的パラメーターの範囲内で悲嘆せよというヘゲモニー的な要求に関連して取り上げられるのが一般的だった。「最高位の犠牲」を払った家族は、家族の私的な経験が国家の議題を強化するために利用される、国家の「死別計画書」（p.354）に適合するよう悲嘆の表現を調節することが、期待された。喪失は犠牲へと転換され、家族には、感情を抑制した振る舞いが期待された（公衆の面前では涙を見せない、礼儀正しく振る舞うなど）。ルベルによれば、この期待の後ろ盾になったのは、メディアが黙認する中で軍隊と政府が行使したパノプティコン効果であった。

ルベルは、死亡した兵士の家族による社会的抗議の結果、この倫理の支配がどのように変わっていったのかをたどっている。親たちは、抑制が要求されているという観察を放棄し、公的な期待に沿わない方法で行動し始めた。ＩＤＦ（イスラエル国防軍）のやり方や態度に対する国民の不満が高まっていたことが、理由の一部であった。ここでも、悲嘆の表現は、その背後には社会的な力を持つ意味によって包囲されていた。しかし今回は、国家によってというよりも、対抗勢力によって認可された力であった。つまり、悲嘆の表現というのは、一個人の、私的な経験を超えたものなのだ。私的なことがある程度政治的なことに結びつくのは不可避である。したがって、悲嘆を手作りするには、政治的スタンスの手作りに遺族を巻き込むことが、しばしば必要になる。

イスラエルの例は、同質の他の例と関連している。イギリスでは、ウートン・バセットの町を中心として、イラクとアフガニスタンで戦死した兵士の送還を機に、ある儀式が発展した（Jenkings, Megoran, Woodward, & Bos, 2012）。この町は空軍基地の近くにあり、この二つの戦争からイギリスへ帰還したすべての遺体はその基地に上陸し、オックスフォードの検視官事務所へ運ばれた後に、家族へと引き渡された。ただし、ジェンキンスら（Jenkings et al., 2012）によると、１９９１年に政策が変更されるまで、国外で戦死したイギリス兵士は、送還されるのではなく戦死した場所に埋葬されていた。ウートン・バセットの町では、人々が目抜き通りに参列し、戦死者を乗せた霊柩車の列を静かに見送るのが儀式となった。戦死者の家族もいれば、一般市民も軍人もいた。軍人の間では、霊柩車が走り抜ける際に敬礼するのが一般的になった。儀式は有機的に発生し、軍や政治指導者によって組織されたものではなかったが、政治的意義を獲得し、メディアで報道され始めて、より大きな政治的意義を持つものとなった。死者への追悼儀式の考案は、ジェンキンスらが示す通り、戦争への政治的支持の代わりになる。このことは、論争好きなイスラム教徒の指導者が、これらの戦争で死亡したイギリス人ではないイスラム教徒を追悼して町を行進する計画を立てたときに、明確になった。またしても、悲嘆は単なる私的な経験ではなかった。それは、戦争そのものについての政治的議論と深く結びつけられたのだ。

公私の境界はしばしば、遺族の悲嘆によって侵犯される。パパラッチによるダイアナ妃の私的領域への侵犯が問題点の一つとなったのは、ダイアナ妃が亡くなった後であったが、境界が侵犯されてはじめて、私たちは、そのような境界が暗黙の政治的コンセンサスによって確立されているという事実を認識するのである。言い換えれば、境界は言説が作り出したものである。人は、私的な悲嘆の経験から公的な（したがって政治的な）論拠を立てるべく、意図して、このコンセンサスに背くことがある。2005年、イラク戦争への反対を表明するために息子の死に対する私的な悲しみを利用したシンディ・シーハンが、そうだ（Murray, 2012）。彼女は、息子の死に対する感情を公然と表現し、テキサス州クロフォードのジョージ・ブッシュの牧場外で野宿しながら、「どんな高貴な理由で息子が命を落としたのか」をアメリカ大統領から聞くことを求めた。その問いは修辞的であり、シンディ・シーハンは「悲嘆を公的議論の一形態として」利用したと言われている（Murray, 2012, p.14）。彼女がそうしたことにショックを受けた人もいたものの、彼女は、抗議を通じて、息子の死と彼女自身の悲嘆に付加的な意味を作り出したと言えるだろう。

アイスランドの「新しい夜明け」という組織についての記事で、アルナソン、ハフシュタインソン、グレタースドッティール（Árnason, Hafsteinsson, & Grétarsdóttir, 2004）は、アイスランドでの悲嘆の経験が、最近および積年の政治的ナラティヴの両方によって、いかに形作られてきたかをたどっている。つまり、悲嘆は、古代の輝かしい過去から続く喪失の長い歴史と関連している一方、かつての国家の重圧に制約を受けることなく、以前なら私的経験だったものを公にする現代的な新自由主義的自己の生産と関連している。アルナソンらは、「これからも継続していく私的プロジェクト」とも言える悲嘆のプロセスは、「自身を自由の主体に変え、責任を私的な努力にする」（p.342）ことを含むと主張する。これは、公的資産の民営化と社会保障の縮小という新しい権利議題の発展に適合するという意味で、政治的動きである。

クラスとゴス（Klass & Goss, 2003）は、悲嘆に関する文化的ナラティヴの機能は、別の特定の意味で政治的であると主張している。彼らが言うには、こうしたナラティヴは悲嘆を規制し、人々が悲嘆を表現することが許される文化的枠組みを維持する。こうした文化的ナラティヴは、彼らの文化的行動をより大きな文化的ナラティヴに一致させるよう個人に圧力をかける。彼らは、毛沢東主義の中国やワハビ主義のイスラムほども大きく異なる文脈から例を挙げている。どちらの場合も、個人の経験がいかに集合的なナラティヴに一致し、したがって、政治的ナラティヴを正当化するように仕向けられるのかを例示している。

残念ながらジャネットは、ロレインと娘たちとの会話の後、長くは生きなかった。彼女は急に悪化して昏睡状態になった。この間娘たちは最大限母親に寄り添い、ハンクはそのことに相変わらず神経をとがらせていた。彼は、どれほど普段通りの生活に戻ることを望んでいたか、そしてジャネットが苦しみから解放されたことにどれほど安堵したかを話した。彼は娘たちを思いやることには苦労したが、最後までジャネットを守りきったと感じていた。

クリスティとサマンサは、ジャネットの死後、ロレインと最後の会話を持った。この会話で、二人は、最後の日々には母親と離れ離れになる感じがしてとてもつらかったことを表現した。ジャネットの死後、一度だけ特に悪い出来事があった。ハンクが、クリスティを亡くなった母のそばから離し、「彼の家から追い出す」ために警察を呼ぶと脅してきたのだった。幸いこの脅威は現実のものにはならず、ホスピスのワーカーがその場をおさめることができたが、それでもクリスティとサマンサにとって非常につらいことだった。ロレインとの会話で、二人は、たとえ脅威にさらされても和解を目指す人として、母親を語った。ジャネットなら、収拾がつかなくなったり警察沙汰になったりするくらいなら、ハンクに張り合わず引き下がってほしいと思うだろうという考えで、二人は一致した。そこに二人は慰めを見出したのだった。

権利を奪われた悲嘆

社会的言説が人の悲嘆の仕方に影響を与えるもう一つの方法は、公然と悲嘆する権利が誰にあるかについての規範を確立することである。そのような資格がない人たちは、「権利を奪われた悲嘆(disenfranchised grief)」を経験すると言われている(Doka, 1999)。哀悼を示すことが期待されている人と、冷ややかな目で見られる人の差は、資格にある。権利の剥奪という概念は、一般的な言説が、望ましく、普通で、真実であるとみなされるものに対して権力を行使していることを示唆している。言い換えれば、資格というのは、法的な認可というより、ドミナントな言説による認可なのだ。分割線がどこに引かれようと、誰かがその外側にいる。ドーカ（Doka, 1999）は、「いつ、どこで、どのように、どれくらい長く、誰が悲しむべきか」（p.37）に関する規則があることを示唆している。これらの規則は、悲嘆している人物、悲嘆する人と故人との関係、そして悲嘆される喪失に対する認識を奪ってしまうと言われている（Martin, 2002）。

現代世界においてよく想定されるのは、親密な家族関係にある人々は自由に悲嘆する余地が許されているということだ。悲嘆の言説と親族関係の言説の間には密接な関係がある（Butler, 2004; Reimers, 2011）。そのような指定があることは、誰に、どれくらいの期間忌引で休むことが許可されるかに関する就業規則を見れば、たいてい明らかである。そこに該当しない人々は、規定から外される。それは、拡大家族の強い結びつきを尊重する文化に属する人々の経験は認識されないことを意味している。権利を奪われるかもしれない人には、流産を経験した親、認知されない愛人、同性愛者のパートナーや仕事の同僚、ペットの飼い主、大切な人が自死した人などが含まれる。例えば、ライマース（Reimers, 2011）は、スウェーデンにおいて、いかに異性愛者の親族規範が悲嘆の実践に対してヘゲモニー的統制を発揮し、他のＬＧＢＴの関係を周辺化しているかを示している。しかし、重要なことに、彼女は人々がエージェンシーを発揮し、こうした規範に抵抗できるというヘゲモニーの転覆事例も記録している。

ハルユ（Harju, 2015）は、親族関係になくても、尊敬する人（スティーブ・ジョブズなど）の死によって影響を受けるファンの経験を記述するという異なる目的で、権利を奪われた悲嘆の概念を使用する。また一方、ジュディス・バトラー（Butler, 2004）は、「喪失の深いところ」（p.22／邦訳51頁）に隠れているはるかに論争を巻き起こすものを突き止める。彼女は、「何が生をして悲しまれるに値するものとなるのか？」という疑問を提起する（p.20／邦訳48頁）。それを単なる個人的な結びつきの問題ではなく、その人を正当に傷つく人物と見なす政治的認知の問題であるというのが彼女の答えだ。人生が「雇用不安」と密接に関わっている人は、亡くなってもそれほどに嘆き悲しまれない可能性がある。言い換えれば、その人が生きている間に社会で占める地位というものが、正当性の主流にあるのか辺縁にあるのかによって、その人の死が悲しむものとして認識されるかどうかに違いをもたらす。

彼女は、レズビアンやゲイの多くの人々がこのカテゴリーから外れており、インターセクシュアル、トランスセクシュアル、トランスジェンダーの人も同様であると述べる。彼女はまた、国外の戦争で戦うアメリカ兵の死は悲しまれるのに対し、彼らが殺す相手が死んでも悲しまれることはないことにも触れている。社会的ないし軍事的暴力のいずれかによって「他人」にされた人々は、ドミナントな人道主義的言説によって人間であるという地位をほとんど認められない。したがって、彼らの人生は悲嘆されうるものとしては認識されないのだ。例として彼女は、サンフランシスコの新聞が、怒りを買うからという理由で、イスラエル軍によって殺害されたパレスチナ人の家族の死亡記事を受け付けないことを引き合いに出す[*1]。このようにして、社会規範の政治学は、民営化された悲嘆の世界と見なされるものに身を置くのだ。

では、カウンセラーは、権利を奪われた悲嘆を経験しているかもしれない人がコンサルテーションを求めてきた場合にどのような反応ができるだろうか。ニーマイヤーとジョーダン（Neimeyer & Jordan, 2002）によれば、権利を奪われた死とは要するに共感の失敗であり、問題への対処は、なされていなかった共感を提供するカウンセラーにあると提案する。悲嘆する権利が奪われている人にその責任を帰することのないようにという彼らの警告は適切だ。しかしながら、私たちの考えでは、ジャッジされることのない共感に満ちたカウンセリングの経験を提供することは役に立つものの、十分でない。

権利を奪われた悲嘆を、ドミナントな言説に基づく規格化する判断の兆候（Winslade, 2013）として認識するならば、共感を超えた別の手段が推奨される。それは、その判断を判断へと差し戻すという手段だ。

規格化する判断（normalizing judgement）とはミシェル・フーコー（Foucault, 1978, 1999）が開発した用語で、現代世界においてよくなされている、人の行為の善悪よりも正常か異常かで人を判断する方法である。そのような規範から逸脱した場合に、その人に欠損を割り当てていく方法は何百とあり、権利を奪われた悲嘆もその一つである。判断を判断の元へ差し戻すという手段は、ドミナントな言説そのものを脱構築し、その仕業を調べるところへと導いてくれる。例えば、悲嘆する権利を奪われた人は、次のように問いかけられる。「あなたの悲嘆が正当に認識されてこなかったということは、あなたとあなたの経験についてどのような前提が敷かれていることになりますか？　それについてあなたはどう思いますか？　それは公平でしょうか、それとも？」最後の問いは、社会的判断を被る人が、その判断について判断することをもたらしてくれる。

ハルユ（Harju, 2015）の修辞的問いはこうだ。「誰の悲嘆が正当かについて発言できるのは誰なのか？どのような悲嘆なら許され、社会から認可を受けるのか？　その悲嘆は本物だ、十分に悲嘆している、などと言えるのは誰なのか？」（p.125）これらは社会批評の精神を示す正当な問いである。人が悲嘆という困難への反応を手作りするのを助けるつもりなら、ドミナントな言説が押し付けてくる仕様書に対してそのような問いを立てなければならない。その人自身の主観的な経験の政治学に介入するとは、そういうことである。グリーフカウンセリングは、ヘゲモニー的な意味に抗議する可能性に開かれていなければならないと私たちは信じている。悲嘆する権利を奪われた人は、自身の権利の剥奪に抗議したいと考えるかもしれない。そうした望みもまた共感的な反応を得るに値する。したがってカウンセラーにはこうしたことに反応する用意がなくてはならないし、クライエントが悲嘆しうる人生を生きているとは認められていないことに対して抗議したいという望みをどのように表現するかについての意思決定を促進する必要がある。

私たちがまだ取り上げていないものは、モダニストの言説が、時間についてどう考えるべきか、そしてそれが死と悲嘆のストーリーにどのように影響するかを指定する際の言語である。これもまた政治的影響の及ぶ特定の領域であり、次章で考えるテーマである。

＊訳註

＊1　これは、バトラーへの私信メールによる情報である。『生のあやうさ』の註によると、それは「平和を求めるアラブ系アメリカ人キリスト教徒の会」サンフランシスコ支部によって投稿された追悼記事についてのものである。「こうした死の真相はイスラエルの新聞によってさえ報道され証明されているにもかかわらず、『クロニクル』はこの記事を載せることを拒否した」。本文で彼女はこう続けている。「どういう状況の下で、公共の場での哀悼が公共そのものに対する『害』を構成するのか、おおやけに語ることのできることの範囲内で誰かに耐えることができない損害を与えるのか、そのことを私たちとしては問題にすべきだ。……イスラエル国家やイスラエル軍に近い人びとを怒らせることになるかもしれないから、こうした死をおおやけにしてはいけないとでも言うのだろうか？　これらの死は現実の死とは考えられない、こうした人びとの生は悲しむに足りない、なぜなら彼らはパレスチナ人で、しかも戦争の犠牲者なのだから、とでも言うのか？」（Butler, 2004／邦訳 74 頁）。

第7章

伸びる時間

ジョン・バージャーの小説、『ここで出会う（*Here Is Where We Meet*）』（Berger, 2005）では、主人公がリスボンの街の様々な場所で母親に出会う。そのこと自体は珍しくもないのだが、母親が死んで15年にもなるとなれば、話は別だ。二人の出会いは夢の中。それは鮮やかな出会いであり、彼の人生の場面は少年時代から（母親は死んで既に久しい）老年期に及び、アコーディオンのように伸縮自在だ。母親は息子に、人生の諸事を教え、彼の性癖を笑う。二人の出会いの終焉に向けて、バージャーは語る。「母親というものの死後、時間はしばしば倍速、ないし加速する」[◆1]（p.54）と。

この短い一文で、バージャーは時間の流れの異なる感覚について警告する。測定可能な時間単位の直裁な範疇化よりも、伸び縮みする時間体験というものを詩的にほのめかすのだ。時間をこのように評価するには、慣習的な知の世界から踏み出し、時間を多様な仕方で感じる方法へと進まなければならない。バージャーは、死が時間経験を遮断することを示唆して、時間がスピードアップしたりスローダウンしたりするこれまでとは違う感受性に私たちを投げ込む。

バージャーは、このように語った最初の作家でもないし、唯一の作家でもない。ジル・ドゥルーズ（Deleuze, 1990）は、ルイス・キャロル（Carroll, 1865）が『不思議の国のアリス（*Alice's adventures in wonderland*）』で時間を伸び縮みするものとして扱う方法を、たどっている。キャロルのテクストを際立たせる夢のような不合理さのただ中で、ドゥルーズは、プロットの論理の流れに沿ってほとんど隠された意味を面白可笑しく明らかにする。もしも私たちが通常の論理思考様式を宙づりにするなら、ノンセンスな言葉さえ意味を伝え、馬鹿馬鹿しい行為も意味をなす。通常の因果律を逸脱し、効果世界、ないし（ドゥルーズが「準－原因」（p.33／邦訳 70 頁）と呼んだ）直線的因果律が止まる無時間性パラドックスの持続に開かれる世界に、小説は棲んでいる。ドゥルーズは、キャロルの言葉をいくつもの方法で分析しているが、ここでは主に、キャロルの時間使用法に着目する。

クロノスとアイオーン

ドゥルーズは時間についての思考方法を二つ抽出している。それぞれが「排反的な完備な読み方を形成する」（p.61／邦訳 118 頁）。古代ストア派を引いて、一つはクロノス（chronos）と呼び、もう片方をアイオーン（aion）と呼ぶ。クロノスは、時間を秒、時、そして日と同様、過去、現在、そして未来に分割されたものとして考える慣習的方法である。しかしながら、時間の概念化には、ジル・ドゥルーズがアイオーンと呼ぶもう一つの感覚、論理、言説がある（p.61／邦訳 118 頁）。（フーコーなら「固有の真理体制（regime of truth）」（Foucault, 1980, p.131／邦訳 216 頁）と呼び、ウィトゲンシュタインなら「言語ゲーム（language game）」（Wittgenstein, 1953）と呼ぶ）この論理において、過去、現在、そして未来は、狭く分割された範疇に区別されない。それらは流動的で、互いに逆流し、順流する。過去は現在の中に流れ込み、未来は今の中に含意される。ドゥルーズは、このような時間の読み方の認識に「ストア派の偉大な思考」（p.61／邦訳118頁）を参照しているが、物語様式でこの時間感覚を示すものとしては、ウサギとカメの寓話をほのめかしている。*1

本章では、死が私たちの通常の時間感覚（クロノス）を遮断する方法、および死が私たちをアイオーンという異なる時間世界に投げ込む方法について探求していきたい。ドゥルーズの説明は私たちに、時間についての二つの「読み」（p.61／邦訳118頁）が互いに葛藤するものだとか競合するものと考えるのではなく、それぞれの時間感覚が可能にするものを両方とも受け入れるよう誘う。生活の他の諸側面に関して彼が行うように、ドゥルーズは、人生を促進するのは単純さへの還元ではなく多数性なのだと権利擁護している。

死という出来事

誰かが死ぬとき、一つの出来事が起こるわけだが、そこでは、ドゥルーズが「純粋な出来事」と呼ぶものさえ起こる。一つの出来事は、「特異」なものと考えられ得る。ドゥルーズ（Deleuze, 1990）は、以下のように説明する。

特異点とは、方向転換点、屈曲点などである。また、尖点、結節点、渦状点、渦心点である。また、溶解点、凝固点、沸点などである。また、涙と喜びの点、病気と健康の点、希望と不安の点、いわゆる感覚点である。（p.52／邦訳104頁）

単なる事故《アクシデント》と出来事《イベント》を区別するものは、私たちがそこに抱く意味である。クロノスの単位として測定される今という時間において、物事自体に差異はない。今、起こる物事が、出来事とされたり、出来事として、あるいは特異なものとして登録されたりするのは、私たちが考える意味、ないし思考様式によってである。それゆえ、私たちが悲嘆に暮れるとき、私たちは単に大切な人の死の瞬間、ないしその瞬間の原因を嘆き悲しんでいるのではなく、どのようにしてその人の人生が私たちの記憶から除外されてしまうのかという全般的感覚を嘆き悲しんでいるわけだ。そうする中で、私たちは、測定され計算される通常の時間の流れを止める。私たちはその人の人生のナラティヴを構成し、そのナラティヴは、アイオーン感覚の即時性の中、私たちの目の前で踊る。私たちが文化的パターン、あるいはいかに一つの人生が人生のより大きなタペストリーの一部であるかを理解させる言説に一目置くのは、時間がこのナラティヴへと留め置かれる中においてである。ドゥルーズが示唆するように、私たちは「永遠真理」（p.53／邦訳106頁）を感じる。

人は、死の入り口を経験するとき、クロノスという時間の中で、存在の外側に踏み出すと言われている。死という出来事は、クロノスの今において起きるのであるが、今はすみやかに歴史となり、その人の死という感覚は、アイオーンの論理の中で形を成し始める。私たちは、二つの時間の読みが「共鳴する」（Deleuze, p.53／邦訳105頁）瞬間、ある時間感覚から別の時間感覚へ移ることができる。これが起きるのは、「溶解・凝固・沸騰・凝縮の点、また、凝結の点、結晶化の点があるように」（p.53／邦訳105頁）臨界点においてである。

時間が流動するとき、私たちは同時に多くの時間ゾーンに立脚しているわけだが、その時間の流動性を描くために、ダニエルとロレインの会話から逐語録を抜粋しようと思う。この会話においてダニエルは、亡くなった祖母がいかにして過去に（出来事の様々な懐古において）途切れなく流れ込むのか、長年にわたっていかにして彼のそばに居続けたのか、そして彼女も含む彼の人生の未来へいかにして彼と共に動いているのかを語っている。ダニエルの祖母がクロノスとアイオーンの両方の感覚において生きていることは、注目に値する。

ダニエル　あなたに祖母のアンを紹介しましょう。
ロレイン　アン。特別な呼び方がありましたか？
ダニエル　グランマ。
ロレイン　グランマ。私もそう呼んでいいかしら？
ダニエル　いいですよ、もちろん。
ロレイン　では、そうしますね。グランマは母方？　それとも父方？
ダニエル　父の母です。
ロレイン　グランマがあなたにとってどんな人だったか話してくれますか？
ダニエル　グランマは僕が生まれたとき、もうアルツハイマー病でした。僕が生まれる直前に、そう診断されたんです。祖母との関係、僕の経験では、彼女はとても信頼できて、いやなことは絶対しない人で、気むずかしいところもなかった。いつもほがらかで、落ち着いていて、文句など言わない人でした。だから彼女といると、とても気楽でした。母と僕は彼女を訪ねて行って、一緒に長く過ごしました。
ロレイン　彼女がアルツハイマー病になる前、つまりあなたが生まれる前は、グランマがどんな人だったか聞いていますか？
ダニエル　話に聞いた彼女は随分違う人でした。彼女はとても、とても心配性だったそうです。とても厳しかったと。要求が多くて、「受動的攻撃行動」が目立ったようです。息子や娘の人生にもよく口出ししたので、皆、扱いに困っていたようです。これが両親から聞く話です。でも、それは僕の経験ではありません。僕の子ども時代、もうそういう人ではなかったからです。

ロレイン　つまり、あなたは違うグランマを持つことになった。育ち盛りで、まだ少年だった頃、あなたの感じ方が両親の感じ方とはどんなふうに違うのか、気づいていましたか？

ダニエル　ええ、彼女は抑制の効かないところがあって、ちょっとずれたことを言いました。例えば、僕のことを一度、ハンサムな小さい男色者（bugger）と呼んだことがありました。彼女は男色者という言葉の意味を忘れていたのです。彼女のすることはそんな感じでした。僕にはとてもやさしくて、だから僕も彼女のことをとてもやさしく思い出すのです。

ロレイン　小さい頃に、あなたにやさしい祖母がいたことは、どんな感じでしたか？　あなたにとって。

ダニエル　［間をおいて］素晴らしかった。

クロノスとは何か？

時間に関する近代科学は、時間を測定し、異なるかなりの時間を様々な活動に割り当てることを私たちに教えてきた。それは、近代科学、ビジネス、そして政治を支配する因果律と関連している。資本主義的経済言説の影響下において、私たちは、時間の価値を計算し、自分自身の、ないし他者の時間に値段をつけることを学んできた。時間の経済的操作で利益を得たり、気がついてみるとレジャータイムと呼ぶ付加価値を手にしているのだった。

近代主義思考は、現在支配的な資本主義に沿って組織化された経済にフィットするよう、時間に関する慣習的言説を改訂してきた。しかし近代主義者の改革熱情は、過去の感覚を維持することには総じて情熱を示さなかった。近代主義者のヒーローである、ヘンリー・フォードが、自身を歴史から解き放つことを求め、『シカゴ・トリビューン（*Chicago Tribune*）』のインタビューで次のように宣言したのは、有名な話である。

> 歴史なんて多かれ少なかれ、たわごとだよ。言い伝えだ。私たちに、そんなものは要らない。私たちは現在に生きていたいのであって、気にするほどの価値がある歴史は、今日、私たちが作っている歴史だけさ。
> (1916.5.25/Andrews, 1993, p.408 からの引用)

私たちは、ヒューマニスティック心理学や大衆文化のテクストによっても、今に生きること、そして過去からの影響と未来についての不安の両方から逃げることを勧められている。近代的生活では、時間は決まって、明らかに区別された範疇に割り当てられ、過去・現在・未来の間の境界がぶれることは、決してない。しかし、近代世界において祝福される最も重要な感覚は、過去の支配からの自由としての今という感覚である。今は、未来、ないし予期による恐怖とは共謀せず、私たちの目の前にある瞬間を必要とするようひたすらに強いる。

ダニエルのストーリーは、アルツハイマー病が人をいかに変えていくかという特別の変奏によって衝撃を与えられる。アルツハイマー病は、診断の前後で時間を分割する。診断の時点で人は、自分の一部をしばしば失うことで、変わるのである。この例では、喪失こそがダニエルとグランマの間の新しい関係を可能にし、さらにそれが彼の母親によって目撃されることをも可能にするところが、この特別な病気の皮肉になっている。

ロレイン　グランマがあなたにやさしくてとても自由なのをお母さんがご覧になって、どんなふうに感じていたと思いますか？

ダニエル　母にとっては、とても特別だったことでしょう。

ロレイン　そこでお母さんのストーリーがどのように移行したかわかりますか？　実際に、それは移行したのかしら？

ダニエル　ええ、そうです。祖母が亡くなるまでの何年か、母と僕は、祖母の外界との接点であり、彼女が記憶しているわずかな人間でした。

ロレイン　お母さんにとって、どんな移行があったのですか？

ダニエル　母にとっての移行とは、祖母が違う人間になっていくのを目の当たりにしたことです。そして、自分の子どもたちが祖母にぎりぎり結びついていたことが、とても大切なことでした。

ロレイン　お母さんのグランマ、つまり姑についての話が移行し始めたとき、彼女はそれを夫であるあなたのお父さんにどのように返したと思いますか？

ダニエル　わかりません。祖母が病気になった頃、結婚は暗礁に乗り上げていましたから。祖母が亡くなるまでの数年間、父は本当に祖母から逃げていました。すべてが父にとっては、とても恐ろしかったのです。

クロノスという慣習的感覚においては、故人、そしてしばしばアルツハイマー病を抱えた人は、時間切れとされる。時間に関する、この有限（finite）（ないし決定的（definitive）、おそらくは定義的（definitional）でさえある）感覚が、フロイト（Freud, 1917）、および大方の（グリーフサイコロジーも含め）近代心理学によって受け入れるよう示された現実を構成する。家族は、アルツハイマー病ないし認知症を抱えた人々の感情・能力・機会などが次第に無くなるのを目の当たりにするとき、その証人でいることとは無数の死を受容することだと語る。死者、および活気ある生き方を止める人々は、過去に引き渡されなければならない。例えば、彼らについて語るとき、私たちは、動詞の時制を変えなければならない。彼らは、だった人々であり、未だにであるを使った際は、熟慮の上の意図ではなく、言い間違い、つまり家族の習慣的表現ミスと見なされなければならないのである。そうでなければ、話し手は現実に結びついていないか、幻覚があるのではないかと心配される。クロノスは、グリーフサイコロジーへの応用も含めて、メンタルヘルスの論理を支配している。

生きている私たちは、今や、過去との間のカーテンによって死者と分割されている。それは、分離を維持するカーテン、つまりクロノスという際立ったカテゴリーである。時間の幕は、生者と死者の間のギャップに下ろされる。私たちと故人は文字通り、異なる時間帯に存在しており、時計の針を進める交渉によりそれを変える立場にない。私たち、生者は、現在に住んでいるが、彼ら、死者は、幕の向こうに暮らしている。その時間感覚は、私たちが人生に見出す意味に影響を及ぼす、という仮説がある。そうした仮説を操作するのが容易ではないのは、それがあまりに馴染んでいるからである。それは、言説的仮説であり、私たちが当たり前のこととして考え、視る物事のカテゴリーに正確にフィットしている。それはあまりに自然であるため、文化的思考パターンの影響が及ぶ範囲にはない。私たちは、仮説を人生のシンプルな現実だと思っている。しかしながら、わずかな脱構築的省察があれば、その自然な権威も緩む。ダニエルの次の話の中の現実に、その緊張を聞くことができる。

ダニエル　グランマは素敵だし親切でした。唯、そういう話を父とするのを恐れたのは、それが父を怖がらせると思ったからです。

ロレイン　もしもあなたが今になって、お父さんに、親切でやさしい祖母の話をするとしたら、どんな話がしたいですか？

ダニエル　［間］彼女が記憶されていること、未だに僕の人生の一部であることです。僕の記憶の仕方は、他の誰の記憶と比べても、正当なものです。

ロレイン　それは、空間に少しだけひび割れを入れる？

ダニエル　かもしれません。僕の一番好きなことは、祖母に話しかけることであり、それは父には理解できないでしょう。でも僕は小さい頃からずっと、祖母に話しかけてきたのです。かなり小さい頃から、彼女の存在を感じていて、それは死後も変わりないのです。

ここで仮説を立てるとしたら、こうだ。時間は、客観的にかつ科学的に測定されるが故に、現実を抵当に入れることができ、時間の主観的経験は、潜在的に、幻覚的ないし精神病的である。グランマの一つの「真実」版に対するダニエルの悪戦苦闘も、これに該当する。なぜなら、彼女の人生についての彼の異なるヴァージョンは、時間と現実の異なる構成の中にあるからである。近代的思考は、時間測定の正式化について、とても入念であった。クロノスは、かつてなかったほど、地球の自転に関連づけて特定されている。今では、原子時計が（そして携帯電話でさえも）私たちの時間シークエンスが正確に地球の自転と公転にマッチするよう、正確なうるう秒の挿入を可能にしている。

　グリニッジ標準時は、緯度の測定、および時間帯の確立のための任意の起点として選択された。このように、時間の次元は、空間的次元の測定と密接に結びついている。私たちは、グリニッジ標準時に連携すれば、時間を知ることについて正確を期すことができる。しかし、実際に、グリニッジ標準時の選択は、任意なだけではない。それは極めて相対的な決定であった。グリニッジ標準時は、地球上での大英帝国の優位を確立した権力連関であると同時に、科学世界を支配した権力連関の結果として選択されたのである。英国科学コミュニティの力、その決定を評価するために必要な物理学者と学術誌の必要数、そしてその考えを支持する科学的ナラティヴの存在のすべてが、全世界のための、そして永遠に時間の起点としてグリニッジ標準時を配置することに貢献したのである。それゆえ、グリニッジ標準時は、それが出現した社会状況に対して任意で相対的なのである。だからといって、その分、役に立たないというわけではない。ただし、私たちの（分、時、日、月、そして年という）時間分割もまた、地球上の生物によって与えられた人生に対する相対的視点に過ぎないことに気づくためには、異なる惑星へ旅行しなければならないということではある。火星では、地球上の日という概念は、シンプルで自然な感覚で迎えられることはない。ポイントは、フーコーが言い続けたように、知識は「固有の真理体制」から生まれ、しばしばそれによって拘束されるということだ。つまり、権力連関によって認可されたドミナントな言説によって強化された思考方法によるのだ。クロノスがこのようにいつも、文化的限界の中で拘束されていることは、重要だといえよう。

アイオーンとは何か？

しかしながら、時に私たちは、自らの時間経験を理解するために異なる論理に頼る必要も出てくる。この異なる感覚においては、時間は、近代定義的カテゴリーによる区別によってはそれほど拘束されてはおらず、著しく流動的である。ドゥルーズは、この時間論理をクロノスではなくアイオーンと呼ぶ。彼によれば、人々は、自らの時間経験を協議するために唯一の論理を持つことはない。他の物事同様、時間は、複数にストーリー立てられているほど、より有効な思考となる。それは異なる時間感覚であり、ダニエルに祖母との現在進行形の関係を持つことを可能にさせるのである。

ロレイン　グランマと話すとき、彼女の反応をどんなふうに感じますか？

ダニエル　どうしていいかわからない感じです。

ロレイン　それは、あなたにとって、どんな違いを生みますか？

ダニエル　そうですね、僕が本当に小さかった頃、両親が離婚して、グランマが避難所でしたから、よく話したものです。やすらぎでした。少しビクビクしていたのは、こんなことが起こるなんて教えられていなかったからです。でも、同時に、とても自然でした。

ロレイン　つまり、あなたと彼女の間には仲間意識があった？

ダニエル　ええ。見え隠れしますけどね。人生のある時期、誰よりも強く結ばれていました。ええ、完全に。

ロレイン　訪問するとなったら，そこにいてくれるのですか？

ダニエル　ええ。

ロレイン　訪問すれば，その場で具体的なアドバイスをくれるのですね？　あるいは，そういうのではない？

ダニエル　そうではありません。僕らの関係性として最も大切だったのは，一緒にいることですから。空気のような存在なのです。

ロレイン　空気のような存在とはどういうことですか？

ダニエル　それは唯，……［泣き出しそうになって］……唯の感じ方ですよ。彼女の霊の中に入っていくみたいな。僕は守られていて，抱っこされている。やさしく抱かれているのです。

ロレイン　彼女の存在の中で，やさしく抱かれているのは，どんな感じですか？

ダニエル　［涙をためて］感じさせてくれるんです。

ロレイン　それは，深く感じさせてくれる？

ダニエル　ええ。

この感覚において，死者の人生は，アイオーンとしての時間において「持続」を持ち続けている。ダニエルの祖母は，まるで生きているかのように，彼のすぐ隣にいて，彼をやさしく抱擁する。「持続」とは，アンリ・ベルグソンによって抽出され錬成された用語であるが，ドゥルーズによっても採用されている（Deleuze, 1990）。「時間を考えるときに，砂時計のイメージから逃れるのは簡単なことではないのだ」（p.26／邦訳 38-39 頁）と注記しつつ，ベルグソンは，存在するとは，持ちこたえること，つまり時間において持続を持つことだと主張する。この持続は，変奏，変化，そして祖母の孫に対する愛情の止まることのない動きによって印される。持続は、絶え間ない「発明、型式の創造、絶対的に新しいものの連続的錬成」(p.20／邦訳30頁) の中での人生、生きるものに関連している。しかしながら、時間という道を進みながら持続は、「ある瞬間から別の瞬間へ次から次へと交代していくような瞬間ではない」(p.14／邦訳21頁)。それゆえ、今であるとか、クロノスとしての時間の読みに関するものではないのである。

持続は、その代わり、「記憶が拾い集める持続の分、連続的に膨らんでいく。いわば、自分自身を使って雪だるまを作っているような」(p.12／邦訳18頁) 記憶の蓄積に関連している。ベルグソンは、記憶についての考え方において独特である。「記憶は思い出を引き出しで分類する能力でもなければ、それらを帳簿に書き込む能力でもない」(p.14／邦訳22頁)。記憶はむしろ、「われわれの意識的存在の基底であること、言い換えれば過去の現在への延長であること、つまり作用を及ぼし続ける不可逆的な持続である」(p.24／邦訳37頁)。ドゥルーズが後で主張するように、ベルグソンは、時間の二つの意味のあいだの差異を仮定していた。ベルグソンによってそれは「具体的な時間」と「抽象的な時間」(p.29／邦訳42頁) として言及されていたのである。

結局、アイオーンという時間の読みは何か? まず第一に、それは多くの言語において、様々な動詞の形で認識され、表現されている。不定詞 (infinitive) の形での時間は、現在、過去、ないし未来のための印とはならない。むしろ、それは定形でない動詞 (non-finite) と呼ばれる。それは「無限 (infinite) である必要はないがただ無限に下位分割可能である」(Deleuze, 1990, p.61／邦訳118頁)。ドゥルーズによると、時間のこの亜型は、「表面の純粋な直線であって、非物体的であり、限られることはなく、時間の空虚な形態であり、すべての物質から独立している」(Deleuze, 1990, p.62／邦訳120頁) と感じられている。私たちがアイオーン感覚を生み出す思考様式に入るとき、過去、現在、そして未来は相互に流動的な形で存在する。過去は完全に過ぎ去ることはなく、今の中に居続ける。未来は現在に影響を及ぼし、現在を創造する。クロノスがリアルなものとして指名した時間の三領域のあいだに、実際には、時間の流れがある。私たちは、今においてのみ生きているという感覚よりも、この流れの感覚にある。この時間感覚が「非物体的で」「すべての物質から独立している」以上、リアルなもの、つまりリアリズムは取るに足らないものだと想定されるであろう。

それゆえ、アイオーンは、生きている身体と同じく、人生においても実質を与えられない人柄というものを育むのに、最適な場所だと思われる。クロノスの現在感覚においては、人の人生は終るだろう。しかし、アイオーンにおいては、人が生きている感覚が持続、ないし永続する。それは、ナラティヴとして、つまり物体的な過去において大切だったこととして、そして未来においても引き続き重要であることとして、非物体的な方法で行われるのである。実際、この感覚であれば、人生が、生存中には得られなかった重要な新しい方法を蓄積し続けないという理由はない。人の人生、および目的は、（人々が身体として物体化される）有限な時間に包含される必要はないのだ。だからダニエルは、親友の予期せぬ死に沈む自分を祖母がいかにして慰めてくれたかを説明する。彼は、人生における祖母の愛を再訪するだけでなく、その愛を亡くなった親友にも差し延べるのである。

ロレイン　最近、親友がお亡くなりになったとき、彼女の存在はどのようにあなたを抱えていましたか？

ダニエル　彼は突然、死にました。悲劇です。実は、そうなったとき、僕が彼女を感じたのではなく、少し前に、彼と話している最中に、彼女の存在を感じたのです。

ロレイン　彼の名前は？

ダニエル　ジャック。

ロレイン　グランマがジャックを好きなところはどこ？
ダニエル　彼の心。
ロレイン　彼のやさしさを彼女は感じたということ？
ダニエル　ええ。
ロレイン　彼女は彼のやさしさを抱えていたわけね？　となると，愛情がジャックにまで差し延べられたことを知るのは，どんな感じですか？
ダニエル　淋しさが減りますね。
ロレイン　ジャックの淋しさが減る？　ダニエルの淋しさが減る？　それとも両方？
ダニエル　両方，だと願いたい。
ロレイン　ジャックは暖かい愛情を好むのね？
ダニエル　ええ，まず間違いなく。

アイオーンの論理においては，大切な人の死の意味は，異なる読みに開かれる。そのことが，グリーフカウンセリングの実践にとって大切な理由である。それは，継続する関係への新しい道を見つけること，あるいは関係性のための新しい目的を見つけることさえも意味している。ダニエルの祖母と友人のジャックの間で見られる通りである。むしろ，現在と過去の間のシャープな区別を維持するよりも，アイオーンの論理，過去が現在の中で生きる意味が許される。ドゥルーズによって，死のような出来事がいかにして「アイオーンに沿って延び」（Deleuze, 1990, p.64／邦訳 122 頁）るかが，語られる。もはや生きていない人は，ある一つの感覚，つまりアイオーン感覚において，私たちの心で生き続けていくであろう。それが，ダニエルが私たちに話していることである。グランマは彼のために生きているだけでなく，彼女はダニエルのために新しい（時間を超越した）目的を，今やジャックのためにも持っているのである。

ロレイン　ダニエル，グランマの愛はあなたにとって無限ですか？
ダニエル　ええ，間違いなく。
ロレイン　わかりました。明日か，来週，ないしは来月，いつでもいいのだけれど，あなたはグランマの愛をどんなふうに携帯していたいのかしら？
ダニエル　この結びつきに脅えることが少なければと思います。かなり小さい頃からずっと，正常ではないことだと感じていたわけではないけれど，年を取ってからは，そうでもなくて。
ロレイン　つまり，「脅えることが少なければ」いいというのは，何が……？
ダニエル　傷つきやすさですね。祖母の与えてくれる親密さ。
ロレイン　あなたは，それをもっと喜んで受け入れたいのね？
ダニエル　ええ。

アイオーンの時間超越性

これは，出来事が意味に結びつけられる感覚である。拡大解釈のリスクを冒し，私たちはドゥルーズのクロノスとアイオーンという二つの時間感覚を，ジェローム・ブルーナー（Bruner, 1986）の行為の風景と意識／意味の風景という二つの区別に連結してみたい。ブルーナーによれば，二つの風景は，うまくできたナラティヴを構成するものの理解に結びついている。アイオーン感覚を維持することは，人生（ないし人生に関するナラティヴ）に継続性と重要性を与える意味作成の主題的要素の形成に必須と考えられ得る。継続感を維持するためには、現在にいる感覚とそれを表現するクロノス意識からなんとか逃げ出す必要がある。

アイオーン感覚は、親しい誰かが旅に出るときに起こることと完全に異なるものではない。ある人が近くにいない間、私たちはその人が帰ってくるまでその大切さを忘れないし、その間、自分たちの意識の中でその人が生きる場所を確保する。このようにして、その人は、絶えずその現存を思い出せるものなどなくとも、私たちにとって生き続けるのである。

たとえ誰かの即時的現存がなくとも、心の中で誰かが生き続けるという感覚は、私たちが子ども時代に学習するスキルである。ジャン・ピアジェ（Piaget, 1977）はそれを「対象の永続性（object permanence）」と呼んだ。その発達は、親との関係性という絆の感覚を持つ幼児の能力と共にある。母親ないし父親が家から出ていくと、子どもは、大切な親が永遠にいなくなってしまったのではないかと考え、親の不在に関する不安への対処を学習する。私たちはこの対象の永続性を「いないいないばあ」という遊びにさえしている。あなたの子どもたちは、親の顔が2、3秒、視野から消えたかと思うと、突然、再び現れる、そのコントラストを笑うとき、このゲームの繰り返される驚きを楽しんでいるのである。ゲームは、教育的であると同時に、遊び心に満ちているので、子どもは、アイオーン感覚の基礎的要素を学習していると言えるだろう。子どもが信頼を学ぶ関係性の感覚は、現存のギャップを越えて習得される。言い換えれば、子どもは、永遠に今に生きる必要のないことを学習するのである。その代わり、彼らは過去と現在の間の境界を越える記憶を持つことができる。同じことが故人のアイデンティティないしストーリーのリ・メンバリングにも当てはまる。私たちは、（働きかけるべき過去の関係性のかけらをつかむために）この対象の永遠性を頼りにし続けるのである。

ロレイン　私が考えていたのは、グランマを親切でやさしい人とするストーリーの持ち主であることは、あなたにとってどんな感じのものなのか、ということです。
ダニエル　特別で、聖なるもの。
ロレイン　グランマは、そのストーリーを伝える相手として、あなたをどのように選んだのだと思いますか？
ダニエル　たぶん、僕が彼女を選んだんだ。
ロレイン　相互選択ということ？
ダニエル　ええ、そうでしょう。幼児の頃のビデオを観ると、僕たちが一緒にいるときの彼女の表情が映っているのです。
ロレイン　どんなふうなの？
ダニエル　好奇心。純粋な喜びですね。

悲嘆経験は、アイオーン感覚があることの証拠だとも考えられ得る。私たちに、今を超越する関係感覚がないのであれば、喪失に困難を経験することもないだろう。そして、人間関係に付きものの難題を介して関係感覚を維持することもできないだろう。主に今という感覚を介して経験されるささいな問題に終わりがあるとはいえ、それは過去の記憶が提供するものによっては収拾されない。それゆえ、いかなる人間関係においてであれ、私たちは、そのギャップを越える親密な結びつきを現存の即時性の中で推進することを学んだのである。誰かが死ぬと、私たちは同じことをし続ける。変わることといえば、関係感覚がもはや、あるいは少なくともそれほど容易には、即時性の新しい経験によって、燃料を補給されないことである。私たちは、アイオーン感覚によって他者の感覚を推進するのだが、それは、今における絶えざる燃料補給よりも、より記憶に頼ることになる。以下に見るように、アイオーン感覚を強く持つことは、新しい経験によって繰り返し記憶に燃料補給することをも意味する。次の会話における二、三の発言は、いかにして過去の記憶が、今に燃料を補給するだけでなく、今によって燃料を注ぎ込まれるのかという感覚を示している。

ロレイン　あなたがどのようにグランマを生かし続けてきたのか、何年も、お母さんに話してきたのですね？
ダニエル　答えはイエスでもあるし、ノーでもある。
ロレイン　どの部分をあなたは話したのですか？
ダニエル　［間］実際には、僕が、本当に持っているものです。祖母について僕が母と一緒に書いた詩を持っています。それは、実は、僕と共にある母の存在についてのもので、僕が大切にしているイメージや、僕がグランマと僕の間で大切にしている感情についてのものです。それを母と共有していて、父とも共有することを母に話してはいますが、まだ実現はしていません。
ロレイン　お母さんと共有するときは、どんな感じなの？
ダニエル　彼女を誘い込むような感じですね。
ロレイン　お母さんとグランマを誘い込む。
ダニエル　ええ、その通りです。二人とも。
ロレイン　そこはあなたにとって、聖なる空間？
ダニエル　正に。僕と母と祖母のあいだにずっとあったものと同じ聖なる空間です。

ロレイン　つまり、とても力強い場所？
ダニエル　ええ、間違いありません。

人々が、時間構成と空間構成の隙間でのダンスにおいて盛衰する関係性にあることは、珍しくはない。過去と現在、そして未来が同時に一つの枠組みの中に集約される。ある関係が記憶を蓄積させるとき、より強いアイオーン感覚が発達すると言ってよいだろう。人々の間の結びつきは、意味について、即時性感覚ないし今に起こっていることを頼りにするだけでなく、現在が過去の記憶と重層されるその仕方をも頼りにしている。クロノスを第一義にすることにあまりにこだわると、アイオーン感覚の理解に見出される豊かさは損なわれてしまうだろう。

美的センスを磨く

死との出会いを受け身の苦悩としてよりも美的企図の主題として扱うという私たちのテーマに光を当てるなら、芸術について書く者に相談するのが適切だろう。アンドレ・マルロー（Malraux, 1978）による美的価値に関する文章は、この点で最適である。彼は、芸術と死との関係について一連のコメントを残しているが、その過程において、私たちが強調したい重要な区別を導入している。ドゥルーズのアイオーン感覚にこだますするように、マルローは、「時間は流れている、おそらく永遠に向けて。間違いなく、死に向けて。しかし、運命が死というわけではない」（p.630）と書く。そして、そのような運命を、「死ぬことに対する防衛」（p.631）である芸術的創造行為の中に据える。「すべての芸術は、人の最期に対する反乱」(p.639)なのだと。「人が真実の人間になる」のは、死に対するこの抵抗の中においてであり、「彼の中で最も名誉の高いものを求めるときだけなのである」(p.642)。

私たちは誰もが(死んだ後末永く生き続ける傑作を描いたり彫像したりすることで、死がもたらす最期に抵抗できる)偉大な芸術家というわけではないが、誰もが美的センスは持っているものだ。特に、それを磨いたならば。それゆえ、マルローの主張を私たちすべてに拡大解釈するのは適切だと思われる。私たちは誰もが、自らの人生を芸術作品だと考え、自らにできつつあるイメージについての評価を下す美的センスを磨くことができる。そうする中で、おそらく芸術作品を創造する芸術家のように、私たちは世界に印を残す。そうして、私たちは、死が痕跡をなくすことができない何か、ある意味、死に抵抗する何か、そしてより完全にエージェントであるような何かを創造するのである。

このような見方においては、死に触れられた人々のカウンセリングは、磨きの実践(あるいは、文化に命を打ち込むこと)になる。会話において、カウンセラーは、死にゆく人が手作りしてきたひとかどの人物になる過程に関する美的理解や、遺族が理解したり磨き続けたりするよう残された美的理解を誘導することができる。そのような磨きが死後にも手作りされ続けることは、多少文脈は狭いものの、マルローが言及していることの一例である。ダニエルの祖母の愛を彼に近づけたり、そのことを母親のストーリーとも織り合わせたりするのが、手作りの質問である。この手作りは、以下の逐語録で最も明らかである。故人となった祖母は、両親の離婚において、愛と力強さの現存となる。

ダニエル　グランマが亡くなったのと父が家を出たのは、ほとんど同じ時期だったんです。だから、当時はひどい喪失感でした。人生において、他人の世話をしなくてはならなくなったときでしたし。

ロレイン　それで、当時、グランマはあなたをどのように導いたの？
ダニエル　彼女の存在が僕に言うんです。「なんとかなるわよ」って。
ロレイン　彼女はあなたについて何を知っていたのでしょう？　他の人にはわからなくても、彼女にはわかっていたこと。
ダニエル　将来性でしょう。それに、美と喜び、そして人生。
ロレイン　彼女がそういったものを見たとき、あなたはまだ小さかったわけだけど、彼女には、将来あなたの人生においてて明らかになるであろうことが見通せたわけね？
ダニエル　信仰ももたらしたのでしょう。僕らはタフな家系だから。
ロレイン　オーケー。あなたはタフなのね？
ダニエル　僕の家は、父方も母方もタフな家系です。まるで、ついつい永生きするみたいな。そう、僕たちには、サバイバルする、がんこな意志があるんです。
ロレイン　でも、グランマはがんこな意志だけじゃなくて、がんこな愛情もある。
ダニエル　絶対に。
ロレイン　ええ、だから、がんこな家系は、彼女があなたのために注ぎ込んだものの中で、違う形で影響を受けたのね？
ダニエル　ええ、彼女の持ち込んだやさしさが確かにありますね。そして、母もとてもやさしかった。だから、僕たちはこんなにとても似ているんです。
ロレイン　だから、あなたのお母さんにとって、自分の人生もまた変わりつつあるときに、姑の温かさに触れるのはどんなものだったと思いますか？
ダニエル　彼女にとっても避難所だったと思います。祖母の死後、母はいつも僕を連れて、そこで知り合いになった他の老人たちに会いに行くようになりました。だから、僕たちは、グランマが暮らしていたオリジナル・オールド・フォークス・ホームを訪問し、友人家族の親を訪ねる伝統を維持したのです。彼らは、僕の祖父母も同然でした。

ロレイン　グランマは、祖父母が提供できるものについての異なるストーリーをお母さんのために開けたわけですね？

ダニエル　ええ。祖母がいることは、母にとってとても特別だったのです。

ロレイン　ダニエル、それはあなたの人生にどのようにして違いをもたらしたと感じますか？

ダニエル　［間］とても生き生きした過去との結びつきをくれたのですが、言葉にするのは難しいですね。ずっと豊かになったのは確かですが。この場にいない祖母がいることがどんなものかは、わかります。それに、ここに間違いなくいるのに、（アルツハイマー病のために）そこにはいないということにもなる、そんな祖母がいるということがどんなことかということもわかるのです。

ロレイン　彼女はいた。そして、あなたと共に完全に存在する。

ダニエル　ええ、間違いなく。

ロレイン　もしも彼女が自分の話を聞いてくれる人に何か伝えたい言葉があるとしたら、それは言葉でなくてもいいのですが、どんな贈り物を彼女はすると思いますか？

ダニエル　祖先の声を聴きなさい。祖先の声に耳を澄ますこと。それが、僕が人生でやってきたことです。僕はそれには随分恵まれました。

私たちはしばしば、誰かが、最後には、がんとの闘いにおいてどのように「負けた」のかという話を聞く。

たとえ彼らが長きに渡って、その闘いを「闘い通して」きたのだとしても、最終結論は、期待を裏切るものだったとされるのである。あるいは、ダニエルが述べたように、アルツハイマー病を抱えた人がどのように「もはやそこにいない」のかという話を聞く。しかし、私たちは問う。なぜストーリーはそのように語られなければならないのか、と。そこで作動しているのは、クロノスという時間仮説なのだと主張したい。もしも私たちがその人について考えるのをアイオーンによって行うようスウィッチするなら、その人の人生のすべてが突然、目の前に広がることだろう。死という即時的な事実だけではないのである。その結果、死は完全な勝利を収めることはない。私たちが、人生を芸術作品としてリ・メンバリングする限り、そして、人生が素晴らしきものとして賞賛する美的感覚を磨き続ける限りにおいて。

実践への含意

結局、本章では、複雑であり理解に多少の努力を要する考えを概観した。ここまでくれば、この考えをいかにして治療実践に応用できるか考えることができる。この言葉のすべての意味において、進むべきときである。

第一に（と書きつつ、私たちがどのくらい多く時間の言語的指標をもっているか注目されたし）、もしも私たちの思考がクロノスの即時性に完全に支配されているとしたら、グリーフカウンセリングにおいて「今、ここで」の事実が強調されるのはもっともなことである。だから私たちは、死という出来事と悲嘆に関連した痛みは過去のものだとして、それに顔を向けたらすぐに現実を受け入れるようクライエントに言う。故人について語るとき、その人は逝ったのだという「現実」を強調するために、私たちは進んで、過去の時制の動詞を使う。クライエントの言うことで、最終的に死を受容する動きを示唆するものは何であれ、それを認識し、共感すべく、選択する。クライエントのどんな発言であれ、彼らが独りで生きている現在と、故人と遺族がなんらかの関係性の結びつきにおいて暮らしていた過去とのあいだの隙間をほのめかすものならすべて、ポジティヴな治療成果への動きとして歓迎される。そして私たちは、最期の「さようなら」を言うことと関係性の終わりを奨励する。これらは、酷い介入と見なされることはなく、治癒を提供する同情的試みとされる。

こうしたことは、もしも私たちがクロノスの時間で考えているなら、どれも理にかなったことである。親近感さえあるのは、グリーフカウンセリングの多くの因習がこの手の仮説に形を与えているからである。ドゥルーズの言葉を使うなら、その仮説のヴァーチャルな側面が、大切な人の死をはらむ含意を生き尽くす中で、実現化される。

私たちは、このような時間の読みが不適切だと示唆しているのではない。誰もが、現在の即時性の中で生きなければならない。受容されなければならない現実がある。例えば、具現化されたものとしての、故人の物質的感覚にこだわるなら、生きている現存は、もはやない。逝くにまかせ、別れを告げるべきものも、沢山ある。銀行口座は閉じなければならない。形見分けもしなければならない。死は通知されなければならない。おそらく夕食は独りで食べなければならない。故人はもう食材を消費することはない。それが、彼らが物質的存在から非物質的存在へと動いた証拠である。

しかしながら、問題は、時間のこの読みがしばしばやり過ぎとなることである。ちょっとしたモダニスト的リアリズムは、すべての悲嘆症状に対する最上の元気づけだと想定されている。「さようなら」と言うことは、御守の重要な言葉として、心に沁みる。「手を離すこと」は、すべてを手放さなければならないことと想定される。クロノスという時間の読みは、このように、アイオーンという時間の読みに対して、特権化されている。リアリズムは、ヴァーチャル・リアリティに勝るのである。クロノスから引き出される仮説をあまりに強く主張したときに失われるものは、アイオーンによって考えられる故人との関係性においてこそ手に入る価値観である。しばし、それについて考え、いくらかのコントラストを描いてみよう。

１９８９年に、ホワイトは、彼の「もう一度こんにちわと言う（Saying Hullo Again）」と題する論考（White, 1989）において、この方向性を示唆した。「もう一度」という言葉は、ドゥルーズがベルグソンから借用した持続感覚を示唆している。「さようならを言う」ことは、「こんにちわを言う」機会があるのなら、もはや最期的なものではない。その代わり、時間は流動的となり、様々な仕方でスライスされ得る。各スライスは、さようならを言うかこんにちわを言うかの新しい機会となる。たぶん、これは、フリードリッヒ・ニーチェが「永劫回帰（eternal return）」（Nietzsche, 1974）と呼んだものを理解する一つの方法である。

文化人類学者のバーバラ・マイアーホッフの「リ・メンバリング」という概念は、ベルグソンが意識の決定的構成要素として記憶、ないし持続感覚について語るときに強調したのと同じアイデアを採用している。ベルグソンによれば、「生命の飛躍」「エラン・ヴィタール：elan vital」（Bergson, 1911）、ないし生きる力（a vital force）の展開が必須である。マイアーホッフ（Myerhoff 1992）は、記憶の中の故人をコミュニティの中の現在進行形のメンバーとしてつなぎ止めることが、どのように遺族に益するのか気づいていた。人々は、故人の意味を彼ら自身の人生、および彼らのコミュニティの生活において現実化し続けることができるのである。人々は、故人の価値観や行為を彼ら自身のアイデンティティの中に取り込むことができる以上、人の死は無駄死にとはならない。マイアーホッフは、人の死に対する反応が（コミュニティを落ち込ませるのではなく豊かにする方法で）どのようにコミュニティに取り込まれ得るかを示したのである。

もしも何かが豊かにし、元気にさせ、そして悲嘆している人のアイデンティティ感覚や人生の目的を力づけるのなら、そのとき、私たちは、それが重要な治療的価値を持っていると主張する。この潜在的価値にアクセスするには、私たちはアイオーンの時間において考えなければならない。この動きには、慣習的時間思考から（過去・現在・未来が相互に流れ込む）より流動的な強調への移行が、求められる。悲嘆は、亡くなった人の死だけでなく、人生を観賞する機会を与える。人の人生が多くの領域に広がると、その概念化は、そこからの選択、つまりある特別のナラティヴを用意することになる。それが、バーバラ・マイアーホッフがカリフォルニア州ベニス・ビーチのユダヤ系老人のコミュニティで気づいたものである。

結局、私たちは、アイオーン感覚をどのように利用するのか？ 最初の一歩は、遺族に、大切な故人の当時の人生についての会話に入ってもらうことである。「喪失についてどのようにお感じになっているか話してもらえませんか？」とか「大切な人はどのようにしてお亡くなりになったのですか？」と始めるよりも、私たちは、以下のような質問でグリーフカウンセリングを始めるのが好みである。

- 亡くなった人のことを話してください。
- 私に彼らを紹介してください。
- どのように彼らをリ・メンバリングしているのですか？
- 彼らを知っているというのは、どんな感じですか？
- あなたの思い出において、彼らの何が目立ちますか？

このような質問は、さようならを言うための招待ではない。むしろ、誰かを記憶の中で生き生きさせたり、「もう一度こんにちわと言う」ための招待状である。それは、持続感覚を具現化する。過去が現在に流れ込むよう、それがいかに意図的に構成されているか注目してほしい。過去という時制へ大急ぎで移動しようなどと主張しているのではない。読者の中には、このような語り方は「非現実的」だと言う方さえいるだろう。私たちは、現実的とされるものがクロノスの視点からしか表れないとされるのであれば、それにも同意しよう。しかしながら、アイオーンの視点からすれば、このような語り方は、了解可能なのである。

本章での中心的論題は、グリーフカウンセリングが時間をアイオーンとして読むことで、計り知れない利益を得るということだ。クロノスを放棄する必要もない。意味を作る上で、時間を複数に読み取ることは完全に可能である。事実、ドゥルーズによれば、私たちはいつもそうしている。それゆえ、カウンセラーとして、私たちは人々を、喪失体験について、大切な人の死がもたらした関係の不和について、そして交渉の必要な生活の中断について、確実に話すことができる。しかし、私たちはそこで立ち止まる必要はない。アイオーン感覚によってもたらされる時間の異なる読みへと遺族を誘うことで、得られるものは沢山ある。この読みにおいて、過去は現在に流れ込む。人の人生が記憶の中へ伸展するのである。その関係は、墓を越えて今でも脈打つ。母の死後何年たっても続くバージャーの母親との関係のように、そしてダニエルのグランマとの関係のように。経験領域においては、人の人生は時間のない特質へと近づくのである。

私たちがもう生きていない人をリ・メンバリングするとき、繰り返し、彼らを現在に連れてきて、その存在をアップデートする。そのような存在は、今ではドゥルーズが表現したストア派の用語において実体のないものかもしれないが、それにもかかわらず、リアルなものであり、生者の人生において完全な現実的特質を備えている。例えば、女性は、初めて母親になるとき、自分の亡くなった母親を新しい方法で知ることになるだろう。母親の人生のストーリーをにぎわす思い出の選択は変更を受け、異なるナラティヴを作る。彼女は、母親というアイデンティティの形成において、自分を導く母親という感覚さえ得るかもしれない。もしも私たちが、同情やつらい喪失という感覚でもって過剰な重荷をもたらすのではなく、それについて注意深く語るなら、その感覚は彼女にやすらぎを与えるだろう。

手作りの悲嘆

では、ここで、悲嘆をただ苦悩するのではなく、悲嘆経験の過程を手作りするという私たちの本題へ戻ろう。本章で私たちは苦労しつつ、時間の読み方の複雑性を強調してきた。もしもクロノスとアイオーンが両方とも必要であり、時間の異なる読みを表現するのならば、その二つのあいだを行き来するスキルを得ることが可能でなければならない。そのような動きは、悲嘆の異なる瞬間をどこに位置づけるかという選択を人々に許すことになる。ここで、美的感受性がはぐくまれるのだ。時間の読み方に、公式なルールはない。その選択は、美的なものだ。私たちが悲嘆するとき、直感的に、時間感覚を移動しているはずなのだ。

セラピストにとって、手作りという用語はものごとを考えるのに役に立つ。具体的な質問や反応の手作りというのは、時間の読みをいくつか連想させる。私たちは、クロノスに基づく質問を全面的に拒否しようというのではなく、アイオーンの強調を擁護し、この時間の読みを想定する質問をもっと増やそうというのだ。驚くほどの治療的価値が、以下のことによって得られる。故人の人生を理解すること、もう一度こんにちわと言うこと、関係性の継続に価値を見出すこと、そして人生の新しい出来事の光の下で、その記憶をアップデートすること。

◆原注

◆1　この一文は、ジョン・バージャーの *Here is where we meet*（未訳）にあるもので、Vintage Books の許可を得て、ここに再録している。

＊訳註

＊1　これは、ドゥルーズがボルヘスの「バビロンのくじ」から以下の文章を引用したことを示す。

くじが偶然の強化でありカオスのコスモスへの定期的注入であるなら、偶然が介入すべきは、くじ引きの一段階ではなくすべての段階であるのが相応しくはないだろうか。偶然が誰かに死を命じておきながら、当の死の状況が偶然に服さないのは明らかに不条理ではないであろうか。死の留保、死の公開、死の一時間か一世紀かの遅延なども偶然に服すべきではないのか。……現実には、くじ引き（の本数・回数）は無限である。いかなる決定も最終決定ではなく、すべての決定は分岐していく。無知な者は、無限のくじ引きは無限の時間を要すると思っている。実際は、時間が無限に下位分割可能であれば十分である。〈亀との争い〉の有名な寓話が示すように。（Deleuze, 1990／邦訳 118 頁）

ここで言うのは、ウサギは、カメのいたところに到着すると、それにかかった時間の分だけ、カメは前進しているが故に、いつになってもカメを追い越せないというパラドックス。このような「時間が無限に下位分割可能」であると共有されるなら、人は、慣習的方法から逸脱し、アイオーンという流動的時間の中に入ることを示している。

第8章

もろさを喜んで引き受ける
――ダモクレスの贈り物

ポーラは、進行がんで、もう長くはないことを知っている。身の回りのことも日増しにできなくなってきたので、娘のミーガンの家で世話になることにした。ポーラは、化学療法やそれ以外のがん治療も受けていたが、それに費やすエネルギーは莫大であり、副作用もかなりきつかった。記憶力が以前より落ちてきたのを実感し、片目も見えなくなっていた。そこでミーガンは、この時期の母親の生活がよりよいものになるようロレインに、母親と話してくれるよう頼んだ。本章は、ポーラ、ミーガン、そしてロレインとの会話を中心に据えている。

ここで提示したいのは、死の影にありながらも人生を肯定する会話をどのように手作りできるかということだ。差し迫る死に直面する中で、何か美しく滋養するものを手作りしたい。つらい側面は、すぐに顔を出すのだから、死がもたらすきびしい喪失にエネルギーを流用する必要はない。それは認識されなければならないものの、そこだけに焦点を当てることが最も大切なわけではないのだ。ロレインにとってもっと大切なのは、ポーラの死後も残るべき遺産を本人に示すストーリーを見つけることである。ポーラに初孫ができることが最近判明し、それは、なおさら貴重なこととなった。その会話にミーガンが参加することで、彼女は、遺産の証人になり、遺産を手にすることができる。遺産は、彼女から、将来生まれてくる子どもも含め、他者へと伝えられるのである。

会話が展開するにつれ、迫り来る死の現存は、実感されるようになった。課題は急を要した。さもなければ話されなかったであろうことも、口に上ることを許される。にじみ出る美しさは、病いの醜さとのコントラストによって、際立つ。これは、何が重要で、何が人生をより貴重なものにするのかという私たちの感覚を死が研ぎすますとき、もたらされる贈り物なのである。

1961年に、ジョン・F・ケネディが合衆国民に演説をした際、ダモクレスの剣を引用した。[*1] 彼は、核戦争の脅威を、私たちすべての上にぶらさがったダモクレスの剣と見なしたのである。私たちの頭上に脅威をつるす糸はいつでも、おそらくアクシデントによってであれ早まった、ないし不合理な決断によってであれ、切られてしまう、とケネディは警告した。

ケネディの言及は、ローマの雄弁家、キケロによって有名になった逸話である。キケロは、紀元前4世紀のシチリアの支配者、ディオニュシオスと、彼の傑出したアドバイザーである延臣ダモクレスのことを語り残した。その話によると、ダモクレスがディオニュシオスに、あなたは権力を得てなんと幸せだろうと述べたところ、ディオニュシオスは彼に席を代わるように言った。ダモクレスは即座に快諾した。しかし、ディオニュシオスは、ダモクレスの頭上に、今にも切れそうな細い糸で巨大な剣をつるしてもいた。支配者の持つ権力とは、そこにあるものの、絶えず危険に曝されているものだ。剣はいつでも落ちてくる。本章では、私たちすべてが、単に、核の脅威のみならず、いかにダモクレスの窮状と共に生きているかを吟味しよう。私たちは誰もが、死を予期して生きているが、剣がいつ落ちてくるかは決して知らない。

死の切迫性

ポーラにとって、剣が落ちる瞬間は差し迫っている。ロレインは、ポーラとミーガンに、闘病生活はどうかと問うことで会話を始める。三人揃うのは、2回目だ。ポーラは最近、入院となった。

ロレイン　前回、お会いしてから、救急車で運ばれて、入院なさっていて、化学療法も受けられた。……リハビリもなさったのね。［ポーラ、首肯］　お疲れさまでした。どうでしたか？

ポーラ　そうね、どう言ったらいいのか。入院については覚悟しているけど、……でもね、なんとかやり通さないと。そうすれば……

ロレイン　簡単なことではないですものね、毎度同じことの繰り返し。

がんとその治療における不快な側面が回避されているわけではない。死の切迫性は、不可避的に予期すべき問題を提示するので、認識されている。多くの人々は、と言ってもすべての人ではないが（例えば、小さな子どもの死を考えてみられたい）、死が訪れる前に、自分にとって、かつ大切な人々にとっての死の含意について熟考する機会を与えられる。たとえ死刑宣告ないし生命に関わる重篤な病気がなくとも、私たちはすべて、いつか自分が死ぬという知識を持って生きている。この知識は、第一義的にヴァーチャルな知識から死の切迫性に関する知識に移動し始めるにつれ、より毒を含むものとなる。死が無慈悲にも近くに行進してくる足音が聞こえたからといって、そこだけに焦点を当てなければならない法はない。その足音が聞こえる時期は、私たちの人生における死の現存への反応を手作りするもう一つの機会ともなる。それゆえ、それに対処しないのはセラピストの怠惰である。ポーラの発言は不確かであり、彼女の記憶は間違いもあるが、彼女は未だに、人生が自分にとって意味を持つ場所、特に、彼女と家族との関係にとって意味を持つ場所について話すことができる。

ロレインはすぐに、ポーラが化学療法の不快さに直面していても語ることのできる、やすらぎの源泉へと水を向ける。やすらぎについての考えは、可能性のある関係についての別のストーリーへと開かれる。関係性のテーマに対する強調は、これまでの章で何度も繰り返し再訪した試金石である。死を前にしたこの時期でも、死別におけるのと比べ、関係性がその大切さを減らすことはない。私たちがすべき問いは、個人に関する質問よりも、関係性質問として、よりよく公式化される。死への接近は、個人が内面的にどのように死の現存を了解するかということだけではなく、この時期の関係性がどのように構成されるかということでもある。どんな種類のやりとりが手作りされるのか？　死にゆく人と生きている人にどんな責任が割り当てられるのか？　どんなストーリーが私たちの反応を相互に導き合うのか？　私たちを馴染みのマンネリ思考に引き寄せようと、どんな社会的および生物学的力のラインが予期されるのか、そして私たちはどのようにそれに反応するのか？　私たちはこれらの難題に対して、どんな方法で美的反応、倫理的反応を手作りするのか？　私たちにとって、上記の質問は、こうしたトピックを囲む質問の一部である。

ロレイン　ミーガンとネイサン（ミーガンの夫）のところに来てから、どんな感じですか？　落ち着きました？　何か発見がありましたか？

ポーラ　やすらぎを見つけました。

ロレイン　どんなやすらぎでしょう？
ポーラ　私がミーガンと一緒にいるという事実です。
ミーガン　それは、私も同じね。仕事から帰ってくると、母さんがいてくれるんだから。

関係性の贈り物

ポーラにやすらぎを提供したものは、娘との関係性の中にある。ロレインはこれを、二人の関係性についての、そして死という悲劇への贈り物についての会話の幕開けとして聞く。もしも私たちが、（地力で死に直面するよう個人に要求するよりも）関係がより有効な資源となる仕方を強調するなら、そのとき、その幕開けを利用し、ストーリー立てられた他の筋が大きな変化のときに手に入ることを明るみに出すことが、大切だ。しかし、「やすらぎ」は一般的概念である。さほど特定するものではない。それが、いくつかのストーリーへと好奇心でもって開かれることが、必要だ。

ロレイン　それで……お二人に2、3質問してもよいですか？　前回は、いろんなことをお話ししましたから。いくつか確認できればと思うんです。いいですね？
ポーラ　ええ。
ロレイン　では、お話の中で私が憶えていることの一つは、あなたのかぎ針編みと編み物、そしてそれをどんなふうにミーガンに教えたのか。
ポーラ　ええ。

ロレイン　生徒としての上達はどうですか？
ポーラ　今は、やっていないんですよ。
ミーガン　ピンクのをやって……ベビー用の青い毛布を作ったわね、それで私はピンクのをもらった。
ポーラ　私がブルーのを作った？
ミーガン　以前、母さんがブルーのを作っていて、私がそれをもらってクローゼットで使っていたの。私はピンクのを仕上げるところで、母さんに手伝ってもらわなくちゃならなくて、翌週に一緒にやったのよ。飾りつけ。私は、白色か何か違う色の飾りをつけたかった。
ロレイン　今は、かぎ針編みですか、編み物ですか？
ミーガン　かぎ針編みです。母は両方できるんですが、私には、かぎ針編みを教えたのです。
ロレイン　そうでした。かぎ針編みについての話で、一つ思い出したのは、あなたがそれはいつかミーガンに忍耐をもたらすと考えていらっしゃったことです。でしたよね？
ポーラ　たぶんそうなるだろうと。趣味でも、とても心を落ち着かせるものですから。
ロレイン　ええ、娘さんがそれに気づくことを希望しているって。それに、イングランドで育ったこととか、そこでの話をいくつかされましたね。憶えていらっしゃいます？
ポーラ　そうでしたか。
ロレイン　どこでお育ちになったのでしたか？
ポーラ　レディングです。
ロレイン　レディング。かぎ針編みや編み物はどこでお習いになったのですか？
ポーラ　あら、思い出せないわ……テディベアのことは憶えているのに。帽子をかぶっていたし、半月も。あれがほしかった。

ミーガン　誰がかぎ針編みを教えてくれたの？　マム？　グランマ？

ポーラ　グランマ。

ミーガン　グランマの名前は？

ポーラ　あ……マリー。

ロレイン　あなたがかぎ針編みをするときとか、していたとき、おばあさんのことは考えましたか？

ポーラ　ええ。

ロレイン　ええ。それは、どんな感じでしたか？

ポーラ　素晴らしいわ。

ロレイン　どこが素晴らしいのかしら、ポーラ？

ポーラ　唯……事実として、グランマは私がかぎ針編みをするのが好きだった。品のよいのができたのよ。

ミーガン　グランマが教えてくれて、彼女は母さんが覚えるのを見ていた。

ポーラ　私がするのを見ていた。

ロレイン　生まれてくるお孫さんについても話したわね。かぎ針編みもやりたいというあなたの希望も。

遺産を遺す

ロレインのする質問には、言外に伝えられる仮説がある。第一に、ポーラは未だに娘に教えることがある（ここでは、かぎ針編みの仕方）。それゆえ、ポーラのアイデンティティは、苦悩によってトータライズされてはいない。彼女は、患者（文字通り、苦悩する人）であるだけでなく、エージェンシー（行為する人であり、遺すべき贈り物を持っている人）の立場も頼める人である。しかし、かぎ針編みの仕方という知識と、言外に伝えられる彼女のアイデンティティは、彼女独りに属するものではない。それは、ロレインの質問によって遺産の一側面として構成され、世代を超えて伝えられる。祖母のマリーからポーラへ、そしてポーラの娘、ミーガンへ、そして未だ見ぬ孫へ。会話は、やすらぎという感覚から始まって、スキルが世代を超えて伝えられるという意識にまで変化している。本例では、ポーラによって作られる毛布やその他のアイテムで伝わる、目に見える何かがある。ここに見られる時間ヴァージョンは、アイオーンである。時間のないストーリーラインに踏み出しているのである。ポーラは、このラインに参加することからやすらぎを引き出すよう、言外に求められている。それゆえ、彼女は、自身の人生を所有物の一つのように所有することの強調によってではなく、自身よりも大きな何かについての意識（本例では、特別なスキルによって定義される女性のライン）を介することによって、死に直面するよう誘われているのである。彼女自身の死は、所有物の所有権についての最終確認ではなく、現在進行形の多世代物語の中のプロットをなす出来事である。ロレインは、この物語を拡大することを求める。

ロレイン　もしも彼女たち（ミーガンとその子どもたち）がかぎ針編みをするとしたら、それが彼女たちをどのようにあなたに結びつけると感じますか？

ポーラ　かぎ針編みは彼女たちを私に結びつけるでしょうけど、どんな感覚かというと……それがなければ、かぎ針編みなどしないような。

ロレイン　遠い将来、彼女たちがかぎ針編みをするとして、そう、彼女たちが、あなたがミーガンに教えたように、スキルを学んだとしたら、かぎ針編みをしているときに、あなたの話をしてほしいですか？

ポーラ　ええ、いいわね。

ロレイン　特別な話がありますか？　あなたのこととか、あなたが人生においてきた何かについて知っておいてほしいようなことが。

ポーラ　特には、唯、……［笑い］

ミーガン　母さんは謙虚で控え目だから。私からすると一番すごい、みんなに知ってほしいのは、母さんがいかに忍耐強く、親切で、素敵かってこと。それに、楽天的なところ。

ポーラ　それは自分で言うことじゃないわね。

ロレイン　ミーガンが話すのはどうですか？

ポーラ　いいわよ。［ミーガンの笑い］

ロレイン　あなたなら、いいそうよ。

ミーガン　わかったわ！　母さんは自分のことは言わない。「私が偉大なのは……」なんて。

ロレイン　なぜなら、それは自慢話だからね？

ポーラ　そうね。

ミーガン　母さんは謙虚だから。でも、私は、大きくなって、謙虚じゃなかったり、髪を染めたいとか、それから……

ポーラ　染めさせたわよ。

ミーガン　両親がとても厳格でコントロールしようとすると、子どもたちは逆らって、もっと悪いことをしたくなるもの。

ポーラ　そうね。

ミーガン　でも、母さんは一度もそんなことはなかった。聖者の忍耐。本当よ。［ポーラの微笑み］

ロレイン　その通りですか？

ポーラ　ええ。

ロレイン　時には、自分でもそう思いますか？

ポーラ　ええ。

ロレイン　はい。あなたがこれまで持ちこたえて来ざるを得なかったことから察すると、ここ2、3か月の間、その忍耐が試された。［ポーラは笑い、同意する］

ここで、かぎ針編みの実践が、会話の共有と対になり、ストーリーの語りを進めている。そのようなストーリーテリングは、子育てのストーリーへのほのめかしを介して、実演されている。ポーラの言葉遣いはあまり強くないので、このようなストーリーの語りは、娘によって拾い上げられなければならない。謙遜さとがんは、このようなストーリーがミーガンによって語られるのを容易にし、ストーリーも、かぎ針編みのスキル同様、世代を超えて共有される。しかしながら、ポーラの微笑みや笑いからは、彼女が母親の子育ての特質について明かされる話を楽しんでいることは、明らかである。この瞬間、ポーラとミーガンは過去何年かの思い出を共有しているが，それは，ある意味，会話の中で生き直され，リ・メンバリングされ，そして再構成されている。それらに沿って，何か別のものが再構成されている。それは，家族という感覚である。これも，死を前にしてやすらぎをもたらす可能性のある側面である。言外に伝えられるメッセージは，死は独りで直面する必要はなく，家族の結びつきという文脈においても可能だということだ。

個性を伝える

さらに進む前に，ある傾向について確認しておこう。それは，死ぬ感覚よりも人生を生きる感覚の強調を求める態度への偏向である。私たちは，死という悲劇的状況や痛みに屈服するよりも，可能性感覚を促進する反応を特権化することを求める。予期悲嘆と呼ばれるものは，単に，悲嘆の痛みが事前に流用される時間のことではなく，後であまりきつい経験とならないようにという側面もある。それは，生きるためのユニークな可能性の時間であり，潜在的には，関係上のやりとりにおいて明るみに出る美しさを求める時間である。この文脈におけるセラピーは，そのようなヴァーチャルな美しさの瞬間を見つけることと，それを（ドゥルーズが言うように）実現化することに関連するであろう。

ポーラとの会話において，そのような瞬間は，娘のミーガンによって以下のように始まった。

ミーガン　でも，とても不思議なのは，正直に言うと，友達なんかはジョギング中のケガのようなささいなことに不満を言うのね。私も，母が人生について不満を言うより多く，ジョギング中のケガについて不満を言います。母が不満を言えないというのではなくて、普通、言わないのです。母は、もし言ったとしても、その場限りの、とてもささいなこと。それは、あなたが予期するようなことでも、私が予期するようなことでもありません。

ロレイン　それは、どのように説明しますか、ポーラ？

ミーガン　そう、どう説明するの？

ポーラ　さあ、わからないわ。

ミーガン　それは、あなたの基本的性格の一部なのか、どこかで学んだことなのか、どっちなの？

ポーラ　私の基本的性格の一部だと思うわ。

ロレイン　う〜ん。誰かに手を上げたり、殴ろうとしたことはありますか？［ポーラは首を横に振る］

ロレイン　ないのですね？　誰かをきつくしかることは？

ポーラ　ありません。［笑い］

ロレイン　それは、子育てに役立ちましたか？

ポーラ　そう思います。

ロレイン　人生の障碍に立ち向かうときには、どうでしたか？　例えば、がんとか。

ポーラ　役立ったと思います。

ロレイン　はい、わかりました。忍耐は友達……あなたの全人生を通して。

ポーラ　そうね。

ロレインは家族の歴史におけるこうした瞬間について好奇心を抱いていたのであろうが、ポーラとミーガンが言及していること自体を知っている必要はない。疑いなく、家族生活での多くの例がすべてここで一つの言及に収束される。ドゥルーズが示唆するように，アイオーンによって活性化される思考様式において，過去と現在は一つのライン上に乗る。未来もこのラインの一部になるのは，彼女の生まれくる孫について考える文脈において，ポーラの個性が語られるからである。孫たちは，彼女の個性について話してもらうことによって彼女のことを知ることになる。これによって，死の接近に直面することと，人はいつまでも家族の未来の一部であり，その人の個性は墓に入り永久に失われるわけではないと知ることが，容易になる。この会話の最後において，ロレインはポーラに，（これまでの人生と子育てにおいて彼女が示してきた）忍耐という個性と現在のがんとの悪戦苦闘のあいだのつながりを示すよう誘う。あたかも忍耐が彼女の味方になったかのように。それは，彼女ががんとその治療に対処するよう援助する資源として，必要なのである。

次に，忍耐は，かぎ針編みと同じ仕方で取り扱われる。ポーラの個性は，彼女の実践的スキル同様，世代間ラインの上に位置づけられるのである。

ロレイン　家族の中で，ご両親やおばあさんのように，あなたの忍耐を育てるのに一役買った方は，他におられますか？
ポーラ　忍耐は，祖母からのものだと思います。
ミーガン　おばあさんのマリー？
ポーラ　ええ。
ロレイン　彼女は忍耐強い女性だった？
ポーラ　とても忍耐強い人でした。
ロレイン　どこで，それに気づいたのですか？

ポーラ　いろんなことが起こるのはわかります。彼女は、それを見通すのに教育的でした。とても教育的でした。
ロレイン　彼女も、何事かをなす女性だったのですね？
ポーラ　ええ。
ロレイン　それはポーラにも共通していますか？　ポーラは何事かを成し遂げる女性ですよね？
ポーラ　そうありたいわね。［笑い］

指摘すべきは以下の二点である。第一に、家族というものの世代間感覚が構成されている。ポーラは、個人としての彼女自身よりも大きな何かの一部として自身を見るよう再び誘われている。第二に、個人的価値と性格が、人と共に死ぬ何かではなく、伝えられる遺産として扱われている。言外に伝えられることとして、ポーラは、自身の貢献を（過去を持ちつつ、未来にも広がる）世代間ラインの上で考えるよう誘われている。特に、妊娠中の娘がこの会話を聴いている以上、死は、その遺産を伝える。この感覚において、彼女の人生の意味は、彼女と共に墓に入ることはない。現在進行形のラインに沿って、次の世代へと共鳴し続けるのである。多くの人々がこれをとてもやすらぐものとして考えている。

生きる力を育み、死に抵抗する

フーコーの死後に刊行された『フーコー（*Foucault*）』と題された書物において、ジル・ドゥルーズ（Deleuze, 1988）は、ミシェル・フーコーの死について言及している。

私たちはもはや、死は生を運命、つまり「分割できない、決定的な」出来事に変える、と言うことなどできない。むしろ死は、多様化し差異化して、生に様々な特異性をもたらし、それゆえ真理をもたらす、と言うことができるだけだ。生は、死に抵抗することから真理を受け取ると信じられている。

（Deleuze, p.95／邦訳 174 頁）

寄り道になるが、この言明の含意について考えてみよう。これは、死に関連するポスト構造主義思考の側面をいくつか伝える、注意深く言葉を選んだ発言である。注意したいのは、死が一回だけの出来事だという考えを拒否していることである。ドゥルーズの用語を使えば、多様な出来事なのである。そのような多様性を理解するには、各個人の経験は異なっており、普遍的記述が特別な瞬間的感覚を捉えることに失敗する、差異化された目立たない場所を見つけ出すことが必要である。それに沿って、ロレインは、ポーラの差し迫った死をポーラ自身の経験の中に分離しようとはせず、「なる」ことの世代的ラインの一部として、多様な生と死のラインの中にそれを構築しようとする。

もう一つ注意すべきは、ドゥルーズの用語では、死は、人生を意味のあるものにする一回限りの「運命」の最期の瞬間を伝えない。その代わり、彼は、他の出来事と同様、死はいくつもの仕方で分割され得る、と言う。たとえ私たちが死の瞬間を表現する唯一の枠組みを分離することができたとしても、その枠組みは実際には動画の一部にしか過ぎない。人生ドラマは、スナップショットというより映画に似ている。それは様々な仕方で、つなぐことができる。映画の場面を編集したり隣り合わせにするように、ある人の人生を異なる仕方で分割するとき、私たちは異なる意味を創造する。これは、ある人の他界後、生存中ほど真実ではなくなるわけではない。

ドゥルーズはさらに進んで、そのような差異化された意味は人生に何かを「もたらす」と主張する。

それは、生きる力を加速する。ここで私たちはパラドックスを抱えることになる。死、それは人生を止めることであるが、人生を生きることを加速する上で重要な役割を果たす。死および悲嘆への多くのアプローチが死の最期性を受容するよう私たちに迫る一方、ドゥルーズは、私たちが死に抵抗すること、そしてそうすることで人生のさらなる真実を瞥見できることを示唆する。死に抵抗することは、人生を肯定する上で必須なのである。

「死に抵抗する」という文句は、ドゥルーズによって選択されているが、黎明期のパイオニア的生物学者、マリー・フランソワ・クサヴィエ・ビシャが参照されている。彼は1802年に他界した[*2]が、人生についての以下の定義で有名である。「人生は、死に抵抗する機能の合計で成り立っている」(Bichat, 1923, p.10)。ビシャは科学者で、人生は生の原理へのひらめきに負っていると信じていた。それは後年、elan vitalと呼ばれる。このアイデアには古代哲学に遡る長い歴史があるが、ストア派の一部である。今日では、生気論[*3](vitalism)は総じて信用されていないが、ドゥルーズはその要素をいくつか温存する。私たちは、人生を肯定することによって死に対応するために、生気論者の言うことを鵜呑みにする必要はない。この本への私たちの関心は、大切な人の死に遭遇した人々との会話が、そして死に直面している人々との会話が、人生を肯定する仕方でどのように行われ得るのかということの中にある。ドゥルーズの用語における死への抵抗とは、死の意味を私たちに伝えてくる「思考のドグマティック・イメージ」(Deleuze, 1994, p.129)、当たり前とされている言説、ドミナント・ストーリーに抵抗することを意味していなければならない。

世代間遺産

ポーラとの会話において、世代間ラインには、次の会話が続いた。ミーガンがその過程を始め、ポーラは今回、記憶の欠損にぶち当たるまで雄弁に語ることができた。

ミーガン　何かがなされたところまで戻ることね。母さんの母親はかなり長くシングルマザーだったわけよね。
ポーラ　母はそういうタイプ。二階建ての家には、正方形の小さな窓があった。どこにも網戸があったけど、それを外していたのを覚えている。そして手で洗うの。布の上でそれを乾かして、アイロンをかけるの。そうするものだった。何にでもアイロンをかけるの、すべてそうしなければならなかった。
ミーガン　だから働いた。
ロレイン　お母さんがですね？
ポーラ　1日4時間。
ロレイン　お母さんはどんな仕事をしていたのですか、ポーラ？
ポーラ　それが可笑しいのよ。ボウリング場で、サンドウィッチを作っていたの。フェアマイルで働いていて……［間］それで、どうだったのかしら。
ロレイン　そういうところにくると、記憶があやふやになるのね？［ポーラ、首肯］まるで、もう

ポーラ　ちょっとなのに、言葉が出てこない感じ。そう、そう。でも、母は、フェアマイルで働いていた。フェアマイルだったと思う。名前ははっきりしないけど、母が男の仕事をしたがったのは、男性と同じ給料が欲しかったから。母らしい話。それは実現した。

ミーガン　そうなの？

ポーラ　当時は、珍しかった。冷蔵庫が一面に並んでいる所で、ボスが言ったの。あんたにはこれは持ち上げられないだろうって！　でも、母は、できると言った！［笑い］そして、持ち上げてみせた。［ポーラは涙をぬぐう］当時は、珍しかった。

ロレイン　つまり、あなたは、忍耐強くて、勇気があって、やることはやる女性の長い系列の出なのですね。

ポーラ　ええ。

ロレイン　そういう性質は、娘さんにもありますか？

ポーラ　ミーガンには、あきらめない傾向があるし、何にでも挑戦する。何でも闘い取る。

ロレイン　学校でも生徒に人気があるんでしょうね？

ポーラ　だと思います。ここ何か月、耳にしたところでは、生徒たちは娘を気に入っている。

ロレイン　正しいことは喜んで擁護し、そのために立ち上がるという、あなたと同じ性質は、どんなふうに娘さんを助けてくれると思いますか？　人生において、家族との関係、ご主人との関係において。

ポーラ　それは娘を助けるだろうし、現に助けていると思いますよ。娘が違う視点を得る上で。

ロレイン　もしも娘さんが生まれてくるお孫さんにその話をするとしたら、娘さんたちはよく集まって、かぎ針編みを一緒にして、そこで娘さんが、おばあさんはとても謙虚な女性で、忍耐の人で、ということになるわけですが、そこではあなたがいかに何事かを成す女性であるかも語られることになるのですね？

ポーラ　そうでしょうね。

死に抵抗することは、ここでは、職場での狭いジェンダー特定に抵抗することと並んでいる。ポーラは、父権的構成に対する母親の抵抗を誇りに思っている。彼女は、娘を含めて母系ラインの一部として自分自身を考えることに誇りを抱いている。今回は、政治的な糸が世代間ラインへと（おそらくかぎ針編みで）織り合わされている。さらに、死の切迫性が、（ドゥルーズが示唆したように）特別な何かをポーラとミーガンの大切なものにもたらしていると言い得る。ここでのカウンセリングは、その人の人生に特別な何かを実際にもたらす程度に貴重であると言っておきたい。巧みで共感的なカウンセリングは実際に、もたらされるものの鮮明さを強調するために、死の切迫性を利用するのである。ロレインがこの遺産を娘の人生に引き渡すよう彼女に頼むと、それは再び強調された。二人ともそこでこの遺産を共有することができる。ポーラにとっては、自分にとって大切だったものが継続されるという知識の中で。また、ミーガンにとっては、自分がいつも母親に結びついていること、および死によってそれは反故にされないという知識の中において。未だ生まれていない孫との未来の会話も、事前に示され、ポーラは、自身の死を越えた人生のつながりを得ている。

会話は、ポーラが死ぬ前に過ごす人生に戻る。

クラブメンバーを増やす

ロレイン　私が考えているのは、この先、あなたには何が訪れるのか、そしてあなたの望み通りになるには、どんなサポートをすればいいのかということ。何かお考えはありますか？

ポーラ　あまり考えてこなかったわね。そうね……唯、ベッドの周りにいる人たちが……［笑い］どうかしら。

ロレイン　誰かが近くにいてほしい？

ポーラ　ええ。

ミーガン　約3週間でしたけど、入院していたときでさえ、誰かが1日24時間、そばにいたものね。たいてい、父さんがそばにいて、夜はたいてい、泊まっていたし。

ポーラ　ええ。

ロレイン　誰かが寝ずの番をしていて、愛情をかけてもらって、自分がそれに値するんだって。

ポーラ　そうね。

ロレイン　あなたにとって大切であり続ける何か。

ポーラ　ええ。

ロレイン　将来、ご自分のストーリーを語れなくなったとき、ミーガンにはあなたのことをどんなふうに憶えておいて欲しいですか？

ポーラ　そうね……暗いのは嫌。ユーモアがなくちゃね。未だに、ユーモアは最高の薬だと思います。

ミーガン　だから、父さんと結婚した。

ポーラ　ええ。

ミーガン　毎日だものね。好むと好まざるとにかかわらず。［笑い］

ポーラ　［笑い］

ロレイン　結婚して何年になります？　50年くらい？

ポーラ　約45年。

ロレイン　となると、１回や２回は同じジョークを聞いていますね？

ポーラ　ええ。でも、彼はいつもひねりを入れるんです。頭がいいから。多くの点で、それが破滅のもと。でも、極端に誠実。それは、悪くない性格。

ロレイン　ええ。ところで、ミーガンにとって、あなたが母親だったことは、どんな意味があったと思いますか？

ポーラ　そうね……難しいわね。私が母親だということ？

ロレイン　ええ。あなたが母親だというのは、ミーガンには良いことだったと思いますか？

ポーラ　ええ、いろんな母親がいますからね。あ、そうだわ。もしもミーガンの母親が私でなかったなら、彼女は立ち止まる機会もなかったでしょう。その点では、多くの母親はあまり良くないでしょうね。でも、私はそれを心がけました。

ミーガン　私が別の人を母親に持っていたら、初めての人と結婚したでしょう。でも、それができなかったから、年をとって、願い通りの人を見つけた。だって、母が私のことをどんなに愛していて、親切で、あらゆることに忍耐強いことを知っていたから。

ロレイン　それが彼女にとってベストだというのは、なぜでしょう？
ポーラ　若いうちに子どもを持っていたら、今ほどいろんなことを学べなかったと思います。
ミーガン　子どもが生まれてくる頃に私がなっている母親とは、違っていたでしょうね。
ロレイン　ミーガンが生まれたとき、あなたはおいくつでしたか？
ポーラ　25歳。
ロレイン　息子さんのときは？　何歳違い？
ミーガン　8歳。*4
ロレイン　息子さんには、あなたをどんなストーリーで描いて欲しいですか？　彼にとって、母親についてて知っておくべきことは、どんなことでしょう？
ポーラ　そうね……グレンは、ある意味、彼は近しいのよ、私に。無口だから。私も、そう。そこに、強い絆があるわけ。
ロレイン　語られないもの？
ポーラ　語られないもの、そう。
ロレイン　彼にとって、その絆に気づき続けることが大切だと思いますか？
ポーラ　ええ。
ロレイン　彼のことは、心配に違いないですものね、ポーラ？
ポーラ　ええ。
ロレイン　グレンにとって、あなたの思い出、あなたとの絆が保たれるように、ミーガンにして欲しいことは、ありますか？
ポーラ　そうね……唯、どうかしら。彼女か彼が、私のことを話してくれれば。

ロレイン　それが大切？
ミーガン　ユーモアも少々。
ポーラ　ええ。ユーモアは必須。
ミーガン　そう、ネイサンは、二人してずっとグレンを気にかけていくことを約束してくれました。
ポーラ　いいわね。
ミーガン　内容は全然違うけど、私たちがずっと彼（ネイサン）の弟を気にかけるようにね。彼は私たちの責任で、今は一緒に暮らしています。グレンも同じで、彼の居場所を確保するつもりです。ええ、定期的に訪問していますし、来週には、出てきますし。

近年、悲嘆に関する文献では、絆の継続に強い関心が払われている。ここに示す会話では、死の前に、絆が思い出の中で生き続けるよう希望され、ポーラが死ぬ前に、絆が現実化する。ロレインは、ポーラの死に直面している個人としてではなく、死ぬ前の時期には彼女を支持し、死後は彼女をリ・メンバリングする家族ネットワークのメンバーとして、ポーラに話し続ける。彼女の死という生物学的出来事は、(彼女の娘、その夫、息子、義理の息子、そして生まれくる孫など、数え上げればキリがない）多くの他者に、衝撃を与える。孤立した出来事としてより、人々はお互いに親密になったときのほうが、より勇気を出して死に対処できるという仮説である。死が近づくとき、そこにもたらされるものは、会話の切迫性である。死の現存は、人々を近くに寄せ集め、そうでなければ翌日に先延ばしされた大切なことが言葉にされるのを可能にする。

そのような特別なやりとりの例が、次の会話に示されている。

ロレイン　ミーガン、私はお母さまに、あなたの母親になったことは、あなたにとってどんなものだったと思うかと訊きました。あなたにとっては、どうだったでしょう？　ポーラを母親に持つのは、どんな感じでしたか？

ミーガン　私の人生で最高のことでした。父さんも実に良い父親でした。父さんは私を愛してくれたし、面白いし、すべてです。でも、時々、予測不能で。母は予測可能です。学校から帰れば、いつも家にいたし。いつでも頼りになる人で、実によく面倒をみてくれました。友達の親と話して、時々、お父さんはどうだい？　って訊かれたりしましたが、義務的に訊くだけで、本当に聞いているわけではありません。私は全生涯を通して、ハイスクール時代でさえ、今になって思えば母にはさほど面白くないであろうことをよく話していましたが、母は私の世界に降りてきて、それについて知りたがりました。質問もしてくれましたから、テーブルで何時間も話したものです。

ポーラ　2時間や3時間はざらね。

ミーガン　その話の中味っていうと、私は今、ハイスクールのカウンセラーをしていますが、それとは違うんだけど、彼らの話も似たり寄ったりで、さほど重要なものではありません。だけど、話は真剣に注意して聴かなければなりません。本人にとっては大切だから。母は同じことをしていたのですが、興味のあるふりをする必要はなかった。無理に質問することもなかった。素のままでよかったのです。世界で一番の母親でした。

ポーラ　あら、まあ。

ミーガン　一番の親友みたいだった。

ロレイン　今こそ、それを讃えて、お母さんとの絆を永遠に持ち続けるわけね？

ミーガン　ええ。毎日、母は、私のすること、私の生き方の一部になるわけです。今日、ここでの会話をするまで、そこは、全然わかっていなかった。母やその祖母のマリーのところへ戻ってくるとは。話したように、マリーは、娘だったらそう名づけたいと思っています。でも、栄誉に思うのは、いつも自分がなりたいと思うのが……母の半分でもできたら、すごい母親になれるって。その忍耐と親切さと結びつきを思い出します。

ロレイン　さて、あなたの子育てがどんなふうだったか、ミーガンの話を聞いて、どうでしたか？　あなたにとってどんな感じでしたか？

ポーラ　子どもがみんなこんなふうに育てられれば、いいわね。

ミーガン　子どもは誰も皆、それに値するのに、全員がそうなるわけではありません。

ポーラ　ええ、その通り。

ロレイン　あなたは成功した。

ポーラ　ええ、ミーガンはうまくやれた。すべてが完璧とはいかなくても。でも全体的に……振り返ると、人生をスキャンできるなら、私はスキャンして、とてもとても上出来だったと。

ロレイン　スキャン全体が良いわけ？　振り返ると、良いものが見える。そこには子どもたちも含まれますか？

ポーラ　ええ、間違いなく。

ロレイン　おばあさんも含まれ、お母さんも、かぎ針編みも？

ポーラ　人生すべてです。

ロレイン　スキャンは、未来に向けてもできるのかしら？　今あるものをどうやって維持するのか、あなたがここにいなくなったときのために、私たちは、あなたをここに留めることができるのでしょうか、どんな手を使うのであれ。理解できますか？

ポーラ　ええ。

ロレイン　もしもミーガンがあなたの人生をスキャンできるなら、それはミーガンにとって、どんな感じだと思いますか？

ポーラ　彼女の助けになるでしょう。スキャンの結果をどこかに埋めるより、つまり無視するよりはね。

ミーガン　正に。

ロレイン　大切な区別ね。

ポーラ　ええ、それは私が、毎秒ごとに思い起こさないといけないものではありません。そんなことしたら、イライラするものね。

ロレイン　そうね、やすらぎがいる。そして、あなたが治療で直面しなければならないことに、あなたが直面するのに、役立ちますか？

ポーラ　何かに直面しなければならないときに、善かれ悪しかれ、何が大事で……なるようにしかならないって。

ロレイン　［ミーガンに］あなたのお母さまは、どのくらいのことをあなたに教えたのでしょうね、忍耐について、かぎ針編みについて、権利擁護者へのなり方、そして障碍への立ち向かい方があります。彼女が死にゆく見込みの中、こうして座っているのも、あなたへの教育の一環なんじゃないかと思います。

ミーガン　ええ、気遣う人を失くすのは、いつも私の最大の恐怖ですから。私は結婚して、まだ1年にもならないけれど、もうネイサンを失うことを考えます。それを彼に言ったら、私が先に逝くしかないなって。

ロレイン　それが、ルールね。明らかに。［笑い］

ミーガン　16かそこらから、すべてがぎょっとすることばかりで、なぜだかわからないけど、それを乗り越えるのに……母が、特に何かしてくれるわけでもないんだけど、母がそばにいるというだけで、力をもらったのね。母が初めてがんを告知されたとき、２週間、私は何がなんだかわからなかった。雑貨店に行くのもつらかった。ジョギングする気にもなれなかった……でも、なんとか母は私を適応させてくれた。だから、ポジティヴなところに目が向くようになった。母から学んだのは、そこに耽溺しないこと……

ポーラ　あなたが変えられないものね。

ミーガン　ええ、母のしてきたすべてを考えると、私たちの時間は素晴らしい贈り物だった。ここにいてもらって、一緒に暮らすのが、こんなに素敵だなんて。

ポーラ　ええ。

ミーガン　私には、できるとは思えなかった。でも、母のおかげです。今一つ考えるのは、私は行き詰っていない、働けるってこと。ネイサンの妻にもなれたし。いろんなことができる。母という見本があったればこそね。もしも母の娘でなかったら、私がうまくできたとは思えない。

ポーラ　そんなこと言ってもらって、嬉しいわ。

ミーガン　でも、本当のことだから、真実なんだから。

ロレイン　物事を思い出せないときにも、あるいは動けなくなってきて、昔とは違ってしまったと感じていても……まだまだ教えることがあるのだとお気づきですか？

ポーラ　ええ、そんなこと、言えなかったけど、そうね、唯……
ロレイン　唯、なさっただけ。
ポーラ　唯、しただけ。
ロレイン　こういう教育や子育てを続けてこられたことが、興味深いですね。つらいことがあっても。
ポーラ　ええ。自分のエネルギーが低下することはないでしょう……また無くしたとしても。
ロレイン　いろんな考えが現れては消えるとき、どんな感じですか？
ポーラ　そうね、何かを思いつく、すると突然、それについて考えたかと思うと、消えていく。
ロレイン　どこか違う場所に逃げて行くみたいな？
ポーラ　ええ、どこへ行くのかは、わからない。
ロレイン　どこかにしばらく行くみたいな？［ポーラ、首肯］すると、また戻ってきて、再登場するのね、その考えは。あるいは、唯、消える……
ポーラ　ええ。考えは後で戻ってくるのかもしれません。翌日とか……
ロレイン　書き留めたことはありますか？
ポーラ　ええ。
ロレイン　役に立ちましたか？
ポーラ　ええ、でも、それが大切なものであるときだけね。
ロレイン　お話からすると、大切なのは、あなたの周りに人々がいること。
ポーラ　ええ。
ロレイン　それが一番大切なことの一つです。全体的過程を独りでする必要はない。
ポーラ　その通り。

ロレインがどのようにして死と病いへの言及を回避せずにいるかに注目してほしい。彼女は人生のポジティヴなものにだけ焦点を当てているわけではない。彼女のそれらへの言及は，厳しいというよりやさしい。彼女は，「この全体的過程」について，「死にゆく見込み」について語り，「あなたがここにいなくなったとき」に言及し，「将来，ご自分のストーリーを語れなくなったとき」のポーラの未来を想像する。ポーラは，質問の仕方が露骨であったり無礼になることなくやすらぎを与え，元気づけもする文脈において，物事について話すよう誘われる。

人生のもろさは美しさの母

では，ここで話を戻して，死が実際にどのようにして，一回性の出来事というより多様な出来事になるのかを考えよう。近代主義者科学は，心拍の停止，ないし脳幹の機能停止の時間に死をつなげることで，死の一回性を特定しようとしてきた。映画では，心電図モニターがフラットになることで，死は表現されることが多い。しかしながら，身体臓器はすべてが同時に停止するわけではない。例えば，死についての談話において，生命を維持するために人工呼吸器の補助が必要なとき，その人が「脳死」と呼ばれることは，珍しいことではない。例えば，ポーラの記憶力は本人を戸惑わせるが，それは，他の人々がその機能を彼女のために肩代わりしなければならないということである。

さらに，死の瞬間が認定されたときでさえ，死の意味を創生する過程は，さらなる一連の出来事（解剖，葬儀，メモリアル，死亡記事，検察官の検死，遺書読み，殺人審判など）が続く。ミーガンとロレインとの会話で，ポーラは，自らの人生が彼女の家族の人生の織り物へと織り続けられるだろう方法のいくつかに参加する。ポーラは、自分がその一部であり続ける未来を垣間見ることが許される。

私たちが証人となった会話を含め、こうした出来事は、死の出来事に何かを付け加える可能性がある。それらの一つが、生と死に関する真実のアニメーションにおける別の一面を提供することだ。各一面は、死にゆく人ないし故人の人生を遺族の心の中に強化する可能性も持っている。それゆえ、死んだ人の人生は、その人の思い出の中で偽証するとも言われるわけだ。私たちのリ・メンバリングに左右されつつ、死にゆく人の人生は、特別のあり方を続ける。そのとき、人生と（新しい意味を獲得し続ける）関係性は、死という一回の瞬間において完結する必要はないという主張は、無理のないものだ。人々の重要性が増し続けることは、可能なのである。

私たちが、死の多様性は増すのだと信じる感覚は、他にもある。哲学者、トッド・メイは、死に関する著作（May, 2009）で、その感覚を提示する。彼によれば、人生は、死についての確定性と不可避性についての知識によって、死がいつ起きるかは正確にはわからないという不確定性によって、形作られる。この知識は、人生のどこでも私たちのそばにある。彼は、多くの動物はこの知識なしで生きているように見えるが、他の動物は同様の知識を持たないとか、発達させていないとは、主張しない。彼らも嘆き悲しむかもしれないが、死の知識を絶えず携帯して生きているわけではない。

トッド・メイはさらに進んで、人生のもろさと、私たちの頭上にあるダモクレスの剣についての気づきが、どのように人生の痛切さと切迫性に貢献するのかを指摘する。それが、お互いの達成や企画の重要性に関する感覚を研ぎ澄ますのである。私たちはそれを、ポーラの娘やロレインとの会話に、見る。消滅に直面することよりも、人生をより価値あるものにすることに焦点を当てる。かぎ針編みのようなものでさえ、人生の大混乱の最中で、忍耐と平穏さのストーリーに取り込まれるときに、スピリチュアルな重要性を帯びる。トッド・メイが言うように、人生はもろいので、「私たちは人生を大切にし、人生の面倒を見、そしてもろさを前提にした仕方でもって、人生を気づかう」(p.85)。それゆえ、彼は、いかにして「人はもろい人生を生きるのか」(p.87) と問いかける。

彼の答えは、いかにして良い人生、満足のゆく人生、生きるに値する人生を生きるのかという問いを立てる点で、倫理の問いとなる。トッド・メイは、人生のもろさの知識の中で生きることは、上記の人生に導く選択をする上で役立つと主張する。死がいつでも訪れるものだという知識と共に生きることは、私たちの持ち時間の貴重さを強調する。それに、死が私たちの生きる意味を加速しもすれば減速させもすることを強調する。メイによれば、そこで私たちは、選択を迫られる。「死は、悲劇と、人生の美しさの両方の究極の根源である」(p.113)。大切にする瞬間の美しさがなければ、喪失に際しての悲劇の感覚もない。悲劇的結末のリスクがなければ、そのような瞬間の美しさは感じられないだろう。おそらく、これが、終末期診断に直面する人々がなぜ活気づけられた人生の意欲を報告するのかという問いへの答えだ。死は私たちに、もろさの贈り物と、それが私たちに人生を何か生きるに値するものに変えることを許す知識を与えてくれる。

これは、ディオニュシオスがダモクレスに与えた贈り物だ。それは同時に、死をもたらす糸でありながら、いかに生きるべきかという選択の大切さを研ぎ澄ます知識である。もしも私たちが人生のもろさに関する日々の知識の中で生きるならば、いかなる瞬間であれ、これは最も大切なのか、最も価値があることなのか、あるいは最も意味のあることなのかと自問するように動かされ、それに基づく選択が、増えるだろう。こう説明すると、美しさと目的の母は、人生のもろさだということになる。

もちろん、これはパラドックスだ。しかし、トッド・メイも示すように、矛盾だとは限らない。ジル・ドゥルーズの用語だと、死の意味の「二重化 (doubling)」として、よりよく記述されている。マイケル・ホワイトは同様のパラドックス感覚、ないし二重化を「潜‐在 (absent but implicit)」(White, 2000)

という記述に残している。頭の中で意味を転がす聴き方である。例えば、ホワイトは、絶望を経験している人について語る。彼は、何に絶望しているのかとその人に問うことを示唆する。そのような質問は、意味を反転する。それに答えるためには、絶望の経験は、その人が別のときに抱いていた希望という（言外にであれ）対照性の中に存在していることが、認識されていなければならない。質問は、絶望に留まるよりも希望を探求する。それは、当初は明らかでなかった質問ラインを開くが、それは不調和な分離ではない。実際、話し手の言ったことに続いているのである。

人生のもろさという観点で死を考えることや、人が意味深さを見出すものを研ぎ澄ますためにこのもろさ感を利用することは、同様に意味を反転させる。それは、人生の豊かな可能性を強調する。それは、死の悲劇よりも人生の活気を肯定する。ドゥルーズの用語で言うなら、多様性を開く差異化である。それは私たちに、美しく貴重なものに対する見方を提供する。これが、ドゥルーズが、死は人生に何かを「もたらす」と主張するときに示唆していることだと、私たちは推測する。

このアイデアのグリーフカウンセリングへの含意は、いくらか異なる質問ラインとなる。切迫した死に直面している人々に対して、そして大切な人の死を悲嘆している人々に対して、私たちは、（個別の例において）死が人生にもたらすものは何かについて答えを求めることは治療的だ、と言う。「死は、あなたの人生に何をもたらすか？」と露骨な言葉で人々に質問するわけではない。そのような質問は、あまりに無神経だ。しかしながら、私たちは、差し迫った死やその余波において可能なユニークに毒を孕んだ会話の特別な可能性に耳を澄まし、探求することができる。ポーラの焦点は、自分にとって大切なものがいかにして子どもや孫たちに受け継がれるかということだ。内的エッセンスではなく関係のやりとりの副産物としての私的アイデンティティに焦点を当てることで、私たちは、誰かが死ぬ前に、「このとき、友達ないし家族としてのあなたが話しておくべき、ないししておくべき大切なことは、何ですか?」と問うことができる。この瞬間に何がやりとりされるかについては、アイラ・ビヨック（Byock, 1997）[*5]が、人は愛と犯罪を告白するが、やすらかに死ぬ赦しを請わねばならないと主張するように、普遍的処方があると思う。事実、上記の問いはしばしば、不必要となる。人々が互いに言うことを聴き、瞬間の美しさを加速するために肯定的質問ないし推敲する質問をすることが、役立つだろう。

誰かの死後、関係の移行は明らかに起こる。故人の声は反響し続けるかもしれないが、その人に、生きている者の助け無くしては、それ以上、会話に加わることはできない。関係についての責任は、主に、遺族の側に移る。そのような状況において、死はどのようにして、人生に何かをもたらすのだろう? この問いへの答えは、実に様々だ。しかしながら、賢明なカウンセラーは、心の中で留まる問いを持ち、死にゆくことの痛みと不快の只中にある美しさを求め続けるだろう。切迫性とそのような時に表面化するもろさの意識の組み合わせは、輝ける美しさの瞬間を生産する助けとなるだろう。

本章は、本書で私たちが強調したい主たる焦点の終わりをもたらす。こうした焦点はまとまり、再度具体化し続ける。それが、最終章の目的となる。

＊訳註

＊1　ジョン・F・ケネディによるダモクレスの剣の引用は以下である。
Today, every inhabitant of this planet must contemplate the day when this planet may no longer be habitable. Every man, woman and child lives under a nuclear sword of Damocles, hanging by the slenderest of threads, capable of being cut at any moment by accident or miscalculation or by madness.（Kennedy, 1961. 9. 25）

＊2　ビシャは30歳という若さでこの世を去った。

＊3　〔生気論〕無機的要因に還元されない原理を生命現象に認める立場。

＊4　長男のグレンが生まれたとき、ポーラは33歳で、グレンはミーガンの8歳下の弟ということになる。

＊5　引用文献は未訳であるが、Ellson, K. P., & Weingast, M. (Eds.) (2016). *Awake at the Bedside: Contemplative Teachings on Palliative and End-of-Life Care.* Wisdom Publications.（小森康永、栗原幸江、岸本寛史、坪野圭介（共訳）『ベッドサイドの目覚め』北大路書房　近刊）「第26章　元気な姿を想像する」においてアイラ・ビヨック（Ira Byock）のエッセイを読むことができる。

第9章

希望をもう一度

本書の最後にあたり、私たちが触れた主たるテーマをまとめ、それらが達成しようとしているものは何かと問いかけておきたい。本章のタイトルが、その目的を既に語っている。フロイトが１９１７年の論考を「喪とメランコリー」と名付けたとき、彼は悲嘆反応と、当時メランコリアと呼ばれていて、現在ではうつ病と称されることが多いものを区別しようとしていた。そうした理由は、悲嘆とメランコリアが混同されやすかったからであろう。おそらく、『DSM-5精神疾患の分類と診断の手引』に関わる議論に反映されているように、現在でもそうであり、悲嘆は、大うつ病性障碍の記述からは除外されている。ラベルに関わらず、人生が生きる力と価値を失うほどに悲嘆に沈み得ることは、明らかである。

カウンセリングにおいて最もみられる実際は、（フロイトが記したように）この現実が「戦いに勝つ」ようにという希望の中、人々が「現実」を受容するよう援助することであり、その結果、十分に機能する生産的市民に戻ることである。問われるべき質問は、「どんな現実のことか？」である。これは、フロイトの時代には考えられもしなかった込み入った質問であるが、今では、それに気づかずに済ますには、目隠しが要る。それは、蓋然性の計算による研究において確認された現実のことなのか？　それは、因習的な死の概念によって拡張された義務に関する現実なのか？　あるいは、ドゥルーズがトッド・メイの問い（May, 2005）、「人はいかにしてもろい人生を生きるのか？」において到達するヴァーチャルな現実のことなのか？ これらは認識論的質問であり、私たちが本書の前章までに探求してきたものだが、最後の目的に沿って考えるために、再びそこに戻ってきたわけである。

死という現実を合理的リアリズムの何らかの肯定として受容することや、遺族として人生を統率するための動きを強調することは、普通に認められてはいるものの、人々の経験を出来合いのモデルに無理にあてはめる、ぎこちなく下手な営為である。私たちは、それがいつか人々の経験している痛みを増強するのではないかと懸念するし、その仕事が必要なものなのかと疑う。そこでの挑戦は、異なるアプローチを特定することだ。それが、本書で目指すところである。

この難題に対処するためには、カウンセラーが（数ある競合ヴァージョンの中から）現実のあるヴァージョンを採用し、それを実践の中で具現化しなければならない。私たちの希望は、人々が経験している悲嘆の多くの形において、生きる力の瞬間と大切にされてきた価値観の肯定を見つけることだ。ジョージ・ボナーノ（Bonanno, 2009）の研究は、例えば、緩和されない悲しみだけでなく遺族が喜びや笑いを経験するときを見つけた。そのような瞬間こそが現実よりもリアルなのである。それが人々を元気にし、人生を生きるに値するものにする。そのような瞬間を見つけて、光の下に寄せ集める課題は、存在する現実を受け入れるだけでなく、新しい肌理の細かいニュアンスのあるリアリティ（realities）を創成することに集中する質問に、その基礎がある。

希望とは何か？

希望の表現に基づく治療的アプローチを求める中、私たちは、希望を楽観主義から分離する必要性を意識する。ヴァーツラフ・ハヴェル（Havel, 1993）は、チェコスロヴァキアの共産党崩壊後、希望と楽観主義のあいだに明らかな区別を引き、希望は楽観主義とは同じではないと主張した。ハヴェルによれば、楽観主義は、すべてがうまくいくだろうと信じ切っていることである。一方、希望を持つということは、それがうまくいこうといくまいと、何らかの意味があると信じることである。ハヴェルの主張は、所与の現実の受容から〈未だに決定されていない意味の作成〉へのポストモダンな移行と一致している。これは、私たちが、死を前にして、生きる力、そして美さえもが生まれると信じる経験である。大切な人の死をサバイバルした人々によって、死のストーリーはしばしば、ものごとが「うまくいく」ことのなかった例として経験される。そのとき、希望は、充分に現実的な死の状況の中ではなく、人々が出来事に意味を見出す仕方の中に、ある。この発言が示すのは、私たちの質問の大部分が焦点を結ぶべき場所である。それは、現実の受容よりも、意味の創成にある。

しかしながら、どんな意味でもよいというわけではない。希望にあふれるには、時に厳しい難題に直面して元気づける意味が選択されなければならない。「元気づける」とは、一時的な感情を指すのではなく、価値観やコミュニティに根付いた行為のことだ。幸福を求めるだけでは、十分ではない。難しい環境で人々を元気づけるものは、それよりも豊かで、より複雑なものである。

希望は、ある種の人々の中にあるものでもない。「希望に満ちた人」について話すのは、まるで誰かは希望遺伝子を持っているかのようで、ナンセンスだ。その他の個性（レジリエンス、愛すべき親切さ、慎重さなど）と同様、本質的説明に逆戻りすることが誤りなのは、個性が個人の心の中に根付くものではなく、人々の間の関係の中で生産される特質であるからだ。希望は、蓄積可能な商品ではない。近代資本主義は、そのような個性を私的財産に転換しようとしてきたし、それを起業家のプロジェクトにつなげようとしてきたけれども（Lazzarato, 2014）。希望は、私たちが支配されている、あるいは自身で支配しているナラティヴの副産物のようなものである。

それゆえ、希望についてより正確に語るには、人々がそうである何かというよりも、人々がする何かとして語るのがよい。キース・ワインガルテン（Weingarten, 2010）が説明したように、希望は名詞としてよりも動詞として考えるのが、ベストである。もしも希望がナラティヴの枠組みの中で生産されるのなら、カウンセラーの挑戦は、遺族がストーリーにアクセスできる可能性を促進することにある。これが起こるのは、嘆き悲しんでいる人々に向かって、経験の意味を作成し、それを（孤立した中ではなく）行動が広がる豊かな関係の土壌において行うよう求め続ける質問を介してである。

希望は、孤立した個人という焦点から離れることによっても活性化される。もしも私たちが希望を抱くことができるのなら、私たちは、自分たちだけのためにではなく、互いに希望を抱くことができる（Weingarten, 2010）。私たちだけのためにではなく。この理由により、遺族が、故人はここで何と言うだろうと想像してみるよう言われることに、意味があるのである。そのような質問への反応は、答える側が自分自身として話すものの、その反応の中に故人の声を組み込むので、意味作成の声を二重化する。この意図において、死者は、誰か他の人が話すときに自らの声が聞き届けられることになり、修飾された形で生き返ることになる。ワインガルテンはこれを「委任された希望（vicarious hope）」と呼ぶ。そのとき、誰かの希望にアクセスし、それを自身の中に留め置くことを介して、希望の感覚が創成されることは、極めてよくあることである。

悲嘆の手作りのための基礎的仮説

では、最後に、ロレインがグリーフカウンセリングの実践を描く会話を提示しよう。本書の各所で強調してきた仮説を実践で際立たせるために、その会話を利用する。それは、何年も前に夫を亡くした女性との会話である。会話では、彼女が自身のために、そして息子たちのために、夫のストーリーをいかに生き長らえさせているかが、示されている。

【仮説1】

悲嘆は、関係における経験である。それは、人々のあいだの関係において経験されるので、いつも少なくとも二人の人間が関係している。それゆえ、グリーフカウンセリングは他の人の紹介で始めるべきだということは、了解できる。以下の例では、会話の語り手となるナンシー以外にも何人かがいることが示唆されている。彼女は、亡くなった夫のストーリーを語ることのできる人々について話している。

ロレイン　では、ナンシー、私がまずお聞きしたいのは、あなたのご主人がどんな方かということ。だから、出発点として、彼の紹介から始めてもらえますか？

ナンシー　もちろん。彼の名前。あなたが「彼の紹介」とおっしゃったのはいいわね、彼がここにいるみたいで。ロバートが夫の名前です。亡くなった夫。49歳でした。あと2週間で50

歳の誕生日を迎えるときでした。心臓発作による突然死でした。彼は家庭医で、ペンシルヴァニアで育ちました。とても聡明でした。

【仮説2】

誰かの人生についての意味創成は、その人が生きている場合は、過去から始まる。そして、現在、未来へと進む。しかし、故人と遺族のあいだの場合、最初に集中すべきは、死の前の二人の関係である。グリーフカウンセリングは、その人の現在と未来のアイデンティティの一部となるささやかな瞬間に気づくことが大切である。このような瞬間は、死後の関係性が生き長らえるストーリーに形を与える思い出の収集によって、もたらされる。

ロレイン　では、最初にロバートに会ったとき、どこに惹かれたの？　彼のどこに気づいたのかしら？

ナンシー　私たちは、ヘロイン・デトックス・プログラムで出会ったの。彼はオハイオのトレーニング・プログラムから来ていて、私はフロリダのトレーニング・プログラムから来ていました。彼はとても背が高くて、6フィート4インチ、それにとてもきれいな巻き毛でした。並んで歩いていて、実に興味深く見えました。一目惚れね、彼はハンサムだったから。この白いセーターを着ていました。彼の形見です。

ロレイン　最初に、ここには背が高くて、とても男前の人がいるって気づいたわけね。それで、知り合って、実際につき合ってみると、彼の人としての魅力はどんなところにあったのですか？

ナンシー　いろんなことを教えてくれました。今でも……彼はパブリックラジオを聞いていました。二人でよく聴きました。私は何も知らなかったけれど，政治について知っておくのはとても大切だと知りました。冒険心についても教えてくれましたね。

ロレイン　彼から見て，あなたのどんなところが，冒険心を共有できると思わせたのでしょう。

【仮説3】

ナンシーがここでしているように，人々はたいてい，故人の思い出を楽しんで語る。それは，単なる回想以上のものである。遺族と故人のあいだの関係に生命を吹き込むのである。次の逐語録では，関係性感覚が，彼女のライン同様，彼のラインを話すようナンシーに頼むことによって促進されている。

ナンシー　彼は真面目に日記をつけていました。生涯，ずっと書いていたのです。ある日，彼の日記を見つけて，出会ったときの記録を読んでみました。彼の声が聞こえるようでした。

ロレイン　何と書いてあったのですか？

ナンシー　僕の緑の瞳。いつ書いたのかわかりませんが，当時，私にそんなことを言っていました。よく話をして，お互いを知ることになりました。最初に，一緒に過ごした時間は本当に短くて，ニューヨークでの1か月でした。

ロレイン　それで，あなたと彼が，それ以上のことになりそうだと気づいたのは，いつでしたか？

ナンシー　彼は医学プログラムを終了するためにオハイオに帰り，私も自分のトレーニングプログラムを終了するのにフロリダに戻りました。彼は週末に長い休みを取って，やってきました。離れている間に，何か特別なものがあると二人にはわかったんだと思います。彼が電話番号を訊いたので、電話があるだろうとは思っていました。ここに弟がいたら、彼から電話があったとき、私が20フィートはジャンプしたことを証言してくれるでしょう。とても興奮しました。ロバートは外科医になる予定で、研修を始めるところでした。フロリダで1か月、私と一緒にいた後、彼は、一緒に働くことになっていた外科医で、彼を外科研修に抜擢してくれた人に、こう言ったんです。伴侶を見つけたので、引っ越さなければならないって。彼の決定は、本当にスピリチュアルなもので、私たちは一緒に暮らすことになったのです。

ロレイン　何年か一緒に暮らして、彼はあなたの何に気づいたのでしょう？

ナンシー　［間］彼は、私にはつらい時期があったことを知りました。彼は、人々が人生をいかにして変えるのかということに、本当に魅せられていました。人々によく彼が言っていたことです。

ロレイン　彼は何を誇りにしていたと思いますか？

ナンシー　私が連鎖を絶ったことだと思います。我が家に続いていた連鎖のことです。そうしたのは、私が初めてでした。だから、彼はそれを誇りにしていたと思います。私は、彼にとって、人は変わることができるということの実例なんです。人は、困難の道に留まり続けなければならないという法はないのです。

ロレイン　その証人になることは彼にとってどんな意味があったのだと思いますか？　世代的経験に直面する中で、世代的ストーリーは、あなたで変わったわけです。その証人になることは、彼にとって何を意味したのでしょうか？

ナンシー　そこになんらかの結びつきがありました。彼は子ども時代にトラウマを経験してはいませんが、その痛み、希望がないということに関する心の痛みに結びついたのです。何らかの形で、彼には結びつきがあったのだと思います。

【仮説４】

人々の決定と活動を動かす価値観は、人々の関係性の中に根付いている。それを会話の前面に押し出すことは、人の欠損部分をあげつらうよりは、生きる力を強化する。

ロレイン　それを証明することは、彼が希望を持った場所でしたか？
ナンシー　そうだと思います。
ロレイン　どんなふうに？
ナンシー　［間］　さあ。日記には、彼の文章で、トラウマの後でいかに人々が立ち直るかに魅了されたとあるのです。
ロレイン　それは彼の患者への扱いを変えたと思いますか？
ナンシー　ええ、彼はよい医者でしたから、それは。
ロレイン　それは、彼の医者としての在り方にどんな衝撃を与えたのでしょう？
ナンシー　そうですね、もともと彼は患者と深く結びついていました。彼の死後、人々が彼のことをどう思っていたか、わかりました。他の医者のように金儲けをしなかったのは、診察に時間をかけたからです。マネージドケアの時代でしたから、10分診療です。でも彼は、そうはしなかった。患者がどこに住んでいても、往診に出かけました。それが私だけのためだったかどうかはわかりません。でも、トレーニング先をニューヨークに決定したことには影響したはずです。結びつきは既にあったわけです。彼は私がよくなるためなら何でもするところを見ていたと思います。

ロレイン　オーケー。彼はあなたの粘り強さを見たのですね？　それで正しいですか？

ナンシー　ええ、たぶん。私は、健康な生活を送るためなら、何でもしていたのです。

【仮説5】

故人の声は、その人の死後一定期間、以下の逐語録のように、生き続け、応答を要求する。これによって、生きている者は、それでなければはかない考えでしかないものから力強さを得る機会を与えられる。

ロレイン　オーケー。ナンシー、ロバートの死後、粘り強さはどのようにあなたに役立ちましたか？

ナンシー　そうですね、彼が死ぬ少し前に、キッチンで、私たちのどちらかが先に死んだらどうするかと話したことがあります。彼が何を望んでいるかがわかったので、それは、とてもよい会話でした。

ロレイン　彼は大切なことをいくつか指示したわけですね？［ナンシー、首肯］　そして、思いもよらないことが起こって、あなたはその指示に従った。彼の言葉に注意を払うことができるというのは、あなたにとって、どんな感じですか？

ナンシー　それはマントラになりました。

ロレイン　そのマントラがどんなものだったかお訊きしてもいいですか？

ナンシー　彼は私に、学校へ戻って、上級訓練を受けるべきだと言いました。息子たちをサポートしなければならなくなるから。それで、そうしました。復学したのです。修士を取って、今は博士課程にいます。最終段階です。何度も辞めたいと思いましたから、それを続けさせてくれる粘り強さが十分にあったことになりますね。結局、辞めなかったのです。

ロレイン　辞めようかと思うとき、気がつくと彼の声を思い出していますか？

ナンシー　ええ。息子たちのためだから、お前がどのくらい一生懸命やっているかわかるけど……

ロレイン　ロバートは、あなたが息子さんたちに示しているロールモデルについて何と言うのでしょう？

ナンシー　ずっとつらかったけれど、今では、彼らが最強の権利擁護者ですね。こう言うんです。「ママ、辞めちゃ駄目だよ。棒を折るためにわざわざ、ここまで来た訳じゃないんだからさ。卒業しないと」

【仮説６】

思い出に関連した意味の遂行は、個人の心の中だけではなく、家族とコミュニティの関係性という文脈の中で起こる。ロレインとナンシーが話すとき、他の家族はそのストーリーの中に組み込まれる。

ロレイン　どのようにして父親の霊媒になったのですか？

ナンシー　息子たちも、ここにいてくれたらね。彼らの考えを聞いてみたいです。二人ともタイプが違うから、父親の死の受け止め方も。でも、どちらとも、父親を心の中に存分に取り込んでいます。

ロレイン　ロバートが息子たちと関係を築けるよう、あなたは何をしたり、言ったりしたのですか？

ナンシー　彼らの力強さがいかに父親ゆずりかを思い出させるのです。

【仮説7】

私たち一人ひとりは、複数にストーリー立てられている。それゆえ、いつも私たちは、一人の人間が抱えられる記憶よりも大きなものになる。

ロレイン　息子さんたちは、各自の違いに応える形で、多くの点で異なる父親を持っていますね。
ナンシー　ええ、そうです。彼が息子たち以上に愛したものはありません。
ロレイン　彼は父親であることも愛していましたか？
ナンシー　ええ、そして息子たちそれぞれに違う接し方をしていました。長男とは、天文学を一緒に学び、それは今でも、息子の楽しみとなっています。次男とも一緒にいて、スポーツを教えていました。

【仮説8】

ポジティヴなものだけに焦点を当てるということは、ナラティヴな会話ではあり得ない。痛みは認証されなければならないし、死がもたらした難題から生まれた意味も同じである。しかしながら、痛みと情緒的苦痛はいつも、認証に値するその他のナラティヴの文脈において存在する。

ナンシー　息子たちに申し訳ないと思うときがあります。その痛みは……
ロレイン　彼らの喪失感に傷つくのでしょうか？
ナンシー　あんなに素晴らしい父親がいるはずだったのに。彼らの人生は豊かで、良い思い出があって、よいロールモデルもあった。それを癒せるものは、何一つありません。

ロレイン　子どもには、痛ましさを感じるものですね？
ナンシー　［彼女は首肯し、涙ぐむ］ええ。
ロレイン　彼らが父親を感じるところを想像すると、そのうずきはどうなりますか？
ナンシー　少し癒されますし、ほとんどスピリチュアルな気分です、もっともな気がして。息子たちは、父親と共有した活動を今でも続けていますから。

【仮説9】

私たちの人生の上につり下げられているダモクレスの剣は、私たちに、死ぬことと人生の短さを思い出させる。逆説的に、この気づきが、厳しく痛みのある出来事への人々の反応における美の感覚を促進する、辛辣さと切迫性の感覚を人生にもたらす。

ロレイン　あなたにとって、彼の死はどんな意味をもたらしましたか？
ナンシー　人生が一変しました。
ロレイン　彼の死に、あなたへの贈り物はありますか？
ナンシー　ええ、ありました。人生を当たり前のものとは考えなくなりました。いつも最高の敬意でもって人に接すること。物事は直ちに変わることも実感しました。人生は……必ず進んで選び取り、享受すべきもの、ですよね。
ロレイン　ロバートなら何と言うでしょう？
ナンシー　彼なら喜んで、私たちのもろさについての理解が幸福の一部なのだと言うでしょう。それは少し奇妙に聞こえるでしょうが、そのおかげで私は、いくらか誠実になったようです。物事を当たり前だとは考えなくなったのですから。

【仮説10】

遺族と故人のあいだの関係性は、ナンシーとロバートがそうであるように、死後も継続する。彼は、遺産を通して、ナンシーへ影響を与え続け、彼女への利益と伝えるべきメッセージも持ち続けることが想定される。それは、以下のように目に見えるものにすることで、さらなる行為の基礎となる。

ロレイン　人生には生きる力があるということは、ロバートの遺産の一つですか?
ナンシー　ええ。恩恵ですね。彼の死の恩恵。
ロレイン　日々のこととして、あなたが立ち止まり、ロバートの遺産である生きる力の恩恵と感謝に気づくのは、どんな場所ですか?
ナンシー　どんな所でも可能です。道で誰かを見たとき、微笑むと、相手が何らかの結びつきに気づいたことを実感するのです。たくさんの善があることを多くの人に知ってほしいのでしょうか。唯、それがどのくらい正確にフィットしているのかわかりませんが、そう思うわけです。
ロレイン　あなたにロバートを思い出させる何かが、その微笑みなのですね?
ナンシー　ええ、正に。彼の愛も感じてほしいですね。
ロレイン　通りがかりの人に愛情を感じるとき、ロバートの愛が瞬間的に生まれるのね?
ナンシー　ええ、ええ。

【仮説11】

カウンセリングは、故人をメンバーシップクラブの新しいメンバーに紹介することによって、故人の思い出を現在の生活に組み込む可能性に遺族が気づく機会も提供できる。ナンシーは、ロバートの死後、彼を彼女の新しい夫に紹介した。ナンシーは、現在の夫、ジェリーがいかに家族におけるロバートの結びつきを評価したかを、次のように説明している。

ロレイン　ジェリーは、ロバートについてどんな点を本当に評価していると言うでしょう?

ナンシー　私たちがここからヴァーモントへ引っ越したとき、私はロバートのものを処分していなかったので、彼はそれも詰め込まなければなりませんでした。私たちは、ジェリーの仕事の都合で1年間、ヴァーモントに住みました。そして、ここに戻って来たとき、ジェリーはロバートのものを全部見ることになり、ロバートがどんな人か、知ることになったのです。彼の反応は、この男性はパワフルで、タフなライバルだ、というものでした。ジェリーによると、ロバートは素晴らしい男性で、自分のことをよくわかっている人だそうです。ジェリーと私は、ロバートと私が購入した家で暮らしました。ジェリーが言うには、住む所で、彼に借りができたのです。事実、素晴らしい家でした。ジェリーは別の場所に住みたいんじゃないかとも思いましたが、彼は、この家には本当にスピリチュアルなものがあると言います。ロバートが近くにいる感じです。

ロレイン　ロバートの空間を確保するだけでなく、彼の現存も思い出させる男性との結婚は、あなたにとって、どんなものでしたか?

ナンシー　素敵です。とても幸運でした。ジェリーと再婚したとき、ロバートのことも知っている親友の一人が結婚式の直前にこう言いました。「一人のいい男性と結婚できれば、女性は幸運だというのに、あなたは二人のいい男性と結婚したのよ」

ロレイン　彼女の言葉はしっくりきますか？

ナンシー　ええ、大変光栄です。なぜこうなったか必ずしも理解できないことが、時々ありますけど。

【仮説12】

思い出はしばしば、故人を生者とする感覚を運ぶ衣服のようなものの連想を介して、力強く留まる。

ロレイン　もしもある特定の意味でなければ……？　たくさんの人々にとって、たくさんの意味がある……？

ナンシー　ええ。話しているときに、そう考えていました。

ロレイン　発見されるべきものがいくつかある？

ナンシー　ええ。

ロレイン　それは、あなたにとって大丈夫？

ナンシー　ええ。私たちは、彼のことを死んでいるものとしては話さない。彼は死者じゃないの。ロバートは未だに私の人生の一部なの。彼のことを毎日考えるわけだから。

ロレイン　だから彼の衣服を持っているわけね。彼の服を着たりしますか？

ナンシー　いいえ、もう着ません。靴下を取っておいたのは、いい匂いがするからです。匂いが消えないように、鞄に詰めておいて、時に取り出して、匂いを嗅いだものです。変に思うでしょうけど、心がやすらぐのです。オーデコロンのついた彼のTシャツも取ってありました。

ロレイン　白いセーターが大切だとおっしゃっていましたね？

ナンシー　ええ。それも取ってありました。一目惚れしたときに，彼が着ていたものです。私が大好きなセーターをもう一枚，彼は着ていました。友達が父親のために編んだもので，書き物をするときのお気に入りのセーターの一つでした。

【仮説13】

リ・メンバリングは過去にだけ焦点を当てるものではない。カウンセラーが，ストーリーがアイオーン感覚で存在する所へタイムトラベルするよう人を誘うなら，現在でも可能である。ナンシーは，彼が生きていた過去のロバートについて語り，そして彼の死後の彼女の現在進行形の彼との関係をも語る。ロレインの次の質問は，彼女の彼についての感覚を現在の瞬間に引きずり込む。

ロレイン　彼について今，語るのは，どんな感じですか？

ナンシー　彼の話はとてもパワフルですから，彼について話すのは，大切なことだと思います。

【仮説14】

遺族にとって，故人の感覚が共通の出来事を経験した他の人々との結びつきを促進するのは，珍しいことではない。仮定法質問で，大切な故人の声は，遺族が故人は何と言うだろうかと話すことによって，瞬間的に，再構成される。

ナンシー　歯垢を取ってもらいに歯科医院に行ったのですが、そこの歯科衛生士のご主人が若くして亡くなったばかりでした。私は彼女にロバートのことや、毎日どんなふうに彼のことを考えているかを話しました。今では、大切な人を亡くした人々との結びつきがあるのです。悲しみを乗り越えるまでは、なかなか得られませんが。その女性に私は言いました。「誰も入会したくないクラブにようこそ。まだ、会員は私たち二人だけだけど」

ロレイン　それは、あなたとやすらぎを得られるような人々がいるという点で、ロバートの遺産の一つね。彼は気に入るかしら？

ナンシー　もちろんです。彼は、私が人のやすらぎになって欲しいのです。

【仮説15】

仮定法で話すと、故人の声は、未来に向かうことになる。遺族は、生活上、他者にアドバイスするよう誘われる。それは、希望の具現化となる。

ロレイン　では、あと一つだけ、質問させて下さい。もしも彼がこの部屋にいる全員にアドバイスするよう求められたら、何があるでしょうか？　彼はどんな言葉、ないしアドバイスをするか、あなたの思うところを聞かせて下さい。

ナンシー　彼の着ていたTシャツを思い出します。こう書いてあるんです。「タバコは吸うな。聡明であれ。とにかく死ぬことだ」。意味深です。人生を謳歌せよってことね。堅苦し過ぎても駄目だけど、健康には気をつけろ。彼は49で死んだわけですが。

ロレイン　つまり、彼のメッセージは、こうね。「命短し、それなりのお楽しみを」

ナンシー　最大限に。

【仮説16】

悲嘆は、日々の関係性に埋め込まれた権力や特権によって支配されている。しかしながら、ナンシーとの会話では、それについての明らかな描写はない。ナンシーは、ある意味、ある種の悲嘆は正統なものだと認可するが他はそうではないとするドミナントな言説との悪戦苦闘をせずに済むほどには、幸運である。ナンシーは、子どもたちや現在の夫、そしてコミュニティの周りの人々によって、ロバートをリ・メンバリングするよう励まされてきた。誰もがそれほど運が良いわけではない。中には、悲嘆に値しないとされ、遺族のエージェントとしての反応を剥奪される人生もある。人によっては、その悲嘆を儀式により（および慣習的心理学実践においてさえ）公認されない（disenfranchised）人々もいて、悲嘆ないしリ・メンバリングの機会を逸する。話を明確にするために付言すると、これは、ナンシーがお気楽だとか、かなりの痛みを味わわなかったということではない。他の人々は公認されていないからと彼女の遺族としての立場に腹を立てるのは、無愛想なことで、誰の役にも立たない。すべての他者同様、ナンシーは、死の近代言説に対抗して、美しさとエージェンシーの時間を見つけるために、限界を超えなければならない。

美的アプローチ

本書で私たちが強調してきた死と悲嘆へのアプローチは、美的感受性に基づいている。カウンセラーたる者、悲嘆に生きる人々を援助するには、そのような感受性を実践において養う必要がある。「自己への配慮」として明文化したミシェル・フーコー（Foucault, 1986）のエートスである。それは、クライエントの反応を出来合いのモデルに合わせたり、専門家の「バーンアウト」や「共感疲労（compassion fatigue）」を回避するよう配慮することではなくて、むしろ死の谷の影で旅路を決めるエージェンシーの達成を促進することである。私たち一人ひとりにとって、これは少しずつ異なるものである（たとえ私たちが共通の文化的リソースバンクに属しているとはいえ）。それは、古代ギリシア人がテクネ（techne）と呼んだものの含意と共にあり、遺族であること、ないし死にゆく人であること、あるいはその双方が意味するものを積極的にかつ意図的に生産することである。

このポイントを強調することは、決して痛みをないがしろにすることではない。痛みは時に、深く、人を弱らせるものであり、それは、死によって創造されている。しかしながら、それは痛みが、生者と死者のあいだの共振するストーリーやその関係を手作りすることによって得られるやすらぎを与える意味によって、和らげられるということだ。継続する関係性の感覚は、修飾変更された形であっても、（しばしば出来事に伴う結びつきの深い求めに対処することのできる）この緩和の鍵となる部分である。この継続関係仮説は、死の瞬間における突然のカットオフや完結要求の仮説ほど、がさつでも残酷でもない。しかしながら、カウンセラーは、継続する絆に気づくか、認証する以上のことをしなければならない。この基礎に立つ関係組織の構築のための足場作りを提供する質問ができなければならないのである。生者のあいだに死者のストーリーを織り込むための前進する道を造るものだ。それは、生きる力と愛のストーリーが一つになる、新しい種類の会話に踏み出す意気込みである。

これまでも述べてきたように、私たちは「客観的」現実の主張によって得られるものが何かあるとは信じていない。それに、現実が「正常悲嘆」モデルに沿って作られなければならないとも信じてはいない。過去をリ・メンバリングし、現在にそれを結びつけ、そして未来を形作ることに基づく、悲嘆の異なる経路を人々が見つけるよう、あるいは創造するよう援助することは、人々をずっと元気にする。そうした経路には、せめて一瞬であれ人々に美しさを垣間見せる美的感受性が要求される。このような瞬間がちらりと見えるとき、空気は輝き、澄み、そしてやさしさのヒントを含むようだ。死が、人生の最大の難題を提示する以上、そのような美の輝きの達成は、偶然にまかせてはいけない。それは、思い出と夢から構成されなければならない。それが達成されれば、カウンセリングの会話において、さもなければ重くのしかかる、悲嘆の錨を降ろす痛みは、引き上げられるだろう。カウンセラーや傾聴する人々は、悲嘆の美しさを求める好奇心にあふれた質問の適用によって、これまでになくやさしく、優美な瞬間を手作りすることができる。

訳者あとがき

本書は、ロレイン・ヘツキ（Lorraine Hedtke）とジョン・ウィンズレイド（John Winslade）の2017の著書 *The Crafting of Grief: Constructing Aesthetic Responses to Loss*. Routledge. の全訳である。ヘツキとウィンズレイドによる前著『人生のリ・メンバリング（*Re-membering Lives*）』が2004年の刊行だから、正に待望の新刊である。この13年間のあいだに彼女たちは何を考え、どんな実践に導かれたのか？ 序章によれば、ジル・ドゥルーズの哲学が慎重に引用された。

例えば、第8章における時間についての考察において、そして、第4章においては、アイデンティティについて語りつつも「なること（becoming）」に強調が置かれている。また、第5章では、マイケル・ホワイトの潜-在（the absent but implicit）という概念をこれまでとは異なる形で使用している。死と悲嘆の政治学は前書でも扱ってはいたものの、今度は、第6章においてもっと明らかな形で言及した。（本書 p.iv）

実に興味津々。読者もそうであってほしい。

ロレインとジョンには一度だけ会ったことがある。2007年春のノルウェー、クリスチャンサンでのナラティヴ・セラピー&コミュニティワーク国際学会（2008年の拙著『ナラティヴ実践再訪』金剛出版 160-181 頁を参照）でのことだが、彼女は私の発表の座長をしてくれた。彼女自身は遺族としての子どものケアについてワークショップをしたが、娘のアディも祖母の思い出を絵本にするなど、一家総出であった。ジョンはいつも控えめに彼女の隣にいるのが印象的。既に著者と訳者の関係だったから、二人とも気さくで、親切で、初めて会った気はしなかった。ちなみに、ジョンは初めての娘ジュリアを生後5か月で亡くし、悲嘆理論とギクシャクした当事者であったが、マイケルの1989年の論考によって自らの経験を一気に了解した。

第1章から第3章は、いわゆる総論に相当する。ヘミ和香さんに訳してもらった。もちろん第1章「悲嘆に美しさを求める」には、彼女の腎がんの母親の看取りが冒頭に据えられているからだ。英語で書かれたものが本人により日本語に訳されたわけである。そこでは、悲嘆が自然経過ではないこと、文化的視点から理解されなければならないこと、さらにはナラティヴな視点が導入され、「悲嘆を手作りする」という概念化に導かれる。

私たちは、意図的に「手作り」という概念を選んだ。それは、科学的モデルほどご立派なものではなく、(手を出すには相当なトレーニングを要する)芸術的試みよりありふれたものだ。つまり、手作りとは、誰にでも容易にできるものなのである。それは、苦悩を受け身で受容することよりも、熟考した上での行為に絡んでいる。それは、美的資質も備え、芸術と科学の間を進むのである。(本書 p.26)

「手作り」はジュディス・バトラーからの借用だと明かされ、次いで、フーコーの「自己への配慮」、ドゥルーズの「なる」ことへと論は展開する。第2章「現実の勝利」では、17年前に夫フィリップに自死された女性サンドラとの会話により問題を提起し、「生者と死者との関係に何が起きたのか、自らの反応を手作りする人にはどんな機会があるのか，このモデルの中で死にゆく人と遺族が意味を作るのにどのくらいの創造性が許されるのか，語られるストーリーは誰の責任か，文化的ないし自然な反応はどのくらい価値があるのか」を探る。第3章「リ・メンバリング」では，母親を亡くした大学院生のデイヴィッドとの会話を例に，リ・メンバリングの実際を提示し，社会構成主義的考察が続く。

第4章から第6章は奥野光さんが訳してくれた。第4章「遺族になる」では，自殺や殺人といった死の様式次第で遺族のアイデンティティが狭められることを受けて，父方祖父が自死したクリスタルとの会話が紹介される。第5章「暗黙の意味を救う」では，意味作成が，言説コミュニティの一員であることの機能であり，一部は個人の創造性の機能であることが述べられた後，マイケルの「潜-在」，「ダブルリスニング」が解説され，自死した娘ソフィーについてのエマとの会話が紹介される。第6章「死の政治学」は紹介で始まる。58歳の膵がん患者，ジャネット。再婚の夫ハンクと，彼女の成人した二人の娘たちは折り合いが悪く，彼女のケアについて対立する。この例では，在宅ケアに関わる家族の権力闘争とその解決が示される。最後に，「権利を奪われた悲嘆（disenfranchised grief）」の紹介がある。

第7章から第9章までは小森が訳した。第7章「伸びる時間」は，時間分類として，ドゥルーズによるクロノスとアイオーンを採用する。前者は，過去，現在，未来と直線的なものであるのに対し，後者はその分画は不鮮明であり重層する。アルツハイマー病の祖母との思い出を語るダニエルとの会話を例に，アイオーンの治療的応用が探求される。第8章「もろさを喜んで引き受ける」では，進行がんのポーラを娘のメーガンが夫と自宅に引き取るケースが紹介される。二人の関係性，かぎ針編みのことなどが語られつつ，最後の時間が豊かになる様が描かれ，ドゥルーズの死生観やトッド・メイの死の哲学も引用される。最後の第9章「希望をもう一度」では，まず希望と楽観主義の違いが解かれる。後者は，すべてがうまくいくと確信させられていることだが，前者は，うまくいくか否かにかかわらず，何かに意味があると信じることである。そして、何年も前に夫を亡くしたナンシーとの会話を例に挙げつつ、悲嘆の手作りのための16の仮説が提示される。

本書の編集サポートはもちろん若森乾也さん。年内に引き続き刊行予定の『みんなのスピリチュアリティ』[*1]と『ベッドサイドの目覚め』[*2]が緩和ケア三部作として一気に日本の読者に届くのは、全て若森さんの尽力による。ありがとう。尚、表紙カバーは和香さんの義息である写真家アピハイ・ヘミさんによって撮影された第1章の舞台であるヘミさんのご実家の村の光景である。

２０１９年3月24日

訳者を代表して　小森　康永

追記　先日読んだソナーリ・デラニヤガラ著『波』の書評には、こんな一文が引用されていた。「私は、彼らを近くに置いておくことでしか回復できないということを学んだ」２００４年スマトラ島沖地震で夫と息子二人を亡くした女性の8年間が記された本。

＊1　Goodhead, A., & Hartley, N. (Eds.) (2017). *Spirituality in hospice care: How staff and volunteers can support the dying and their families*. Jessica Kingsley Publishers.

＊2　Ellison, K. P., & Weingast, M. (Eds.) (2016). *Awake at the bedside: Contemplative teachings on palliative and end-of-life care*. Wisdom Publications.

シシリー・ソンダース初期論文集 1958-1966

――トータルペイン　緩和ケアの源流をもとめて

シシリー・ソンダース　著
小森　康永　編訳

四六判・264 頁
定価：本体 2800 円＋税
ISBN978-4-7628-2967-3

近代ホスピスの設立と普及に尽力した C. ソンダース。1958 年の第一論文「がんで死ぬこと」をはじめ，8 つの初期の論考を収録。さらには編訳者の解説を通して，晩年に至るまでの思考の軌跡を辿る。死にゆく人の「痛み」を身体的，精神的，社会的，スピリチュアルな面からトータルに捉えようとした彼女の思想を再訪し，その豊穣な可能性を照らし出す。

ナースのためのシシリー・ソンダース

――ターミナルケア　死にゆく人に寄り添うということ

シシリー・ソンダース　著
小森　康永　編訳

四六判・196 頁
定価：本体 2200 円＋税
ISBN978-4-7628-2968-0

「近代ホスピスの母」シシリー・ソンダースのキャリアは，医師ではなく，看護師から始まった。終末期の患者およびその家族にとって「近しい存在」である看護師は，どのように患者の苦悩と痛みに寄り添えばよいのか？ 率直に生き生きと語った“Nursing Times”への 13 本の寄稿論文を収載。緩和ケアの「原点」に立ち返り，その現代的意義を問う。

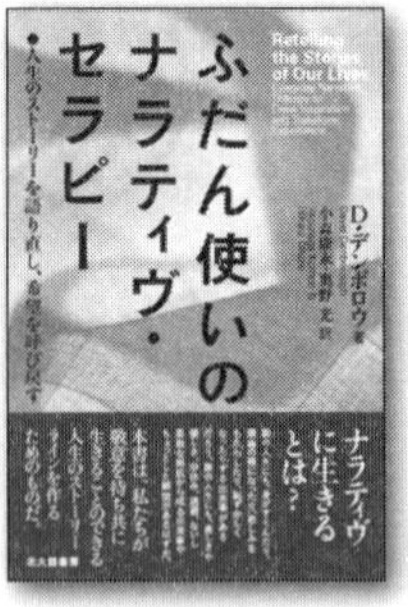

ふだん使いのナラティヴ・セラピー

――人生のストーリーを語り直し、希望を呼び戻す

D・デンボロウ　著
小森康永，奥野　光　訳

四六判・344 頁
定価：本体 3200 円＋税
ISBN978-4-7628-2939-0

ナラティヴに生きるとは？ 誰の人生にも，身がすくんだり，頭痛の種になったり，悲しみをもたらしたり，恥ずかしくなったりする出来事があるだろう。誰の人生にも，美しさや優しさ，中休み，逃避，ないし果敢な抵抗から成る出来事やちょっとした瞬間があるはずだ。本書は，私たちが敬意を持ち共に生きることのできる人生のストーリーラインを作るためのものだ。

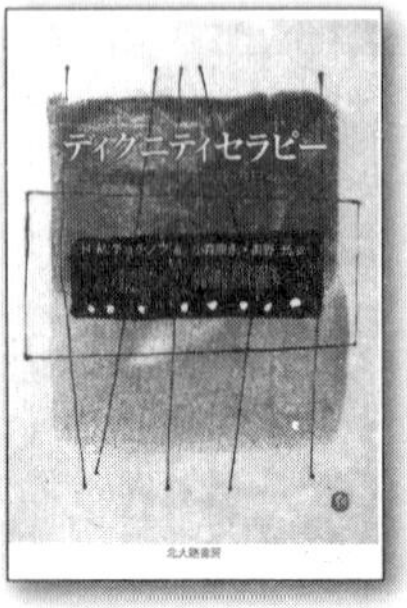

ディグニティセラピー

――最後の言葉，最後の日々

H・M・チョチノフ 著
小森康永，奥野　光 訳

A5 判・216 頁
定価：本体 2700 円＋税
ISBN978-4-7628-2812-6

ディグニティセラピー創始者のチョチノフ自身の手による包括的な入門書。緩和ケアに役立つこの新しい技法が，どのようにして生まれ，発展してきたのか？　またそのエビデンスとは？　具体的な事例を通して，ディグニティセラピーをどのように行なうか，その実際を詳説。2012 年度 PROSE 賞臨床医学部門受賞。

手作りの悲嘆

死別について語るとき〈私たち〉が語ること

2019年5月10日　初版第1刷印刷
2019年5月20日　初版第1刷発行

定価はカバーに表示してあります。

著　者　ロレイン・ヘツキ
　　　　ジョン・ウィンズレイド
訳　者　小森康永
　　　　奥野　光
　　　　ヘミ和香
発行所　㈱北大路書房
〒603-8303　京都市北区紫野十二坊町12-8
電　話（075）431-0361㈹
FAX（075）431-9393
振　替　01050-4-2083

編集・製作　本づくり工房　T.M.H.
装　幀　野田和浩
印刷・製本　（株）太洋社

ISBN 978-4-7628-3067-9　C3011　Printed in Japan© 2019
検印省略　落丁・乱丁本はお取替えいたします。

訳者紹介

小森康永（こもり やすなが）………………　序文・はしがき・第 7 章〜第 9 章・訳者あとがき

1960 年　岐阜県生まれ
1985 年　岐阜大学医学部卒業
現　在　愛知県がんセンター精神腫瘍科部長
〈主著・訳書〉
　『ナラティヴ実践再訪』金剛出版　2008 年
　『バイオサイコソーシャルアプローチ』（共著）金剛出版　2014 年
　『ナラティブ・メディスン入門』遠見書房　2015 年
　『はじめよう！　がんの家族教室』（編）日本評論社　2015 年
　M. ホワイト・D. エプストン『物語としての家族』金剛出版　1992/2017 年

奥野　光（おくの ひかる）……………………………………………………………第 4 章〜第 6 章

1974 年　愛媛県生まれ
1997 年　国際基督教大学教養学部卒業
2002 年　名古屋大学大学院教育発達科学研究科単位取得
現　在　二松学舎大学学生相談室カウンセラー（臨床心理士）
〈主著・訳書〉
　『セラピストの物語／物語のセラピスト』（共著）日本評論社　2003 年
　『ナラティヴ・プラクティス』現代のエスプリ No.433（共著）至文堂　2003 年
　S. J. ウォーリン・S. ウォーリン『サバイバーと心の回復力』（共訳）金剛出版　2002 年
　M. ホワイト『ナラティヴ実践地図』（共訳）金剛出版　2009 年
　M. ホワイト『ナラティヴ・プラクティス』（共訳）金剛出版　2012 年

ヘミ和香（へみ わか）…………………………………………………………………第 1 章〜第 3 章

1979 年　京都府生まれ
2001 年　同志社大学文学部卒業
2004 年　ピッツバーグ大学大学院ソーシャルワーク修士課程修了
2010 年　神戸松蔭女子学院大学大学院文学研究科臨床心理学コース終了
現　在　長岡ヘルスケアセンター（臨床心理士）

原著者紹介

■ **ロレイン・ヘツキ**（Lorraine Hedtke）

米国カリフォルニア州 San Bernardino にあるカリフォルニア州立大学カウンセリング学科教授。Vancouver School of Narrative Therapy のスタッフであり，Taos Institute のメンバーでもある。米国及び諸外国にて死と死別についての教育に従事している。邦訳にはジョンとの共著『人生のリ・メンバリング』（金剛出版，2005）がある。

■ **ジョン・ウィンズレイド**（John Winslade）

米国カリフォルニア州 San Bernardino にあるカリフォルニア州立大学カウンセリング学科教授。Taos Institute のメンバーでもあり，ナラティヴ・カウンセリング及び葛藤解決に関する 11 冊の著作があり，6 か国語に翻訳されている。邦訳にも『新しいスクールカウンセリング』（金剛出版，2001），『ナラティヴ・アプローチの理論から実践まで』（北大路書房，2008），『ナラティヴ・メディエーション』（北大路書房，2010），『話がこじれたときの会話術』（北大路書房，2014）がある。

索引

文　献

American Psychiatric Association (2013). *Diagnostic and statistical manual for mental disorders, fifth edition*. Washington, DC: American Psychiatric Association.（日本精神神経学会（日本語版用語監修）2014『DSM-5　精神疾患の分類と診断の手引』医学書院）

Anderson, H. (1997). *Conversation, language, and possibilities: A postmodern approach to therapy*. New York, NY: Basic Books.（野村直樹・青木義子・吉川　悟（訳）2001『会話・言語・そして可能性』金剛出版）

Andersen, T. (1991). *The reflecting team: Dialogues and dialogues about the dialogues*. New York, NY: Norton.（鈴木浩二（監訳）2015『リフレクティング・プロセス：会話における会話と会話』〈新装版〉金剛出版）

Andrews, R. (1993). *The Columbia dictionary of quotations*. New York, NY: Columbia University Press.

Ariés, P. (1974). *Western attitudes toward death: From the Middle Ages to the present* (P. Ranum, Trans.). Baltimore, MD: Johns Hopkins University Press.（伊藤　晃・成瀬駒男（訳）1984『死と歴史：西欧中世から現代へ』みすず書房）

Ariés, P. (1981). *The hour of our death*. Oxford, UK: Oxford University Press.（成瀬駒男（訳）1990『死を前にした人間』みずず書房）

Árnason, A. (2000). Biography, bereavement, story. *Mortality, 5*(2), 189-204. DOI: 10.1080/713686003

Árnason, A., Hafsteinsson, S. B., & Grétarsdóttir, T. (2004). New dawn: Death, grief and the "nation form" in Iceland. *Mortality, 9*, 329-343. DOI: 10.1080/13576270412331329830

Attig, T. (1996). *How we grieve: Relearning the world*. New York, NY: Oxford University Press.（林　大（訳）1998『死別の悲しみに向き合う』大月書店）

Attig, T. (2000). *The heart of grief*. New York, NY: Oxford University Press.

Attig, T. (2001). Relearning the world: Making and finding meanings. In R. A. Neimeyer (Ed.), *Meaning reconstruction and the experience of loss* (pp. 33-54). Washington, DC: American Psychological Association.（富田拓郎・菊池安希子（監訳）2001　第 2 章「世界を学びなおす：意味を作り出し，見出す」『喪失と悲嘆の心理療法：構成主義からみた意味の探究』金剛出版所収）

Bakhtin, M. (1981). *The dialogic imagination* (C. Emerson & M. Holquist, Trans.). Austin, TX: University of Texas Press.（「叙事詩と長編小説：小説研究の方法論について」川端香男里（訳），「小説の言葉の前史より」伊東一郎（訳）の 2 編は，川端香男里 他（訳）1982『叙事詩と小説：ミハイル・バフチン著作集 7』新時代社に収録されている。「小説における時間と時空間の諸形式」伊東一郎（訳）は，伊東一郎 他（訳）2001『ミハイル・バフチン前著作第 5 巻』水声社に収録されている。「小説の言葉」伊東一郎（訳）は，伊東一郎（訳）1979『小説の言葉：ミハイル・

バフチン著作集 5』新時代社に収録されている。同タイトルは平凡社ライブラリー，1996 の改訳もある）

Bakhtin, M. (1986). *Speech genres and other late essays* (V. McGee, Trans.). Austin, TX: University of Texas Press.（「ゲーテと教養小説：教養小説とそのリアリズム史上の意義」佐々木　寛（訳）は，川端香男里 他（訳）1982『叙事詩と小説：ミハイル・バフチン著作集 7』新時代社に収録されている。「ことばのジャンル」佐々木　寛（訳），「テキストの問題：言語学，文献学および他の人文諸科学におけるテキストの問題。哲学的分析の試み」佐々木　寛（訳），「1970-71 年の覚書」新谷敬三郎（訳），「人文科学方法論ノート」新谷敬三郎（訳）の 4 編は，新谷敬三郎 他（訳）1988『ことば対話テキスト：ミハイル・バフチン著作集 8』新時代社に収録されている）

Bartlett, F. C. (1932). *Remembering*. Cambridge, UK: Cambridge University Press.（宇都木　保・辻　正三（訳）1983 『想起の心理学』 誠信書房）

Baumgartner, B., & Williams, B. (2014). Becoming an insider: Narrative therapy groups alongside people overcoming homelessness. *Journal of Systemic Therapies, 33*(4), 1-14. DOI: 10.1521/jsyt.2014.33.4.l

Berger, J. (2005). *Here is where we meet*. New York, NY: Vintage Books.

Berger, P., & Luckman, T. (1966). *The social construction of reality: A treatise in the sociology of knowledge*. New York, NY: Doubleday.（山口節郎（訳）2003『現実の社会的構成：知識社会学論考』新曜社）

Bergson, H. (1911). *Creative evolution* (A. Mitchell, Trans.). New York, NY: Henry Holt.（合田正人・松井　久（訳）2010『創造的進化』筑摩書房）

Bernecker, S. (2008). *The metaphysics of memory*. New York, NY: Springer Science.

Bertman, S. (2014). Communicating with the dead: Timeless insights and interventions from the arts. *Omega, 70*(1), 119-132. DOI: 10.2190/OM70.1.j

Bichat, X., & Gold, F. (1923/2015). *Physiological researches on life and death*. San Bernardino, CA: Ulan Press.

Blythe, K. (2010). Love and loss: The roots of grief and its complications. *Counselling & Psychotherapy Research, 10*(1), 75-76. DOI: 10.1080/14733140903226446

Bonanno, G. A. (2009). *The other side of sadness: What the new science of bereavement tells us about life after loss*. New York, NY: Basic Books.（高橋祥文（訳）2013 『リジリエンス』金剛出版）

Bowlby, J. (1960). Grief and mourning in infancy and early childhood. *Psychoanalytic Study of the Child, 15,* 9-52.

Bowlby, J. (1961a). Processes of mourning. *The International Journal of Psychoanalysis, 42*(4-5), 317-340.

Bowlby, J. (1961b). Childhood mourning and its implications for psychiatry. *American Journal of Psychiatry, 118*, 481-498.

Bowlby, J. (1963). Pathological mourning and childhood mourning. *Journal American Psychoanalytic Association, 11* (3), 500-541.

Breen, L. J., & O'Connor, M. (2010). Acts of resistance: Breaking the silence of grief following traffic crash fatalities. *Death Studies, 34*, 30-53. DOI: 10.1080/07481180903372384

Bruner, J. (1986). *Actual minds: Possible worlds*. Cambridge, MA: Harvard University Press.（田中一彦（訳）1990『可能世界の心理』みすず書房）

Bruner, J. (1990). *Acts of meaning*. Cambridge, MA: Harvard University Press.（岡本夏木・仲渡一美・吉村啓子（訳）1999『意味の復権：フォークサイコロジーに向けて』ミネルヴァ書房）

Burks, S. (2005). Making sense of the death that makes no sense: A review of the book, "After suicide loss: Coping with your grief". *Death Studies, 29*(5), 459-463. DOI: 10.1080/07481180590923788

Burman, E. (2008). *Deconstructing developmental psychology* (2nd Edn.). London, UK: Routledge.

Burr, V. (2003). *An introduction to social constructionism* (2nd Edn.). London, UK: Routledge.（田中一彦（訳）1997『社会的構築主義への招待：言説分析とは何か』川島書店）

Butler, J. (2004). *Precarious life: The powers of mourning and violence*. London, UK: Verso.（本橋哲也（訳）2007『生のあやうさ：哀悼と暴力の政治学』以文社）

Butler, J., & Athanasiou, A. (2013). *Dispossession: The performative in the political*. Cambridge, UK: Polity Press.

Byock, I. (1997). *Dying well*. New York, NY: Riverhead Books.

Carroll, L. (1865). *Alice's adventures in wonderland*. Mineola, NY: Dover Publications.（福島正実（訳）1975『不思議の国のアリス』角川書店）

Clark, A. (2014). Narrative therapy integration with substance abuse groups. *Journal of Creativity in Mental Health, 9*(4), 511-522. DOI: 10.1080/15401383.2014.914457

Costello, J., & Kendrick, K (2000). Grief and older people: The making or breaking of emotional bonds following partner loss in later life. *Journal of Advanced Nursing, 32*, 1374-1382.

Cottor, R., & Cottor, S. (1999). Relational inquiry and relational responsibility. In S. McNamee & K. Gergen (Eds.), *Relational responsibility: Resources for sustainable dialogue* (pp. 163-170). Thousand Oaks, CA: Sage.

Currier, J. M., Irish, J. E. F., Neimeyer, R. A., & Foster, J. D. (2015). Attachment, continuing bonds, and complicated grief following violent loss: Testing a moderated model. *Death Studies, 39*, 201-210. DOI: 10.1080/07481187.2014.975869

Davies, B., & Harré, R. (1990). Positioning: The discursive production of selves. *Journal for the Theory of Social Behavior, 20*(1), 43-63.

Deleuze, G. (1988). *Foucault* (S. Hand, Trans.). Minneapolis, MN: University of Minnesota Press.（宇野邦一（訳）2007『フーコー』河出書房新社）

Deleuze, G. (1990). *The logic of sense* (M. Lester, Trans.). New York, NY: Columbia University Press.（小泉義之（訳）2007『意味の論理学』〈上〉〈下〉河出書房新社）

Deleuze, G. (1993). *The fold: Leibniz and the Baroque* (T. Conley, Trans.). Minneapolis, MN: University of Minnesota Press.（宇野邦一（訳）1998/2015『襞』河出書房新社）

Deleuze, G. (1994). *Difference and repetition* (P. Patton, Trans.). New York, NY: Columbia University Press.（財津　理（訳）2007『差異と反復』〈上〉〈下〉河出書房新社）

Deleuze, G., & Guattari, F. (1977). *Anti-Oedipus: Capitalism and schizophrenia* (R. Hurley, M. Seem, & H. R. Lane, Trans.). New York, NY: Penguin.（宇野邦一（訳）2006『アンチ・オイディプス』〈上〉〈下〉河出書房新社）

Deleuze, G., & Guattari, E (1987). *A thousand plateaus: Capitalism and schizophrenia* (B. Massumi, Trans.). Minneapolis, MN: University of Minnesota Press.（宇野邦一（訳）2010『千のプラトー：資本主義と分裂症』河出書房新社）

Denborough, D. (1996). *Beyond the prison: Gathering dreams of freedom*. Adelaide, Australia: Dulwich Centre Publications.

Denborough, D. (Ed.) (2006). *Trauma: Narrative-responses to traumatic experience*. Adelaide, Australia: Dulwich Centre Publications.

Derrida, J. (1976). *Of grammatology* (G. Spivak, Trans.). Baltimore, MD: Johns Hopkins University Press.（足立和浩（訳）1996 『グラマトロジーについて』現代思潮新社）

Doka, K. J. (1999). Disenfranchised grief. *Bereavement Care, 18*(3), 37-39. DOI: 10.1080/02682629908657467

Epston, D., & White, M. (1992). *Experience, contradiction, narrative and imagination*. Adelaide, Australia: Dulwich Centre Publications.

Foucault, M. (1969). *The archaeology of knowledge* (A. M. S. Smith, Trans.). London, UK: Tavistock.（中村雄二郎（訳）2006『知の考古学』河出書房新社）

Foucault, M. (1973). *The birth of the clinic* (A. M. Sheridan Smith, Trans.). New York, NY: Vintage Books.（神谷美恵子（訳）1969『臨床医学の誕生』みすず書房）

Foucault, M. (1978). *Discipline and punish* (A. M. Sheridan Smith, Trans.). New York, NY: Vintage Books.（田村　俶（訳）1977『監獄の誕生：監視と処罰』新潮社）

Foucault, M. (1980). *Power/knowledge: Selected interviews and other writings*. New York, NY: Pantheon Books.（本書自体の訳出はないが，その多くは以下に収録されている。蓮實重彦・渡辺守章（監修）小林康夫・石田英敬・松浦寿輝（編）2001『ミシェル・フーコー思考集成 9：自己・統治性・快楽』筑摩書房）

Foucault, M. (1982). Afterword: The subject and power. In H. Dreyfus & P. Rabinow (Eds.), *Michel Foucault: Beyond structuralism and hermeneutics* (pp.208-226). Brighton, UK: Harvester Press.（山形頼洋（訳）1996　付論Ⅰ「主体と権力」『ミシェル・フーコー：構造主義と解釈学を超えて』　筑摩書房所収／渥美和久（訳）2001「主体と権力」蓮實重彦・渡辺守章（監修）小林康夫・石田英敬・松浦寿輝（編）『ミシェル・フーコー思考集成 9：自己・統治性・快楽』筑摩書房）

Foucault, M. (1986). *The care of the self: The history of sexuality, Vol III*. New York, NY: Pantheon.（田村　俶（訳）1987『自己への配慮：性の歴史Ⅲ』新潮社）

Foucault, M. (1989). *Foucault live* (Interviews 1966/84) (S. Lotringer, Ed., J. Johnston, Trans.). New York, NY: Semiotext.（本書自体の訳出はないが，市田良彦（訳）「覆面の哲学者」は以下に収録されている。蓮實重彦・渡辺守章（監修）小林康夫・石田英敬・松浦寿輝（編）2001『ミシェル・フーコー思考集成〈8〉：政治・友愛』筑摩書房）

Foucault, M. (1999). *Abnormal: Lectures at the Collège de France 1974-1975* (V Marchetti & A. Salomoni, Ed., G. Burchell, Trans.). New York, NY: Picador.（慎改康之（訳）2002『異常者たち〈コレージュ・ド・フランス講義 1974-75〉』筑摩書房）

Foucault, M. (2000). *Power: Essential works of Foucault, 1954-84 (Vol. 3)* (J. Faubion, Ed., R. Hurley, Trans.). New York, NY: The New Press.

Foucault, M. (2010). *The government of self and others: Lectures at the Collège de France, 1982-*

1983 (F. Gros, Ed., G. Burchell, Trans.). Basingstoke, UK: Palgrave MacMillan.（阿部　崇（訳）2010 『自己と他者の統治〈コレージュ・ド・フランス講義 1982-83〉』筑摩書房）

Frankl, V. (1939/1963). *Man's search for meaning: An introduction to logotherapy*. New York, NY: Simon and Schuster.（霜山徳爾（訳）1961『夜と霧』みすず書房）

Freedman, J. (2014). Weaving net-works of hope with families, practitioners and communities: Inspirations from systemic and narrative approaches. *Australian & New Zealand Journal of Family Therapy, 35*(1) 54-71. DOI: 10.1002/anzf.1044

Freud, E. (1960). *Letters of Sigmund Freud* (T. Stern & J. Stern, Trans.). New York, NY: Basic Books.（本書自体の訳出はないが，手紙の多くは以下に収録されている。生田敬三 他（訳）1974 『フロイト著作集 8：書簡集』人文書院）

Freud, S. (1957). Mourning and melancholia. In J. Strachey (Ed. & Trans.), *The standard edition of the complete psychological works of Sigmund Freud* (Vol.14, pp. 237-259). London, UK: Hogarth Press. (Original work published 1917.)（伊藤正博（訳）2010「喪とメランコリー」新宮一成・鷲田清一・道籏泰三・高田珠樹・須藤訓任（編）『フロイト全集 14』岩波書店所収）

Gall, T. L., Henneberry, J., & Eyre, M. (2014). Two perspectives on the needs of individuals bereaved by suicide. *Death Studies, 38*(7), 430-437. DOI: 10.1080/07481187.2013.772928

Geertz, C. (1973). *The interpretation of cultures*. New York, NY: Basic Books.（吉田禎吾 他（訳）1987『文化の解釈学』〈Ⅰ〉〈Ⅱ〉岩波書店）

Geertz, C. (1983). *Local knowledge: Further essays in interpretive anthropology.* New York, NY: Basic Books.（梶原景昭他（訳）1991『ローカル・ノレッジ』岩波書店）

Geraerts, E., McNally, R., & Jelicic, M. (2008). Linking thought suppression in recovered memories of childhood sexual abuse. *Memory, 16*(1), 22-28.

Gergen, K. (1989). Warranting voice and the elaboration of the self. In J. Shotter & K. Gergen (Eds.), *Texts of identity* (pp. 70-81). London, UK: Sage.

Gergen, K. (1994). *Realities and relationships*. Cambridge, MA: Harvard University Press.（永田素彦・深尾　誠（訳）2004『社会構成主義の理論と実践：関係性が現実をつくる』ナカニシヤ出版）

Gergen, K. (2009). *Relational being: Beyond self and community*. New York, NY: Oxford University Press.

Godel, M. (2007). Images of stillbirth: Memory, mourning and memorial. *Death Studies, 22*, 253-269. DOI: 10.1080/14725860701657159

Gorer, G. (1965). *Death, grief, and mourning in contemporary Britain*. London, UK: Cresset.（宇都宮輝夫（訳）1986 『死と悲しみの社会学』 ヨルダン社）

Gremillion, H. (2003). *Feeding anorexia*. Durham, NC: Duke University Press.

Guilfoyle, M. (2014). Listening in narrative therapy: Double listening and empathic positioning. *South African Journal of Psychology, 45*(1), 36-49. DOI: 10.1177/0081246314556711

Hadot, P. (1995). *Philosophy as a way of life: Spiritual exercises from Socrates to Foucault*. Oxford, UK: Blackwell.

Hagman, G. (2001). Beyond decathexis: Toward a new psychoanalytic understanding and treatment of mourning. In R. A. Neimeyer (Ed.), *Meaning reconstruction and the experience of loss* (pp. 13-32). Washington, DC: American Psychological Association.

Harju, A. (2015). Socially shared mourning: Construction and consumption of collective

memory. *New Review of Hypermedia and Multimedia, 21* (1-2), 123-145. DOI: 10.1080/13614568.2014.983562

Havel, V. (October 1993). *Never against hope*. Esquire, 65-69.

Hedtke, L. (2012a). What's in an introduction? In R. A. Neimeyer (Ed.), *Techniques of grief therapy* (pp. 253-255). New York, NY: Routledge.

Hedtke, L. (2012b). B*reathing life into the stories of the dead: Constructing bereavement support groups*. Chagrin Falls, OH: Taos Institute Publications.

Hedtke, L., & Winslade, J. (2004). *Re-membering lives: Conversations with the dying and the bereaved.* Amityville, NY: Baywood.（小森康永・奥野　光・石井千賀子（訳）2005 『人生のリ・メンバリング：死にゆく人と遺される人との対話』 金剛出版）

Hedtke, L., & Winslade, J. (2005). The use of the subjunctive in re-membering conversations. *Omega, 50*(3), 197-215.

Hibberd, R. (2013). Meaning reconstruction in bereavement: Sense and signif icance. *Death Studies, 37*, 670-692. DOI: 10.1080/07481187.2012.692453

Hockey, J. (1990). *Experiences of death*. Edinburgh, UK: Edinburgh University Press.

Ikonomopoulos, J., Smith, R., & Schmidt, C. (2015). Integrating narrative therapy within rehabilitative programming for incarcerated adolescents. *Journal of Counseling & Development, 93*(4), 460-470. DOI: 10.1002/jcad.12044

Jenkings, K. N., Megoran, N., Woodward, R., & Bos, D. (2012). Wootton Bassett and the political spaces of remembrance and mourning. *Area, 44*(3), 356-363. DOI: 10.1111/j.1475-4762.2012.01106.x

Jones, E. (1955). *The life and work of Sigmund Freud* (Vol. 2). New York, NY: Basic Books.

Jordan, J. R., & McIntosh, J. L. (2011). Grief after suicide: Understanding the consequences and caring for the survivors. In J. R. Jordan & J. L. McIntosh (Eds.), *Suicide bereavement: Why study survivors of suicide loss?* (pp. 3-17). New York, NY: Routledge.

Klass, D. (2001). The inner representation of the dead child in the psychic and social narratives of bereaved parents. In R. A. Neimeyer (Ed.), *Meaning reconstruction and the experience of loss* (pp. 77-94). Washington, DC: American Psychological Association.（富田拓郎・菊池安希子（監訳）2007　第 4 章「遺された親の精神的，社会的ナラティヴに見られる亡き子どもの内的表象」『喪失と悲嘆の心理療法：構成主義からみた意味の探究』 金剛出版所収）

Klass, D., & Goss, S. (2003). The politics of grief and continuing bonds with the dead: The cases of Maoist China and Wahhabi Islam. *Death Studies, 27*, 787-812. DOI: 10.1080/07481180390233380

Klass, D., Silverman, P., & Nickman, S. (Eds.) (1996). *Continuing bonds: New understandings of grief.* Philadelphia, PA: Taylor and Francis.

Klein, M. (1940). Mourning and its relation to manic-depressive states. *The International Journal of Psychoanalysis, 21*, 125-153.（山上千鶴子（訳）1987 「喪とその躁うつ状態との関係」『児童分析の記録 1　メラニー・クライン著作集 6』 誠信書房　pp.47-58.）

Kübler-Ross, E. (1969). *On death and dying*. New York, NY: Macmillan.（鈴木　晶（訳）2001『死ぬ瞬間』中央公論新社）

Labov, W. (1997). Some further steps in narrative analysis. *Journal of Narrative and Life History,*

7, 395-415.

Lazzarato, M. (2014). *Signs, machines and subjectivities* (Bilingual Edn. English/ Portuguese) (P. D. Oneto, Trans.). Sao Paolo, Brazil: n-1 publications.

Lebel, U. (2011). Panopticon of death: Institutional design of bereavement. *Acta Sociologica, 54*(4), 351-366. DOI: 10.1177/00016993114220

Lindemann, E. (1994). Symptomatology and management of acute grief. *American Journal of Psychiatry, 151*(6), 155-160. Sesquicentennial Supplement. Originally published September 1944.（桑原治雄（訳）1999　急性悲嘆の徴候とその管理　社会問題研究，49（1），217-234.）

MacKinnon, C. J., Smith, N. G., Henry, M., Berish, M., Milman, E., Körner, A., Copeland, L. S., Chochinov, H. M., & Cohen, S. R. (2014). Meaningbased group counseling for bereavement: Bridging theory with emerging trends in intervention research. *Death Studies, 38*, 137-144. DOI: 10.1080/07481187.2012.738768

Madsen, W. (2007). *Collaborative therapy with multi-stressed families*. New York, NY: The Guilford Press.

Maisel, R., Epston, D., & Borden, A. (2004). *Biting the hand that starves you: Inspiring resistance to anorexia/bulimia*. New York, NY: Norton.

Malraux, A. (1978). *The voices of silence* (S. Gilbert, Trans.). Princeton, NJ: Princeton University Press.

Mann, S. (2006). How can you do this work? Responding to questions about the experiences of working with women who were subjected to child sexual abuse. In D. Denborough (Ed.), *Trauma: Narrative responses to traumatic experience* (pp. 1-25). Adelaide, Australia: Dulwich Centre Publications.

Martin, T. L. (2002). Disenfranchising the brokenhearted. In K. Doka (Ed.), *Disenfranchised grief: New directions, challenges, and strategies for practice* (pp. 233-250). Champaign, IL: Research Press.

Maslow, A. (August 1970). *Editorial*. Psychology Today, 16.

Maugham, W. S. (1949). *A writer's notebook*. Garden City, NY: Doubleday.（中村佐喜子（訳）1955『作家の手帳　サマセット・モーム全集 26 巻』新潮社）

May, T. (2005). *Gilles Deleuze: An introduction*. Cambridge, UK: Cambridge University Press.

May, T. (2009). *Death*. Durham, UK: Acumen.

McNally, R. J. (2005). Debunking myths about trauma and memory. *Canadian Journal of Psychiatry, 50*(13), 817-822.

McNamee, S., Gergen, K. J., & Anderson, H. (Eds.) (1999). *Relational responsibility: Resources for sustainable dialogue*. Thousand Oaks, CA: Sage Publications.

Mencken, H. L. (1956). *The American language: An inquiry into the development of English in the United States*. New York, NY: Alfred Knopf.

Middleton, D., & Brown, S. (2005). *The social psychology of experience: Studies in remembering and forgetting*. London, UK: Sage.

Middleton, D., & Edwards, D. (1986). Joint remembering: Constructing an account of shared experience through conversational discourse. *Discourse Processes, 9*(4), 423-459.

Middleton, D., & Edwards, D. (1990). *Collective remembering*. London, UK: Sage.

Monk, G., Winslade, J., Crocket, K., & Epston, D. (Eds.) (1997). *Narrative therapy in practice: The archaeology of hope*. San Francisco, CA: Jossey-Bass.（国重浩一・バーナード紫（訳）2008 『ナラティヴ・アプローチの理論から実践まで：希望を掘りあてる考古学』北大路書房）

Monk, G., Winslade, J., & Sinclair, S. (2008). *New horizons in multicultural counseling*. Thousand Oaks, CA: Sage.

Murphy, S., Gutpa, A., Cain, K., Johnson, L. C., Lohan, J., Wu, L., & Mekwa, J. (1999). Changes in parents' mental distress after the violent death of an adolescent or young adult child: A longitudinal prospective analysis. *Death Studies, 23*(2), 129-159. DOI: 10.1080/074811899201118

Murray, B. (2012). For what noble cause: Cindy Sheehan and the politics of grief in public spheres of argument. *Argumentation and Advocacy, 49*, 1-15.

Myerhoff, B. (1978). *Number our days*. New York, NY: Simon & Schuster.

Myerhoff, B. (1982). Life history among the elderly: Performance, visibility and remembering. In J. Ruby (Ed.), *A crack in the mirror: Reflexive perspectives in anthropology* (pp. 99-117). Philadelphia, PA: University of Pennsylvania Press.

Myerhoff, B. (1986). Life not death in Venice. In V. Turner & E. Bruner (Eds.), *The anthropology of experience* (pp. 261-286). Chicago, IL: University of Illinois Press.

Myerhoff, B. (1992). *Remembered lives: The work of ritual, storytelling, and growing older*. Ann Arbor, MI: University of Michigan Press.

Myerhoff, B. (2007). *Stories as equipment for living* (M. Kaminsky & M. Weiss, Eds.). Ann Arbor, MI: The University of Michigan Press.

Nadeau, J. W. (2001). Family construction of meaning. In R. A. Neimeyer (Ed.), *Meaning reconstruction and the experience of loss* (pp. 95-112). Washington, DC: American Psychological Association.

Ncube, N. (Director) (2006). *Tree of life: An approach to working with vulnerable children* [Motion picture on DVD]. Adelaide, Australia: Dulwich Centre Publications.

Neimeyer, R. A. (1998). *Lessons of loss: A guide to coping*. New York, NY: McGraw-Hill.（鈴木剛子（訳）2006『〈大切なもの〉を失ったあなたに：喪失をのりこえるガイド』春秋社）

Neimeyer, R. A. (2001). The language of loss: Grief therapy as a process of meaning reconstruction. In R. A. Neimeyer (Ed.), *Meaning reconstruction and the experience of loss* (pp. 261-292). Washington, DC: American Psychological Association.（富田拓郎・菊池安希子（監訳）2001　第12章「死別の言葉」『喪失と悲嘆の心理療法』金剛出版所収）

Neimeyer, R. A. (2015). Meaning in bereavement. In R. E. Anderson (Ed.), *World suffering and quality of life* (pp. 115-124). New York, NY: Springer Publishing.

Neimeyer, R. A., & Gillies, J. (2006). Loss, grief, and the search for significance: Toward a model of meaning reconstruction in bereavement. *Journal of Constructivist Psychology, 19*, 31-65. DOI: 10.1080/10720530500311182

Neimeyer, R. A., & Jordan, J. R. (2002). Disenfranchisement as empathic failure: Grief therapy and the co-construction of meaning. In K. Doka (Ed.), *Disenfranchised grief: New directions, challenges, and strategies for practice* (pp. 95-117). Champaign, IL: Research Press.

Neimeyer, R. A., Klass, D., & Dennis, M. R. (2014). A social constructionist account of grief: Loss and the narration of meaning. *Death Studies, 38*, 485-498. DOI: 10.1080/07481187.2014.913454

Neimeyer, R. A., Laurie, A., Mehta, A., Hardison, H., & Currier, J. M. (2008). Lessons of loss: Meaning-making in bereaved college students. *New Directions for Student Services, 121*, 27-39. DOI: 10.1002/ss.264

Neimeyer, R. A., Prigerson, H., & Davies, B. (2002). Mourning and meaning. *American Behavioral Scientist, 46*, 235-251.

Neimeyer, R. A., & Sands, D. C. (2011). Meaning reconstruction in bereavement: From principles to practice. In R. A. Neimeyer, D. L. Harris, H. R. Winokuer, & G. F. Thornton (Eds.), *Grief and bereavement in contemporary society: Bridging research and practice* (pp. 9-22). New York, NY: Routledge.

Nelson, H. L. (2001). *Damaged identities: Narrative repair*. Ithaca, NY: Cornell University Press.

Nietzsche, F. (1974). *The gay science* (W. Kaufmann, Trans.). New York, NY: Vintage.（信太正三（訳）1993 『ニーチェ全集〈8〉悦ばしき知識』筑摩書房）

Nylund, D. (2000). *Treating Huckleberry Finn*. San Francisco, CA: Jossey-Bass.（宮田敬一・窪田文子（訳）2006 『ADHDへのナラティヴ・アプローチ:子どもと家族・支援者の新たな出発』金剛出版）

O'Callaghan, C., McDermott, F., Hudson, P., & Zalcberg, J. (2013). Sound continuing bonds with the deceased: The relevance of music, including preloss music: Overview and future directions. *Death Studies, 38*, 1-8. DOI: 10.1080/07481187.2012.712608

O'Connor, M. F. (2002/2003). Making meaning of life events: Theory, evidence and research directions for an alternative model. *Omega, 46*(1), 51-76.

Olsen, A. (2015). "Is it because I'm gormless?" A commentary on "Narrative therapy in a learning disability context: A review". *Tizard Learning Disability Review. 20*(3), 130-133. DOI: 10.1108/TLDR-03-2015-0012

Paré, D. (2013). *The practice of collaborative counseling and psychotherapy: Developing skills in culturally-mindful helping*. Thousand Oaks, CA: Sage.

Parkes, C. M. (1972). *Bereavement: Studies of grief in adult life*. New York, NY: International Universities Press.（桑原治雄・三野善央（訳）2002 『死別：遺された人たちを支えるために』メディカ出版））

Parkes, C. M. (2002). Grief: Lessons from the past, visions for the future. *Death Studies, 26*(5), 367-385. DOI: 10.1080/07481180290087366

Piaget, J. (1977). *The essential Piaget: An interpretive reference and guide* (H. Gruber & J. Voneche, Eds.). New York, NY: Jason Aronson.

Rando, T. (1988). *Grieving*. New York, NY: Lexington Books.

Rando, T. (1995). Grief and mourning: Accommodating to loss. In H. Wass & R. A. Neimeyer (Eds.), *Dying: Facing the facts* (pp. 211-242). Washington, DC: Taylor & Francis.

Reimers, E. (2011). Primary mourners and next-of-kin: How grief practices reiterate and subvert heterosexual norms. *Journal of Gender Studies, 20*(3), 251-262. DOI: 10.1080/09589236.2011.593324

Root, B. L., & Exline, J. J. (2014). The role of continuing bonds in coping with grief: Overview

and future directions. *Death Studies, 38*(1), 1-8. DOI: 10.1080/07481187.2012.712608

Rose, N. (1999). *Governing the soul: The shaping of the private self* (2nd Edn.). Chippenham & Eastbourne, UK: Free Association Books.

Rosenblatt, P. C., & Meyer, C. (1986). Imagined interactions and the family. *Family Relations, 35*, 319-324.

Rubin, S. S. (1999). The two-track model of bereavement: Overview, retrospect, and prospect. *Death Studies, 23*, 681-714. DOI: 10.1080/074811899200731

Rubin, S. S. (2015). Loss and mourning in the Jewish tradition. *Omega, 70*, 79-98. DOI: 10.2190/OM.70.1.h

Rubin, S. S., Malkinson, R., & Witztum, E. (2011). The two-track model of bereavement: The double helix of research and clinical practice. In R. A. Neimeyer, D. L. Harris, H. R. Winokuer & G. F. Thornton (Eds.), *Grief and bereavement in contemporary society: Bridging research and practice* (pp. 47-56). New York, NY: Routledge.

Rubin, S. S., Malkinson, R., & Witztum, E. (2012). *Working with the bereaved: Multiple lenses on loss and mourning*. New York, NY: Routledge.

Russell, S., & Carey, M. (2002). Re-membering: Responding to commonly asked questions. *The International Journal of Narrative Therapy and Community Work, 3*, 23-32.

Ryle, G. (1949). *The concept of mind*. London, UK: Hutchinson.

Rynearson, E. K. (2001). *Retelling violent death*. Philadelphia, PA: Brunner-Routledge.（藤野京子（訳）2008 『犯罪・災害被害遺族への心理的援助：暴力死についての修復的語り直し』 金剛出版）

Seidman, S. (Ed.) (1994). *The postmoderntum*. Melbourne, Australia: Cambridge University Press.

Shakespeare, W. (1998). *Hamlet* (Signet classic Shakespeare edition, revised). London, UK: Signet.（小田島雄志（訳）1983 『ハムレット』白水社）

Shapiro, E. (1996). Grief in Freud's life: Reconceptualizing bereavement in psychoanalytic theory. *Psychoanalytic Psychology, 13*, 547-566.

Shneidman, E. (1973). *Deaths of man*. New York, NY: Quadrangle/New York Times.（白井徳満・白井幸子・本間　修（訳）1980『死にゆく時：そして残されるもの』誠信書房）

Shotter, J. (1990). The social construction of remembering and forgetting. In D. Middleton & D. Edwards (Eds.), *Collective remembering* (pp. 121-138). London, UK: Sage.

Silverman, P., & Klass, D. (1996). Introduction: What's the problem? In D. Klass, P. Silverman & S. Nickman (Eds.), *Continuing bonds: New under standings of grief* (pp. 3-27). Philadelphia, PA: Taylor and Francis.

Smith, C., & Nylund, D. (1997). *Narrative therapy for children and adolescents*. New York, NY: The Guilford Press.

Smyth, J., & Hattam, R. (2004). *Dropping out, drifting off, being excluded: Becoming somebody without school*. New York, NY: Peter Lang.

Stableford, D. (2013). One month after school massacre, parents of Sandy Hook victims speak, urging 'real change'. *The Lookout*. Retrieved from http://news.yahoo.com/blog s/lookout/sandy-hook-school-shootingpromise-181324286.html

Stroebe, M. S., Abakournkin, A. G., Stroebe, B. W., & Schut, H. (2012). Continuing bonds in adjustment to bereavement; Impact of abrupt versus gradual separation. *Personal Relationships, 19*, 255-266. DOI: 10.1111/j.1475-6811.2011.01352.x

Stroebe, M. S., & Schut, H. (1999). The dual process model of coping with bereavement: Rationale and description. *Death Studies, 23*, 197-224. DOI: 10.1080/074811899201046

Stroebe, M. S., & Schut, H. (2001). Meaning-making and the dual process model of coping with bereavement. In R. A. Neimeyer (Ed.), *Meaning reconstruction and the experience of loss* (pp. 55-73). Washington, DC: American Psychological Association.（富田拓郎・菊池安希子（監訳）2007　第 3 章「死別体験へのコーピング（対処）の二重過程モデルから見た意味の構成」『喪失と悲嘆の心理療法：構成主義からみた意味の探究』金剛出版所収）

Turner, V. W. (1986). Dewey, Dilthey and drama: An essay in the anthropology of experience. In V. Turner & E. Bruner (Eds.), *The anthropology of experience* (pp. 33-34). Urbana & Chicago, IL: University of Illinois Press.

Valentine, C. (2006). *Academic constructions of bereavement. Mortality, 11*(1), 57-78. DOI: 10.1080/13576270500439274

van Gennep, A. (1961). *The rites of passage*. Chicago, IL: University of Chicago Press.（綾部恒雄・綾部裕子（訳）1995『通過儀礼』弘文堂）

Vickio, C. J. (1999). Together in spirit: Keeping our relationships alive when loved ones die. *Death Studies, 23*(2), 161-175. DOI: 10.1080/074811899201127

Walter, T. (1999). *On bereavement: The culture of grief*. Buckingham, UK: Open University Press.

Weingarten, K. (2010). Reasonable hope: Construct, clinical applications and supports. *Family Process, 49*, 5-25. DOI: 10. llll/j.1545-5300.2010.01305.x

White, M. (1989). Saying hullo again. In M. White (Ed.), *Selected papers* (pp. 29-36). Adelaide, Australia: Dulwich Centre Publications.（小森康永（監訳）2000「再会：悲嘆の解決における失われた関係の取り込み」『ナラティヴ・セラピーの実践』金剛出版所収／小森康永（訳）2018「もう一度こんににわと言う」『ナラティヴ・セラピー・クラシックス』金剛出版所収）

White, M. (1991). Deconstruction and therapy. *Dulwich Centre Newsletter, 3*, 21-40.（小森康永（訳）2018「脱構築とセラピー」『ナラティヴ・セラピー・クラシックス』金剛出版所収）

White, M. (1997). *Narratives of therapists' lives*. Adelaide, Australia: Dulwich Centre Publications.（小森康永（監訳）2004『セラピストの人生という物語』金子書房）

White, M. (2000). Re-engagement with history: The absent but implicit. In M. White (Ed.), *Reflections on narrative practices: Interviews and essays* (pp. 35-58). Adelaide, Australia: Dulwich Centre Publications.

White, M. (2001). Folk psychology and narrative practice. *Dulwich Centre Journal, 2001*(2), 3-37.（小森康永（監訳）2007「フォークサイコロジーとナラティヴ実践」『ナラティヴ・プラクティスとエキゾチックな人生：日常生活における多様性の掘り起こし』金剛出版所収）

White, M. (2006). Working with people who are suffering the consequences of multiple trauma: A narrative perspective. In D. Denborough (Ed.), *Trauma: Narrative responses to traumatic experience* (pp. 25-86). Adelaide, Australia: Dulwich Centre Publications.

White, M. (2007). *Maps of narrative practice*. New York, NY: Norton.（小森康永・奥野　光（訳）

2009 『ナラティヴ実践地図』金剛出版）

White, M., & Epston, D. (1990). *Narrative means to therapeutic ends*. New York, NY: Norton.（小森康永（訳）2017 『物語としての家族』〈新訳版〉金剛出版）

Winslade, J. (2009). Tracing lines of flight: Implications of the work of Gilles Deleuze for narrative practice. *Family Process, 48*(3), 332-346. DOI: 10.llll/j.1545-5300.2009.01286.x

Winslade, J. (2013). From being nonjudgmental to deconstructing normalising judgment. *British Journal of Guidance and Counselling, 41* (5), 518-529. DOI: 10.1080/03069885.2013.771772

Winslade, J., & Monk, G. (2000). *Narrative mediation: A new approach to conflict resolution*. San Francisco, CA: Jossey-Bass.（国重浩一・バーナード紫（訳） 2010『ナラティヴ・メディエーション：調停・仲裁・対立解決への新しいアプローチ』北大路書房）

Winslade, J., & Monk, G. (2007). *Narrative counseling in schools: Powerful and brief* (2nd Edn.). Thousand Oaks, CA: Corwin Press.（小森康永（訳）2001『新しいスクール・カウンセリング：学校におけるンナラティヴ・アプローチ』金剛出版）

Wittgenstein, L. (1953). *Philosophical investigations*. Oxford, UK: Blackwell.（藤本隆志（訳） 1976 『ウィトゲンシュタイン全集〈8〉哲学探究』 大修館書店／丘沢静也（訳）2013『哲学探究』岩波書店）

Wood, L., Byram, V., Gosling, A., & Stokes, J. (2012). Continuing bonds after suicide bereavement in childhood. *Death Studies, 36*(10), 873-898. DOI: 10.1080/07481187.2011.584025

Worden, J. W. (1991). *Grief counseling and grief therapy: A handbook for the mental health practitioner* (2nd Edn.). New York, NY: Springer.（鳴沢　実・大学専任カウンセラー会（訳） 1993『グリーフカウンセリング：悲しみを癒すためのハンドブック』川島書店）

Worden, J. W. (2009). *Grief counseling and grief therapy: A handbook for the mental health practitioner* (4th Edn.). New York, NY: Springer.

Worden, J. W. (2015). Theoretical perspectives on loss and grief. In J. Stillion & T. Attig (Eds.), *Death, dying and bereavement: Contemporary perspectives, institutions and practices* (pp. 91-104). New York, NY: Springer Publishing.